AF647844

CHARON-VERLAG
Grimme KG

SCHLAG ZEILEN Black Label

Diese Neuauflage des SM-Handbuches ist all jenen gewidmet,
die mich seit 1990 an die Hand genommen haben,
mir die SM-Welt in all ihren Facetten gezeigt haben,
Lust auf gemeinsame Sessions hatten und
mich durch ihr Vertrauen, ihre Hingabe und ihre Liebe
beglückt haben.

Besonderer Dank gebührt an dieser Stelle
meiner Frau Andrea Grimme,
meiner Partnerin Nicole (Ropecat Jemina) und
meiner Co-Verlags-Chefin Geli Maaß!

DAS SM-HANDBUCH

Komplett überarbeitete und ergänzte Ausgabe

Matthias T. J. Grimme

SCHLAG ZEILEN Black Label

© 1996/2024 CHARON-Verlag Grimme KG, Hamburg
Matthias T. J. Grimme
17. Auflage 86. bis 89. Tsd.
Druck und Bindung: oeding print GmbH, Braunschweig
Printed in Germany 2024
ISBN 978-3-931406-80-6

Inhalt

Vorwort

‚SM ist eine todernste Sache!'

Dauerwitz unter SM-Leuten

1996, also vor über zwanzig Jahren, erschien die erste Auflage des SM-Handbuches in unserem Verlag. Inzwischen haben wir mehr als 75.000 Exemplare dieses Buches verkauft.

Wir freuen uns als Verlag riesig über unseren Longseller und als Autor bin ich begeistert, dass es immer noch eine Menge Leute gibt, die mehr wissen wollen, und dabei ein Interesse an geprüften, korrekten und gut lesbaren Informationen zum Thema SM haben – oder wie es heute gerne heißt: BDSM (Bondage/Disziplin, Dominanz und Unterwerfung engl. Submission, Sadomasochismus) oder KINK (alles, was anders ist als die sexuellen Spiele, die man als Blümchensex-Liebhaber so spielt).

Für mich und auch für den Verlag ist das Kürzel SM immer noch die Klammer, zwischen die alle einvernehmlichen Spielarten sexueller Lust passen, die mehr als nur Vögeln bedeuten. Egal ob BDSM, Kink, Fetisch, Petplay, Rollenspiel, 24/7, egal auch ob hetero-, homo- oder bisexuell, weiblich, männlich, trans, nicht binär oder genderflexibel definiert.

Ein Herz und einen Körper haben wir alle und daher ist es wichtig, sich vor Verletzungen unserer Seele oder unserer Gesundheit, soweit es geht, zu schützen.

Es ist zwar in einigen Kreisen üblich geworden, auf das Wissen, das die SM-Szene in den letzten dreißig Jahren angesammelt hat, zu verzichten, denn es geht ja angeblich auch so. Manch einer glaubt, diese erotischen Techniken kann man einfach nur mit Intuition und klarem Verstand lernen, aber wir setzen uns ja auch nicht in ein Auto und glauben, das kann man einfach so.

Ich glaube immer noch an den alten Satz: Lesen bildet!

Und nur, wenn beide Partner informiert sind über die potentiellen Risiken, kann echte Einvernehmlichkeit entstehen.

Um eine bessere Lesbarkeit zu gewährleisten, benutze ich im Folgenden auch weiterhin „er" und „sie" und meine damit selbstverständlich auch alle dazwischen.

MATTHIAS T. J. GRIMME – Hamburg 2018

Vorwort der 1. Ausgabe 1996 – immer noch aktuell

Sadomasochismus, kurz SM genannt, ist inzwischen von den Medien mehr schlecht als recht breitgetreten worden, diverse Bücher haben sich mit dem Thema der ‚dunklen Leidenschaft' befasst. Im Fernsehen hat jeder mal jemanden gesehen, der gesagt hat, dass er damit etwas zu tun hat („... hat dabei ganz normal gewirkt"), und jetzt ist das eigene Interesse groß, doch niemand sagt einem wirklich, was man wissen will. Das stimmte bisher bis auf einige löbliche Ausnahmen.

Im ehelichen Schlafzimmer hat man schon seit Jahren experimentiert und ausprobiert, aber jetzt ist man sich unsicher geworden, ob es vielleicht anders schöner wäre.

Der vorliegende Band will nun dem Einsteiger, dem Neugierigen, dem Fortgeschrittenen und dem, der dies oder das mal nachschlagen möchte, Informationen an die Hand geben, die bisher sehr mühselig zusammengetragen werden mussten.

Lesern der Zeitschrift SCHLAGZEILEN wird sicherlich einiges bekannt vorkommen, handelt es sich bei einigen Texten doch um überarbeitete und aktualisierte Fassungen des dort abgedruckten Sicherheitsbreviers oder um Auszüge aus der Literaturliste. Doch bisher gab es nie eine (fast) vollständige Übersicht über alle SM-Praktiken, allgemeinverständliche Tipps zu Coming-Out, Kennenlernen etc.

Das SM-Handbuch will diese Lücke füllen. Sicherlich gibt es das eine oder andere, das diesem Band vielleicht noch hinzuzufügen wäre.

Immer wieder höre ich von Verhaltensweisen oder beobachte sie auf Feten, und mir wird ganz mulmig zumute. Manchmal denke ich, warum schreibe ich überhaupt SM-Sicherheitstipps, wenn die Super-Sados dann doch ihren Gespielinnen auf die Nieren hauen? Oder wenn im Eifer sexueller Lust mit dem Messer zu tiefe Schnitte zugefügt werden, egal, ob es hinterher eine Narbe gibt, die vielleicht sogar die nächsten zwanzig Jahre oder länger zu sehen ist. Natürlich glaube ich nicht, dass es absolute Sicherheit geben kann, wir sind eben doch alle Wesen mit kleinen und größeren menschlichen Fehlern, mit Unsicherheiten, die wir uns nicht eingestehen mögen und deswegen zu überspielen trachten, oder wir vergessen schlicht die eine oder andere Binsenweisheit, eben weil sie uns so selbstverständlich erscheint. Habe ich nicht immer schon gesagt, ehe man jemanden an einer Spreizstange aufhängt, muss geprüft werden, ob Deckenhaken und Stange das Gewicht sicher tragen (das macht man, indem sich jemand dranhängt, der eindeutig schwerer als das avisierte Opfer ist, und der dann daran ruckt, damit sichergestellt ist, dass auch ein plötzlicher Zug die Hängevorrichtung stabil in der Decke lässt)? – Und dann benutze ich meine neue Spreizstange – in mühevoller Handarbeit aus vier Zentimeter dicken Hartholz-Leisten gebaut –, ohne sie vorher auf ihre Belastbarkeit zu prüfen, und prompt bricht sie in der entscheidenden Situation mitten durch – zum Glück ist nichts passiert!

Deswegen: Bitte, bitte lest dieses Buch genau und handelt danach, und wenn ihr euch unsicher seid, dann informiert euch und macht es lieber einmal zu vorsichtig als zu leichtsinnig!

Noch eine Anmerkung in eigener Sache: Die Texte zum Thema Sicherheit sind nicht das Gesetz, sie versuchen nur, Maßstäbe zu setzen, die die größtmögliche Sicherheit bieten sollen. Es ist also kein Totschlag-Instrument, mit dem jeder, der dies oder jenes anders macht, als von mir angeregt, zur Verbannung aus der SM-Gemeinschaft verurteilt wird. Auch das strikte Befolgen von Regeln schützt die Aktiven und Passiven, die Sadisten und Masochisten nicht vor der verbleibenden Eigenverantwortung.

Als Ergänzung empfehlen wir: „Das SM-Handbuch Spezial", „Das Session-Kochbuch – SM-Handbuch Spezial 2", „Das Bondage-Handbuch" und „Das Japan-Bondage Handbuch" aus unserem Verlag all denen, die es nach mehr Information gelüstet.

Coming-Out

Immer wieder die gleiche Phantasie im Kopf, eine Sehnsucht, die eigentlich nicht sein dürfte, heiße Ohren und schneller Puls, sobald man von sexueller Gewalt oder der Auspeitschung an Bord eines Piratenschiffes liest. Der verstohlene Blick auf Handschellen und Peitschen im Sexshop, die Selbstvorwürfe, weil man sich plötzlich nicht mehr für normal (was auch immer das sein soll) hält. Als emanzipierte Frau kann ich doch nicht von Unterwerfung träumen, als Macker darf ich mir doch nicht vorstellen, wie es wäre, meiner Frau die Stiefel zu küssen.
Wünsche und Selbstbilder kollidieren, Schuldgefühle, die Überlegung, vielleicht zu einem Psychiater zu müssen, eine undefinierbare Unzufriedenheit mit dem gewohnten Sex. Und plötzlich stolpert er über eine erotische Geschichte, in der genau so eine Situation beschrieben wird, die er sich bisher nicht herbeizuwünschen traute. Oder sie sieht in einem Fernsehbeitrag ganz normale Leute völlig selbstverständlich über Demut und Unterwerfung oder lustvolle Schmerzen parlieren.
Und dann ist es passiert: Das bisher nicht Benennbare hat plötzlich einen Namen: SM, BDSM, Sadomasochismus. Dem ‚ja' auf die Frage ‚Bin ich ein Sadomasochist?' folgt die Frage ‚Was bedeutet das für mich?'.

Manche Menschen reagieren darauf so, dass sie beginnen, allen, die es hören oder auch nicht hören wollen, zu erzählen, was sie da gerade Neues für sich entdeckt haben. Konflikte mit dem Partner, der Partnerin sind vorprogrammiert. Freunde wenden sich verständnislos ab oder fragen einem Löcher in den Bauch, wollen Antworten, die man selbst noch sucht. „Soll ich es meinen Eltern sagen?", denkt der Jugendliche und muss an seinen schwulen Freund denken, der sich immer noch nicht getraut hat. Was wird mein Mann denken und was wird mit den Kindern, wenn die Ehe nicht mehr weiter geht? Sorgerecht für eine Masochistin? Wie erkläre ich es meiner Gattin, dass mal wieder die 300,00 € für den Domina-Besuch in der Haushaltskasse fehlen?

Etwas anders geht es den Leuten, die es eigentlich schon lange wissen, die sich aber mit Phantasien und dem, was die Sexindustrie an Surrogaten bietet, begnügt haben. Immer ausgefeilteren Traum-Szenarios steht plötzlich der Wunsch gegenüber, das alles mal zu erleben. Dann passiert oft genau das, was Leute erleben, die jahrelang ein Poster mit einem einsamen Südseestrand über dem Küchentisch hängen haben: Wenn sie endlich selbst dort hinfahren, sind sie enttäuscht, weil alles ganz anders ist.

Es gibt sicherlich keine allgemeingültigen Regeln für das richtige Verhalten in dieser Situation, doch die folgenden Tipps können euch helfen, euren eigenen Weg zu entdecken.

Möglichst umfassende Information

Wenn jemand von sich glaubt, dass ihn dieses Thema angeht, merkt, dass es ihn nicht wieder loslässt, dann ist es klug und hilfreich, sich zuallererst mehr Informationen zu besorgen, um zu prüfen, wohin einen die eigene Lust treibt oder schon getrieben hat. Auch wenn man nichts mit dieser Art SM zu tun zu haben glaubt, wie es in Online-Foren wie der deutschsprachigen Sklavenzentrale oder auf den eher englischen Webseiten kink.com oder fetlife.com als Möglichkeit gezeigt wird, so kann es doch etwas anderes geben, das auch SM sein könnte. Eine Standardlektüre, die ich in dieser Situation empfehle (eine der typischen Situationen, mit der jeder SM-Telefonberater konfrontiert wird), ist etwa „Die Wahl der Qual“ (Katrin Passig und Ira Strübel). Das Buch gibt einen umfassenden Überblick über all das, was man so unter BDSM versteht. Angefangen mit der Frage, was Leute glauben, wie sie zu SM gekommen sind, über Rollenspiele in der Szene, bis hin zu der Frage nach Partnerschaft und der Genderfrage in der SM-Szene. Auch „Ein bisschen härter ist viel besser“ (Sabine und Wolf Deunan) kann als gute Einführung dienen, besonders wenn man seinem Partner gegenüber nach einem Einstieg ins Thema sucht. Natürlich gibt es noch eine ganze Reihe weiterer guter Bücher mit Grundlagen zum Thema, aber ganz sicher gehört „Shades of Grey“ nicht dazu.
In unserem Shop auf www.schlagzeilen.com findet man unter „Ratgeber“ eine Auswahl Bücher zu den unterschiedlichsten Aspekten anders gelebter Sexualitäten.

Realistische Selbsteinschätzung der eigenen Situation und Möglichkeiten

‚Warum gerade ich?' wollen fast alle wissen, doch auf diese Frage gab es noch nie eine wirklich befriedigende Antwort. Ereignisse in der Kindheit, zu viel oder gar keine Schläge, Missbrauch jeglicher Form, eine problematische Geburt – oder nichts von alledem werden als biografische Ursache gesehen. Die Psychologie bietet noch einen größeren Haufen möglicher Antworten (unbewiesen) an. Fraglich ist ohnehin, ob wir mit diesem vermeintlichen Wissen wirklich etwas an unserer Situation ändern könnten. Viel spannender ist da die Frage nach dem ‚Wie gehe ich für mich mit diesem neuen Wissen innerhalb meiner ganz eigenen persönlichen und sozialen Grenzen um?'. Nicht jeder hat den Mut oder die Frechheit, sein ahnungsloses Gegenüber mit seinem neuen Selbst zu konfrontieren. Über die eigenen sexuellen Wünsche und Phantasien redet man eben nicht so ohne weiteres. Manche leben in Situationen, von denen sie wissen oder zu wissen glauben, dass ihnen schwerwiegende Nachteile entstehen könnten, sobald ihre Umwelt erfährt, dass sie mit SM zu tun haben. Manche lieben ihren Partner und wollen ihn nicht verlieren, nur weil sie plötzlich neue sexuelle Wünsche haben, die nach Erfüllung drängen. Wieder andere sind in der privilegierten Situation, dass sie sich um das Urteil anderer Menschen nicht zu scheren brauchen, entweder weil sie die persönliche Stärke und Selbstsicherheit haben, oder weil sie aus diesem Bekennen für sich eine ganz spezielle Befriedigung ziehen können. Wichtig hierbei ist, dass man sich vorher über seine Grenzen im Klaren ist, ehe man einen Schritt nach außen macht, von dem man zunächst nicht weiß, ob man mit den Folgen umgehen kann.

Inzwischen gibt es bei vielen SM-Gruppen wie bei den SCHLAGZEILEN Beratungstelefone oder andere Beratungsangebote. (Telefonnummern finden sich in der Gruppenliste auf Seite 262, oder lassen sich bei uns im Verlag erfragen). Dieses Angebot sollte genutzt werden. Dort anzurufen ist allemal schlauer, als in einem der vielen SM-Foren Fragen zu stellen. Sitzen an den Telefonen meist gut informierte alte Hasen, so bekommt man online oft die unterschiedlichsten Antworten, die sich nicht selten widersprechen.

Das Neue mit jemand anderem teilen

Wenn jemand für sich neue Perspektiven entdeckt hat, gibt es oft dieses Gefühl von ‚Wenn ich nicht mit jemandem darüber rede, dann platze ich'. Eine gute Möglichkeit ist es, erst mal seinen besten Freund oder seine beste Freundin ins Vertrauen zu ziehen. Das ist meist nicht so dramatisch, wie man befürchtet, und nimmt den ersten Druck. Leider kann das auch nach hinten losgehen, denn die gesellschaftliche Bigotterie macht auch nicht vor besten Freunden Halt. Aber dann ist es ohnehin nicht schade, wenn die ‚Freundschaft' dadurch zu Bruch geht.

Auch wenn es mit der schwierigste und vielleicht schwerwiegendste Schritt zu sein scheint, sollte sobald wie möglich mit dem Lebenspartner gesprochen werden. Aber nicht nach dem Motto: ‚Ab heute musst du mich schlagen' oder ähnlich überrumpelnd, sondern mit größtmöglichem Fingerspitzengefühl. Als Einstieg hierzu eignet sich ein Gespräch über sexuelle Phantasien oder eine der vielen Sendungen, in denen SM vorkommt, oder einer der vielen eher unterhaltsamen romantischen SM-Romane. Nach meiner Erfahrung ist es meistens besser, rechtzeitig damit herauszukommen, als zu warten, bis sich der eigene Frust anders Bahn bricht, oder bis die Gattin oder der Gatte das aushäusige SM-Verhältnis spitzgekriegt hat. Natürlich gibt es keine Garantie, dass durch ein solches Geständnis nicht plötzlich doch die Zweierbeziehung zur Disposition gestellt wird. Doch wer nicht wagt …

Bei manchen Menschen funktioniert eine strikte Trennung von Zweierbeziehung und SM-Sex, den man sich woanders organisiert. Das kann über eine Absprache erfolgen oder (nicht zu empfehlen) heimlich.

Hier bietet sich (wohl eher) für Männer das SM-Studio mit der professionellen Domina oder Zofe an. Oder man führt eine reine Spielbeziehung. Manche Leute machen das auch über Jahrzehnte, ohne dass die Partnerin oder der Partner etwas davon mitbekommt, doch kann ich nicht beurteilen, wie glücklich ein derartiges Arrangement letzten Endes ist.

Akzeptanz der eigenen Andersartigkeit bis zu einer neuen Selbstdefinition

Viele Heterosexuelle haben sich in ihrem bisherigen Leben nie wirklich mit ihrer Sexualität auseinandersetzen müssen. Sie waren einfach so, wie es halt in unserer Gesellschaft üblich ist. Und jetzt sind sie plötzlich damit

konfrontiert, dass die scheinbare Sicherheit der Normalität sich in Luft auflöst. Vermutlich haben Lesben, Schwule, Transsexuelle oder Menschen, die sich eher „genderfluid" bewegen, es ein bisschen leichter, denn sie kennen ja schon die Auseinandersetzung mit sich und ihren Bedürfnissen.
Ein wichtiger Teil der eigenen Persönlichkeit verliert die bisher als sicher geltende Basis, und plötzlich ist alles neu. Das kann ziemlich viel Angst machen, und möglicherweise wird es manchen geben, der versucht, die neuen Wünsche wieder zu verdrängen oder zu vergessen, und sicherlich klappt das auch in manchen Fällen. Aber sexuelle Wünsche haben den Vorteil (oder Nachteil, es kommt nur auf die Perspektive an), dass sie mit unserem stärksten Trieb gekoppelt sind, dem Sexualtrieb.
Die Flucht in die Verdrängung oder in die Therapie (‚Herr Doktor, machen Sie das weg!') gelingt meist nur kurzfristig. Von sadomasochistischen Phantasien ist keine echte Heilung möglich. Natürlich kann ich mich entscheiden, nur in meiner Phantasiewelt zu bleiben oder diese Phantasien Realität werden zu lassen, doch muss ich mich selbst neu definieren, denn dem, was unsere Gesellschaft als normal vorgibt, entspreche ich plötzlich nicht mehr.
Auch wenn wir augenblicklich in einer relativ liberalen Gesellschaft leben, so kann sich das ganz schnell ändern (einvernehmliche Körperverletzung oder Freiheitsberaubung ist nur so lange straffrei, wie sie nicht gegen die guten Sitten verstößt – und die guten Sitten sind ja etwas, was je nach Zeitgeist sehr unterschiedlich ausgelegt werden kann). Auch wenn Sadomasochismus bzw. BDSM in manchen Medien salonfähig geworden zu sein scheint, sollte man sich nicht täuschen lassen, denn wäre es auch nur ansatzweise normal, wäre es schon längst kein Thema mehr. Der milde Grusel der Perversion soll ja gerade die Leute vor die Glotze locken.
Nach vielen Untersuchungen liegt der Anteil der erwachsenen Menschen, die mehr oder weniger zu SM tendieren, bei drei bis sieben Prozent der erwachsenen Bevölkerung, das wären also über zwei Millionen bundesdeutsche SM-Leute. Damit sind wir zwar eine Minderheit, aber doch eine ziemlich große.

SCHLAG
ZEILEN
146
SCHLAG
Schwerpunkt:
25 Jahre
SCHLAG
ZEILEN
SZ143

Ein Geständnis

(...) Und jetzt noch ein kleines Geständnis. Ihr habt mir, ohne es zu wissen, sehr geholfen – und das, obwohl wir uns nicht kennen und ich auch noch kein Heft der SCHLAGZEILEN in den Händen hielt.

Wie? Nun ja, also, Ausgangspunkt war eine schon lang andauernde, aber mittlerweile laue Beziehung, mein Job und natürlich meine S-Phantasien. Damals (vor SM) neigte die Dame meines Herzens zur Unlust, hatte Probleme, ‚sich fallen zu lassen' und war unzufrieden wie ich. Ich merkte zwar, wohin die Neigung bei mir geht, konnte es aber lange nicht einordnen, wollte es mir dann nicht eingestehen und fing schließlich an, mir das Thema zu erlesen (von de Sade bis zur Trierer Studie „Sadomasochismus" von Wetzstein et. al.). Soweit ja ganz normal das alles.

Irgendwann werden nie aufgegebene Anzeigen aufgesetzt – „Dominanter Mann sucht ..." usw. – was man in diversen Online-Foren und Zeitschriften so liest, aber schließlich stelle ich mir folgende Situation vor: Statt per Anzeige eine ‚Sklavin' zu suchen, haben wir gemeinsam SM entdeckt und erzählen darüber in einem Interview.

Ich schreibe das Ganze auf – gleich in Interviewform (denn das Zeitungmachen ist mein Job), aber mit geänderten Namen. Trotzdem sind wir beide gut zu erkennen.

Spaßeshalber setze ich ‚mein' Interview im Zeitschriftenlayout und klebe ein paar Anzeigen dazu. Sieht richtig echt aus – bis auf den Titel. Auf jeder Seite jeder richtigen Zeitschrift stehen unten der Titel und die Ausgabe. Aber in was für einem Heft erscheint so ein Interview?

Ja, und dann kommt Ihr daher – das heißt genauer gesagt eure Anzeige in der ‚O'. Schlagzeilen? Deutsches SM-Magazin? Genau, das ist meine Zeitschrift. Mein Interview bekommt eine Paginierung mit Titel und Ausgabe und es entsteht ein Schlagzeilenartikel, den es eigentlich gar nicht gibt.

Nach einer Schamfrist gebe ich es ihr zum Lesen („Du willst doch immer wissen, was mich anmacht. Lies das mal ..."). Und sie? Liest es und will es tatsächlich ausprobieren.

Der Rest ist Geschichte. Es gefällt uns beiden (was heißt, es gefällt uns – wir werden beide süchtig). Unser Schlafpensum sinkt wochenweise auf durchschnittlich 3 bis 4 Stunden pro Nacht und wir laufen durch die Gegend wie unter Drogen. Ich habe selten einen Artikel geschrieben, der von so wenigen Leuten gelesen wurde und doch so eine Wirkung gezeigt hat. Ich hoffe, Ihr kriegt meine ‚redaktionelle Meisterleistung' nicht in den falschen Hals, und bitte schon mal vorab um Verständnis und Absolution (obwohl mir solche Worte weiß Gott schwer über die Lippen kommen).

MIKE

Wie kommt man in die SM–Szene?

Wer suchet, der findet (nicht so leicht)

Da sitzt er nun, unser frischgebackener Sadist, Coming-Out-gestählt und grübelt immer noch vor sich hin. Was hat er nur? Was fehlt ihm noch zu seinem Glück? Und die potentielle Sklavin nebenan schaut auch nicht besser drein, obwohl ihre beste Freundin nur verständnisvoll gelächelt hat. Trübsal bläst auch der Masochist, trotz SCHLAGZEILEN und neuem Fetentermin. Und die Domina sieht in ihrer neuen Lederkorsage und mit der tatendurstig wippenden Gerte mehr wie ihr eigenes Trauerbild aus.
Was fehlt ihnen allen oder was nicht?
Das passende Gegenstück muss her, doch wie geht das?
Um es vorweg klarzustellen, es gibt nicht nur die einsamen Sado- und Maso-Männer, sondern genauso die suchenden weiblichen oder auch genderfluiden Gegenstücke dazu, doch ihre Suche ist erst mal nicht so offensichtlich, zumindest wenn man von ihrem Anteil an Fetenbesuchern und Kontaktanzeigenschreiber_innen ausgeht. Doch das ‚öffentliche' Missverhältnis von vielen suchenden Männern zu wenigen suchenden Frauen schützt die Frauen dennoch nicht vor dem Alleine-Sein.
Auch bei SM-Leuten gelten weiterhin die allgemeinen Regeln des Kennenlernens, wie sie schon in der ‚normalen' Welt für Enttäuschungen und emotionale Abstürze sorgen. Traum-Prinzen und -Prinzessinnen sind hier wie dort Mangelware.
Fünf Möglichkeiten, jemanden für Herz und Schmerz zu treffen, bieten sich an: Die freie Wildbahn, die Kontaktanzeige, der SM-Gesprächskreis, die SM-Fete und mit gaaanz viel Glück gelingt es vielleicht, beim vorhandenen Partner ein tiefergehendes Interesse an SM zu wecken.

Die freie Wildbahn

Eigentlich kann man überall jemanden treffen, der Interesse hat, SM auszuleben. Die Chance, dass das Gegenüber weiß, was es mit ‚dem Ring' oder der Triskele auf sich hat, ist dennoch minimal.

Nach optimistischen Schätzungen laufen zurzeit maximal 50.000 Leute mit einem Ring am Ring (in den unterschiedlichsten Formen) herum, davon eine Menge, die diesen Ring einfach nur schick finden. So ist die Chance noch sehr niedrig, auf diese Art Lustverwandte zu treffen. Doch es gibt viele Menschen, die Spaß an spannender Sexualität haben und gerne experimentieren. Unter ihnen findet man vielleicht nicht seine Vollblut-Domina oder seinen immer souveränen, dominanten Herrn oder die passenden Gegenstücke, aber müssen es denn immer 110% sein?

Je mehr SM aus der Schmuddelecke herausgekommen ist, für einige Menschen vielleicht sogar modern geworden zu sein scheint, desto größer ist die Möglichkeit, wenigstens erste Versuche gemeinsam zu machen. Selbstverständlich leben wir in keiner sexuell freien Gesellschaft, doch auf jedem Tanzabend und in jeder Disco finden sich Menschen, die Lust auf Experimente auch außerhalb des Bettes haben.

Eine Balance aus Ehrlichkeit und Takt, Feingefühl und Achtung vor den eigenen Wünschen und den Wünschen des anderen sind jetzt vonnöten, wie eigentlich immer in diesen Situationen. „Hallo, ich bin ein Sado und wie heißt du?“, macht sich für eine Slapstick Szene gut, doch im richtigen Leben geht es meistens anders zu. Wenn er sich die Augen verbinden lässt, wenn sie die Arme hinter dem Rücken verschränkt, als sei sie gefesselt, wenn er sie beim Sex etwas beherzter anpackt oder sie ihn ihre Nägel spüren lässt, dann ist der erste Schritt getan und öfter geht es da eben nicht weiter. Aber in vielen Fällen ist noch mehr möglich, was Zeit braucht, um sich entwickeln zu können.

Eine andere Möglichkeit wäre zu versuchen, ein experimentelles Spiel daraus zu machen.
Ein dritter Einstieg kann sich ergeben, sobald die emotionale Basis und genug Vertrauen dafür da sind, wenn man sich erst mal unverbindlich seine sexuellen Phantasien erzählt.
Merke: Viele Phantasien sind nur als Phantasien gut, umgesetzt in die Realität können sie im schlimmsten Fall emotional oder körperlich verletzen!

Die Kontaktanzeige

Ob online auf einem der einschlägigen Portale oder gedruckt in unserem SM-Magazin bzw. auf unseren Online-Seiten, wichtig ist der Stil der Antwort. Gerade Männer haben oft ein todsicheres Händchen für den falschen Ton. Wenn sie ein Foto will, dann bitte nicht das mit Bierflasche und Bermudashorts aus dem letzten Urlaub oder gar nur ein Schwanzbild.
Wenn sie von masochistischen Wünschen spricht, dann bitte keine Anrede à la ‚Hallo Sklavin'. Und das Gerede von absoluter Dominanz, konsequenter Abrichtung und tabuloser Unterwürfigkeit mag als pornografischer Stimulus funktionieren, verhindert aber garantiert auch eine Reaktion. Und auch der Satz „Alles kann, nichts muss" ist so abgelutscht, dass kaum einer genauer hinschauen mag.
Frauen beantworten eher Anzeigen, die etwas Sympathisches über die Persönlichkeit des Inserenten aussagen (dazu gehört eben nicht, ob er besonders konsequent oder unterwürfig ist, das sind nur leere Floskeln), die witzig, unterhaltsam, stilvoll sind. Es gibt Männer, die auf ihre Anzeige etwa in den SCHLAGZEILEN fünf und mehr Antworten bekommen, aber viele Männer

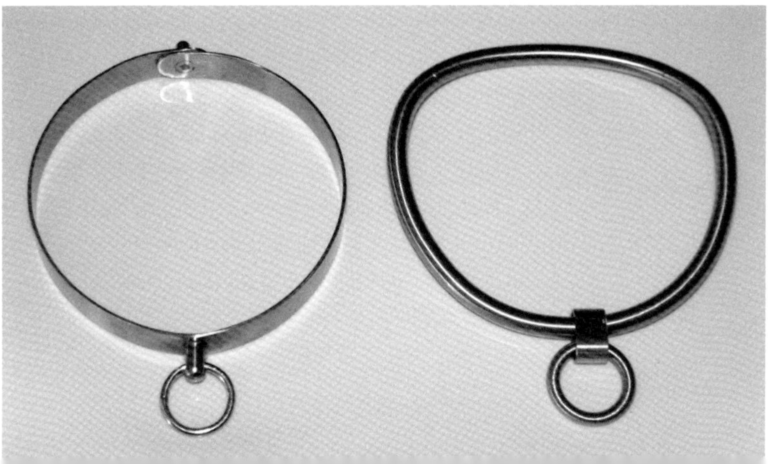

erhalten nie Antwort und versuchen es immer wieder auf gleiche oder ähnliche Weise. Zwar gibt es ein paar ganz Clevere, die drei bis fünf verschiedene Anzeigen schalten, aber das nützt eben auch nichts. Und die Illusion, dass viel viel hilft, ist eben genau das: Illusion. Den weiblichen Inserenten geht es eher anders: Sie erhalten Berge von Mails oder PNs, aber hauptsächlich von Männern, die eigentlich nicht wirklich die Anzeige gelesen haben (s.o.), sondern die schon mit einer fix und fertigen Phantasie kommen, ohne ihr Gegenüber zu kennen, die lächerliche Befehle geben und sich dann wundern, wenn die Inserentin nicht reagiert oder bei einem Brief das Foto von ihnen nicht zurückschickt, sondern in den Müll schmeißt. Natürlich gibt es kein Patentrezept. Doch wenn es in diesem Ton nicht klappt, vielleicht beim nächsten Mal einen anderen Stil probieren. Die Anzeigen richtig lesen und viel Geduld haben. Die Chancen, seinen Wunschpartner oder seine Wunschpartnerin per Anzeige zu finden, stehen besser als man denkt.

Der SM-Gesprächskreis oder Einsteiger-Stammtisch

Natürlich gibt es sie nicht überall, aber inzwischen doch in fast jeder deutschen Groß- und Mittelstadt: SM-Stammtische, SM-Gesprächsgruppen, Einsteiger-Treffs. Doch wer mit dem Vorsatz hingeht, dort die Frau seiner Träume oder den Mann mit der wirklich echten Dominanz zu treffen, wird ganz schnell enttäuscht. Diese Gruppen dienen erst mal und vor allem dem Austausch von Erfahrungen, dem Hineinschnuppern und sind so in erster Linie mögliche Kommunikationsgeflechte. Wenn Frauen das Gefühl haben, dass jeder Mann im Raum sie als potentielles Opfer seines sexuellen Hungers sieht, dann machen sie sehr schnell schon im Vorwege zu, lassen niemanden mehr an sich heran, auch wenn sie oft ein ähnliches Interesse haben. Da ist das Kind dann schon in den Brunnen gefallen, noch bevor der Brunnen sich aufgetan hat (das gilt natürlich und gerade auf SM-Partys).
Gesprächskreise (seit Jahren auch extra für junge Menschen, wie die von der SMJG angebotenen) bieten in erster Linie die Chance, sich ein emotional angenehmes Umfeld zu schaffen und Freundschaften zu knüpfen, ohne die Verbindlichkeiten einer Liebesbeziehung. Das als Chance zu begreifen, ist der erste Schritt zu mehr Gelassenheit, die wiederum Voraussetzung dafür ist, nicht jeden eventuellen Sexpartner gleich mit gierigen Augen zu überfallen. (Siehe Gruppenliste Seite 262.)

SM- und Fetisch-Partys

In der Anonymität der Masse unsichtbar, einsam in der Gruppe, suchend durch die Räumlichkeiten streifend oder mit coolem, taxierenden Blick in einer strategisch günstigen Ecke stehend: die einsamen Herzen auf den Partys. Leute auf SM-Partys kennenzulernen, funktioniert genauso wie in jeder Kneipe und normalen Disco. Die gleichen Balzrituale, das gleiche desinteressierte, coole oder gierige Gehabe. SM-Partys unterscheiden sich da nur in den Köpfen der Beteiligten, doch eine Sklavin ist kein Freiwild,

eine Domina nicht jemand, der einen verhaut, wenn man sie mal eben frech provoziert. Phantasie ist gefragt, Stil und Takt kommen an. Die Standard-Verkleidung für ihn ist oft nicht sonderlich aufregend. Warum sind es immer die Männer, die über den Dresscode jammern, und die Frauen, die sich für die Party ganz selbstverständlich etwas Hübsches oder Aufreizendes anziehen?
Entgegen anderslautender Vermutungen gibt es auf den Partys auch Frauen, die auf der Suche sind, doch wird denen die Suche schnell erschwert, durch die auf sie einstürzende massive Sehnsucht. Da geht die Klappe schon im Vorfeld runter und hinterher sind alle Beteiligten frustriert.
Fragen kostet nichts, aber ein ‚Nein' ist ein ‚Nein'!
„Ich bin da, wenn du Lust hast, etwas mit mir zu machen", sagte er, drehte sich um und ließ die Betreffende den ganzen Abend in Ruhe, es gab keine aufdringlichen Blicke, kein permanentes Über-den-Weg-Laufen. Ein Beispiel, wie man es vielleicht machen kann.
Ob es zwischen den Beiden geklappt hat? Wer weiß, aber die Chancen standen nicht schlecht.

Der vorhandene Partner

Wenn dem einen seine SM-Wünsche klar sind und der Partner oder die Partnerin möglicherweise (weil man noch nicht gefragt hat) damit nichts zu tun hat, gibt es mehrere Möglichkeiten.
Am wichtigsten ist hierbei, sein Gegenüber nicht zu überfordern.
Das ist natürlich manchmal sehr schwer, wenn es einem unter den Nägeln brennt, aber es ist die einzige Chance. Gespräche über sexuelle Phantasien, Experimente, Spiele, kleine Versuche, das gemeinsame Lesen und Betrachten von Büchern oder Filmen, die sich mit sexuellen Obsessionen beschäftigen, bieten Möglichkeiten, die Bereitschaft des Partners für eine andere Sexualität auszuloten (meist ist der SM-Porno, den man auf einer einschlägigen Seite gefunden hat, nicht geeignet). Wenn es klappt, die Beziehung zu erhalten, ergeben das Experimentieren und die Auseinandersetzung mit Sexualität, gerade bei Paaren, die schon länger zusammen sind, einen Kick, der beiden wohl tut, auch wenn am Ende vielleicht doch klar wird, dass der andere keine wirklichen Interessen an SM hat. Auf den Tisch muss es so oder so.

Der Vollständigkeit halber sei noch der Partnerersatz in Form von Studiobesuchen erwähnt. Gerade weil es so viele einsame Männer gibt, die ihre Lust auf SM für sich artikulieren können, und Frauen da mehr zögern, ist es für Männer und einige Frauen ein möglicher Ausweg, wenigstens ein bisschen Erfahrung mit dieser Form der Sexualität zu sammeln. Natürlich gibt es gute und schlechte Studios. Es gibt Kunden, die gut mit dieser Domina und jener Zofe können. Empfehlungen können wir nicht aussprechen. Doch sollte darauf geachtet werden, dass das Preis-Leistungs-Verhältnis stimmt, und dass die Profis sich wie solche verhalten, d.h. dass sie ihr Handwerk verstehen.
Und bei der Möglichkeit einer Spielbeziehung ist Vorsicht geboten, zu schnell können da tiefe Gefühle entstehen.

Zum Schluss noch ein paar Tipps

- Blind Dates sind zwar sehr schön, dennoch ist es sinnvoll, sich covern zu lassen. Ein Beispiel: Die Adresse des Treffens sollte vorher bekannt sein, eine Person des Vertrauens sitzt abrufbereit zu Hause, ein Telefonanruf nach einer bestimmten Zeit und ein Notfall-Code sind vereinbart, z. B. „Mir geht es prächtig" kann zum Beispiel heißen: „Komm sofort, da ist etwas faul".
- Sich Mut anzutrinken für die erste Situation oder für die Anmache, ist vielleicht verständlich, verhindert aber oft genau das, was es erreichen soll, und schafft im besten Fall falsche Voraussetzungen.
- SM hat für viele etwas mit dem Austausch von Macht zu tun, deswegen sollte der, der die Macht abgibt, sich vorher davon überzeugen, ob der, der sie erhält, diese Ehre und dieses Vertrauen auch verdient hat.
- Immer mit offenen Karten spielen. Der Hunger verführt manchmal dazu, dass jemand, der eigentlich auf devote Hingabe steht, sich auf eine Situation einlässt, in der es um körperliche Schmerzen geht, oder umgekehrt. Oder ein Anfänger tut so, als sei er erfahren. Dass das häufig daneben gehen muss, ist klar.

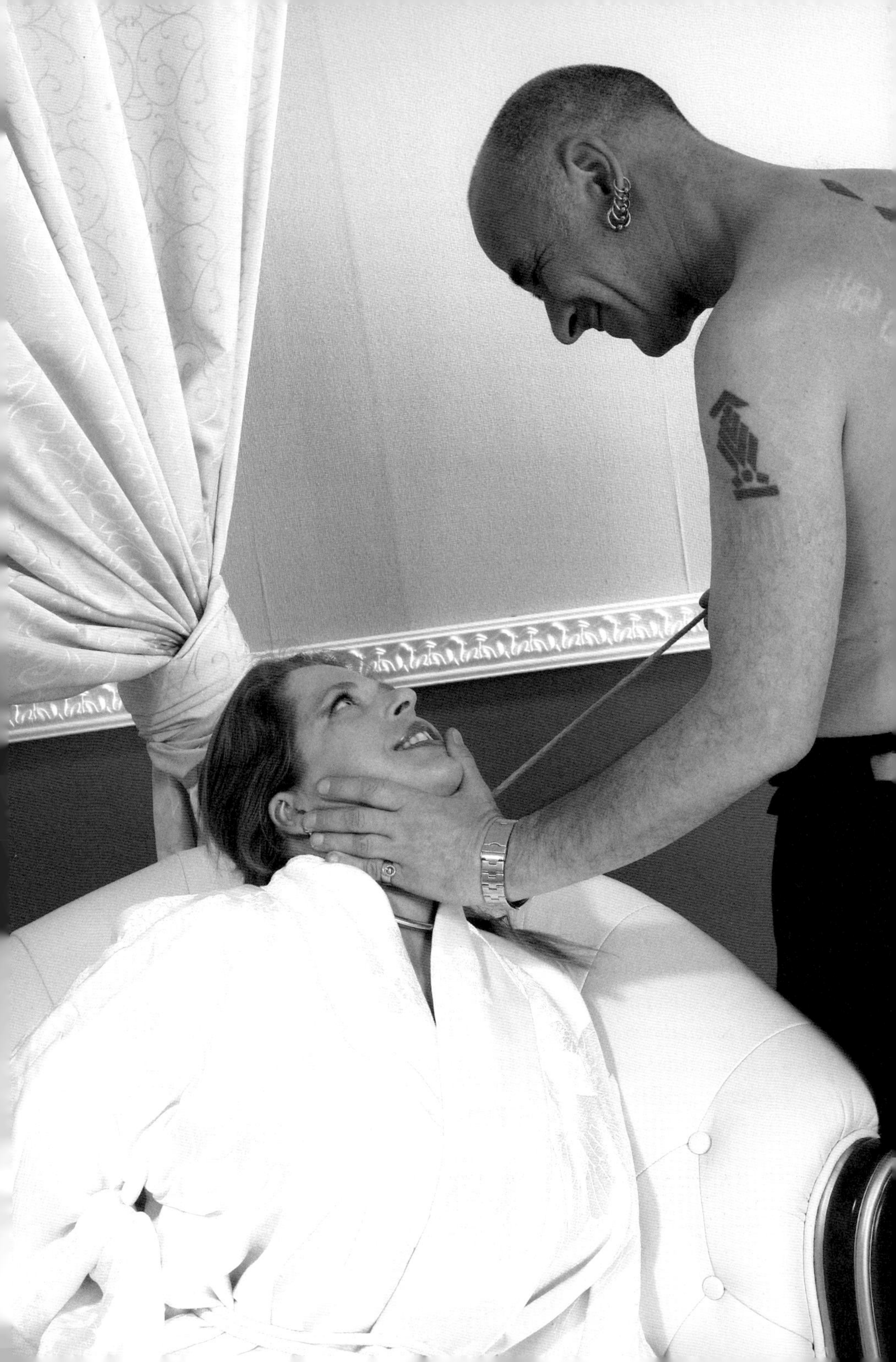

Das kleine SM-Einmaleins

Man braucht sich nur einen x-beliebigen SM-Film anzusehen, was selbstverständlich auch von Anfängern gemacht wird (sind doch oft gerade die Phantasien der Beginner durch recht unrealistische Vorstellungen geprägt), um zu sehen, wie mit Nadeln und Nägeln gespielt wird, wie schwere Gewichte an Genitalien gehängt, oder wie Frauen an ihren Brüsten hochgezogen werden. Sicherlich ist es den meisten klar, dass vieles von dem, was man in den Filmen oder Heften zu sehen bekommt, nicht geeignet ist, es mal eben nachzumachen. Daher hier einige Basisrichtlinien und Tipps. Aus der amerikanischen, schon sehr viel länger existierenden, nichtkommerziellen SM-Szene haben wir schon lange in Deutschland Akronyme übernommen, die das Wichtigste enthalten: SSC(F) – Safe, sane, consensual (and fun) oder RACK – Risk Aware Consensual Kink, risikobewusster einvernehmlicher Kink. Alles, was diesen Grundregeln nicht entspricht, ist kein SM.

Safe bedeutet ‚sicher', aber nicht nur im Sinne der Vermeidung sexuell übertragbarer Krankheiten, sondern auch im technischen Sinn: Kennt eure Instrumente und informiert euch, wie man sie sicher benutzt!

Sane bedeutet ‚vernünftig, geistig gesund, nüchtern', ‚mit gesundem Menschenverstand'.

Consensual heißt einvernehmlich. Häufig spricht man von informiertem Konsent: Beide Partner müssen (vor der Session) wissen, was sie tun bzw. worauf sie sich einlassen. So können beide die Verantwortung für das, was passiert, gemeinsam übernehmen. Alles, das nicht einvernehmlich (consensual) ist, ist mindestens Nötigung, Vergewaltigung, Körperverletzung oder Freiheitsberaubung. Das ist beispielsweise dann der Fall, wenn weitergemacht wird, nachdem ein für den Abbruch der Situation vereinbartes Codewort gefallen ist.

Dass SM etwas ist, das mit Fun, d. h. Lust, Spaß, Genuss und Zufriedenheit zu tun hat, ist hoffentlich für jeden selbstverständlich.

In Phantasien und Geschichten ist alles erlaubt, aber real gelebter SM ist etwas anderes. Hier geht es – oder sollte es gehen – um Liebe, Fürsorge und erotische Vorstellungskraft. Sex ist etwas, das nicht nur mit der Möse oder dem Schwanz zu tun hat, sondern in erster Linie mit Bauch und Kopf. Zu oft machen Leute etwas schräge Aktionen miteinander, und der Hunger und die Sehnsucht verklären hinterher auch die bescheidensten Erfahrungen.

Zu einer guten SM-Inszenierung gehören vier Ingredienzien:

1. Leute, die wissen, was sie voneinander wollen.
2. Eine geeignete Umgebung.
3. Equipment, mit dem der aktive Part umgehen kann.
4. Ausreichend Zeit, auch für die Nachbereitung.

Zu Punkt 1: Wenn zwei oder mehr Leute etwas miteinander machen wollen, sollten sie vorher gemeinsam abklären, was ihre Erwartungen, Vorstellungen und Phantasien sind. Es ist eine Illusion zu glauben, es wäre damit getan, dass beide ‚ja' sagen. Steht der eine mehr auf Unterwerfung, der andere mehr auf Bondage, muss sich hinterher niemand wundern, wenn die Aktion schiefgegangen ist. Ob man dieses Abchecken ausführlich, kurz, in Interview-Form, bei einem Kaffeetrinken oder sonst wie macht, ist dabei egal. Wichtig ist es, ehrlich zu sein, bisherige (oder noch nicht vorhandene) Erfahrungen zu teilen und die eigenen Erwartungen zu kommunizieren und mit dem Partner abzustimmen. Beim ersten Rendezvous ist es sinnvoll, sich abzusichern, d. h. dafür zu sorgen, dass jemand anderes weiß, wo man sich aufhält, und mit diesem eventuell einen Telefonkontakt zu vereinbaren.

Zu Punkt 2: Ein kaum beleuchteter Fetenraum oder eine Räumlichkeit, in der man vor Überraschungen nicht sicher ist, sind sicherlich kein geeigneter Spielplatz, besonders dann nicht, wenn die Leute, die etwas miteinander machen wollen, sich kaum kennen. Wichtig ist, dass man sich in den Gegebenheiten des Raumes auskennt und z. B. weiß, wo etwa die Schere ist, mit der man im Notfall jemanden losschneiden kann.

Zu Punkt 3: Egal, ob man eher Minimalist ist oder stolz auf seine umfassende Sammlung von einschlägigem Spielzeug, jeder sollte mit dem, was er benutzt, umgehen können. Dazu gehört auch, dass er oder sie weiß, was passiert, wenn man dieses oder jenes Instrument benutzt und wie es sich anfühlt. Mit einer neuen Peitsche gleich beim ersten Mal herzhaft zuzulangen, zeugt nicht gerade von Fingerspitzengefühl.

Zu Punkt 4: Zeit ist ein oft unterschätzter, aber wichtiger Faktor. Es gibt Leute, die beginnen eine SM-Aktion nicht, wenn sie nicht mindestens drei Stunden Zeit haben. Wenn man das, was man tut, langsam macht, gibt man dem anderen die Zeit, die Erfahrungen richtig zu spüren und zu verarbeiten. Ein Schlag, dem sofort der nächste folgt, gibt einen nachhaltigen Eindruck, aber ein ‚Genuss' ist für die meisten Empfangenden schwieriger. Die Adrenalin- und Endorphin-Ausschüttung, die wir provozieren wollen, die für das High verantwortlich ist, braucht ohnehin Zeit.

Sicher wird es jetzt Leute geben, die es anmaßend finden, dass da jemand herkommt und sagt, was richtig ist, und damit mal wieder Normen aufstellt. Gut, sollen sich diese Damen und Herren aufregen … Doch gerade für die Leute, die neu in der Szene sind, ist es notwendig, dass sie klare und allgemein verständliche Anhaltspunkte haben für das, was sie machen oder erleiden wollen. Dazu gehören auch Code-Wörter oder sonstige vereinbarte Signale, die einen direkten Rapport ermöglichen. Dies sind Hilfsmittel, die den Kontakt auch innerhalb einer Situation und das Weiterbestehen der Einvernehmlichkeit erleichtern bzw. sicherstellen sollen. Schließlich ist keiner von uns Gedankenleser.

Es gibt noch einige andere wichtige Ratschläge, die es zu beherzigen gilt: Auch wer nicht Bondage-Fan ist, fesselt sein Opfer von Zeit zu Zeit. Hierbei muss darauf geachtet werden, dass die Durchblutung besonders der Gliedmaßen gewährleistet ist. Gerade wenn die Hände im Stehen über dem Kopf fixiert sind, kann es zu Durchblutungsstörungen kommen (siehe Kapitel über Bondage). Kalte, gefühllose oder blaue Gliedmaßen sind ein klares Signal, die Fesseln zu checken und schnellstmöglich zu lösen. Besser ein zerschnittenes Seil als eine manchmal monatelang taube Hand. Nicht nur deswegen darf man niemals jemanden, der gefesselt ist, alleine lassen (auch wenn das in manchen Geschichten anders gehandhabt wird, aber das ist eben die Sache mit der Phantasie).

Achtung: Fesselt man jemanden im Stehen mit zusammengebundenen Beinen, kann es ganz schnell zu Gleichgewichtsproblemen kommen – also immer darauf achten, dass der Oberkörper fixiert ist, damit die Person nicht umfallen kann. Dass sich die unterschiedlichsten Materialien zum Fesseln anbieten, weiß jeder. Eine besonders preiswerte Methode ist die Benutzung von Stoffstreifen, die aus alten Laken hergestellt werden können. Auch die gute Küchen-Plastikfolie von der Rolle eignet sich hervorragend. Es muss immer gewährleistet sein, dass der Gefesselte genug Luft bekommt. Also nie Mund und Nase verschließen und keine Fesseln um den Hals oder zu eng um den Brustkorb wickeln! **Tipp: Vorher kräftig einatmen lassen.**
Knoten, die sich bei Belastung weiter zuziehen, sind riskant, aber einfache Fesselungen kann man auch machen, ohne ein Knoten-As zu werden.
Bei Stahlfesseln ist zu beachten, dass die Kanten meist sehr hart sind, eine Auspolsterung mit Stoff oder Leder bietet sich bei längerem Gebrauch an. Teurer und bequemer sind gute, gepolsterte Lederfesseln, aber mir scheinen sie ihr Geld wert zu sein.

Für Leute, die eher auf die unterschiedlichsten Arten von Schlage-Aktionen stehen, sei es ‚Spanking' (mit der bloßen Hand schlagen) oder ‚Flagellation' (mit Rohrstock oder ähnlichem schlagen), gibt es die unterschiedlichsten Utensilien von der Hand über Gürtel und Schuhsohlen, Kochlöffel und Pfannenwender bis hin zu vielriemigen Peitschen, Reitgerten und Rohrstöcken (kein Bambus verwenden, der splittern kann, sondern spanisches Rohr, Thai-Rohr oder Rattan). Wohin und wie man schlägt, steht ausführlich im Kapitel ‚Über den Körper und seine Schwachstellen'. Doch sollte man vorher mit jedem neuen Instrument die Handhabung und Treffsicherheit am leblosen Objekt prüfen (z. B. an einem Kissen).

Ein weiterer Schwerpunkt von SM kann sensorische Deprivation sein.
Hier geht es darum, dem Partner einen oder mehrere Sinne zu nehmen oder diese zu kontrollieren. Dazu gehört das Verbinden der Augen oder das Verstopfen der Ohren. Dabei ist zu bedenken, dass die anderen Sinne, die nicht unterbunden sind, empfindlicher werden. Das Wartenlassen (Suspense) des eventuell bewegungslos gefesselten Opfers kann auch ein spannender Aspekt sein. Bei diesen Inszenierungen ist es besonders wichtig, in inten-

sivem Kontakt mit dem Empfangenden zu bleiben, da es bei Sinnesentzug manchmal zu tiefgehenden emotionalen Problemen kommen kann.

Genitale Spiele gehören selbstverständlich auch zum üblichen Repertoire. Da diese Regionen besonders empfindlich sind, ist hier auch besondere Behutsamkeit erforderlich. Dildo- oder Faustfick-Spiele gehen besser, wenn man sich dafür viel Zeit nimmt und das am besten reichlich zu benutzende wasserlösliche Gleitmittel nicht vergisst (siehe Kapitel ‚Dehnungsspiele').

Unter Hautsensationen versteht man alles, das mit der Sensibilität der Haut spielt. Das können Kälte- und Hitzereize sein (siehe Kapitel ‚Das Spiel mit dem Feuer'), oder das Berühren der Haut mit den unterschiedlichsten Materialien, außerdem fallen auch die Rasierspiele darunter. Übrigens kann man vorzüglich das Gefühl einer Rasur vortäuschen, wenn man mit einer Kreditkarte (jawohl!) „rasiert".

Eine weitere Variante sind alle Arten von Klammerbenutzung. Ob man nun die guten Buchenholzwäscheklammern, entschärfte Krokodilklemmen oder die sogenannten Clover-Clamps nimmt, ist eine Frage der Wirkung, die man erzielen will (siehe Kapitel ‚Kleine Klammerkunde').
Zu beachten ist, dass nach etwa zwei Minuten die Blutzirkulation in dem abgeklemmten Stück Haut unterbunden ist. Nach dieser Zeit wird ein Entfernen der Klammer nochmal besonders schmerzhaft, weil das Blut ins Gewebe zurückströmt. Bei sehr festen Klammern, die direkt an die Nippel geklemmt und dann vielleicht noch belastet werden, sollte man bedenken, dass besonders bei untrainierten Brustwarzen die Gefahr einer Brustwarzenreizung oder -entzündung besteht (schmerzhaft, langwierig und völlig unerotisch).

Wer mit sexueller Erniedrigung und Demütigung (siehe Kapitel ‚Demütigung') spielen will, sollte beachten, dass gerade an den Punkten, wo die Spiele am heißesten werden, auch die größte Gefahr droht. Psychische Verletzungen sind schwerer zu erkennen und können nachhaltiger sein als physische.
Am sichersten ist es, einen zeitlich überschaubaren Rahmen abzumachen, da dann hinterher klar ist, dass die geliebte Person wieder in ihrer ganzen Persönlichkeit geachtet wird.

Spiele mit Blut (siehe Kapitel ‚Bloodsports'), mit Schwachstrom und mit Feuer sind eher etwas für die erfahreneren Leute auf beiden Seiten.

Knebel dienen der Geräuschverminderung und zur Demütigung.
Es gibt sie in den unterschiedlichsten Formen und Materialien. Wichtig ist, dass der Geknebelte immer noch gut Luft bekommt (die Nase muss frei sein) und keinen Kieferkrampf (weil der Knebel zu groß ist).

Tipps

- In jeder SM-Inszenierung ist es wichtig, dass beide ständig in Kontakt miteinander sind. Kontinuierliche Aufmerksamkeit, gerade auf Seiten der Aktiven, ist unerlässlich.
- Drogen und Alkohol verändern die Hemmschwellen und reduzieren die Fähigkeit zur Selbsteinschätzung und Kontrolle. Deswegen immer nüchtern bleiben, besonders als Aktiver.
- Jeder spielt sein eigenes Spiel. Es gibt keine Richtlinien darüber, was bei einer SM-Aktion alles gemacht werden darf, soll oder muss. Einzige Richtschnur sollte SSC oder RACK sein – und dass alles im Rahmen eurer vorher getroffenen Vereinbarungen bleibt.
- Sucht euch eine/n Partner/Partnerin, der/die zu euren Vorstellungen passt.
- Macht nur das, was ihr könnt, worin ihr euch sicher seid. Selbstüberschätzung hat noch keinem genützt und kann in SM-Situationen richtig gefährlich werden.

- Lasst euch Zeit.
- Achtet auf die emotionale Sicherheit für euch und euer Gegenüber. Auch wenn eine Aktion abstürzt, ist der Abend nicht gelaufen; wenn man darüber reden kann, kann man lernen, es beim nächsten Mal besser zu machen.

Emotionale Sicherheit heißt auch, dass, egal was du in einer Situation machst oder worauf du dich eingelassen hast, hinterher die Sicherheit da ist, dass du deswegen nicht verlacht oder verachtest wirst, sondern genauso respektiert wirst wie vorher.

Zum Schluss noch einige Anmerkungen zu der alten Klage, dass SM ja so ein kostspieliges Vergnügen sei.
Sicher kann man sehr viel Geld für die ‚richtige' Kleidung und das ‚profimäßige' Spielzeug ausgeben, aber es geht auch preiswerter. Ein Spaziergang durch die Haushaltswarenabteilung eines Kaufhauses oder durch einen Heimwerkermarkt mit offenen Augen lässt einen so einiges finden, was preiswert und praktisch ist: Kerzen aus Stearin (Bienenwachs wird zu heiß und gibt Brandblasen), Schuhsohlen, Bratenwender, Fliegenklatsche, Karabiner, Pinsel, weiche Nylonseile etc.

Kleiner Knigge für „Passive“ und „Aktive“

Wenn ein Sklave sich bei seiner Herrin bedanken will, heißt es dann eher „Danke, meine Gebieterin“ oder doch lieber „Danke, Lady“? Und wenn eine Sklavin sich ihrem Herrn anbieten will, gehören dann die Arme mit offenen Handflächen auf die Oberschenkel oder hinter dem Nacken verschränkt? Ist es erlaubt, dem Bondage-Meister während seiner kunstvollen, zeitraubenden Tätigkeit unterhaltsame Witzchen zu erzählen, und darf bei einer Spanking-Szene gelacht werden?

Natürlich gibt es für diese immer wieder auftauchenden Fragen keine endgültigen Antworten, die Geschmäcker sind so verschieden wie die Stimmung, in der jemand gerade ist, und je nach Absprache sollte das Spiel zuallererst für beide Parteien befriedigend funktionieren.

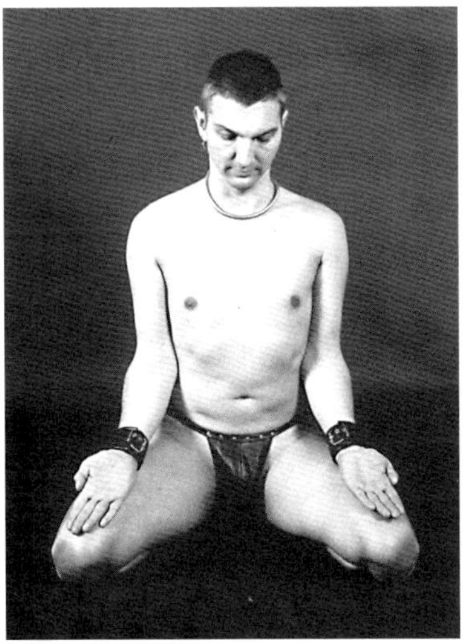

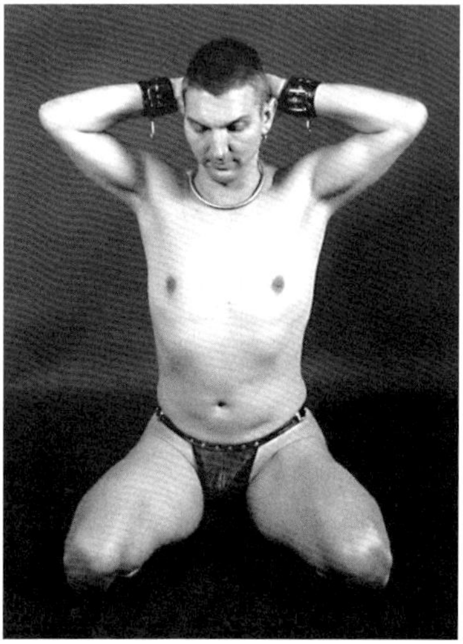 

Für Traditionalisten haben sich ein Paar Regeln herauskristallisiert, teilweise beruhen sie auf der ‚Geschichte der O', teilweise auch auf dem Buch ‚Venus im Pelz'.

Herrin, Gebieterin, Mistress, Madame bzw. Herr, Master, Gebieter, Sir sind übliche Anreden für den aktiven Part. Sklavin, Zofe, Dienerin bzw. Sklave oder TV-Zofe (Mann in Frauenkleidern) für den passiven Part. Diese Ausdrücke sind typisch für SM-Situationen, in denen es mehr um psychische Unterordnung als um das Erlebnis intensiver körperlicher Erfahrungen geht (hier werden meist keine speziellen Anreden benutzt – Vorname genügt!).

Außerdem haben sich für männliche und weibliche ‚Sklaven' bestimmte Anbiet-Haltungen bzw. Demuts-Posen eingebürgert: Kniend, die Hände mit der Handfläche nach oben auf den leicht gespreizten Schenkeln, den Blick gesenkt, den Mund leicht geöffnet. Kniend wie oben, doch mit den Armen im Nacken oder auf dem Rücken verschränkt. Stehend mit gespreizten Beinen, Arme wie oben. Auf allen Vieren, den Po deutlich vorgereckt.

Auch das „Danke, Herrin" bzw. „Danke, Herr" für empfangene Schläge und andere Gemeinheiten hört man in bestimmten Zusammenhängen gern.

Außerdem gehören zu diesen Regeln noch das Sprechverbot (nur reden nach Aufforderung), das Verbot der Onanie, Kleidungsgebote (z. B. keine Strumpfhosen oder Hosen, bzw. bestimmte Kleidungsvorschriften) und allgemeine Verhaltensregeln wie: Nie mit übergeschlagenen Beinen zu sitzen, immer die Augen gesenkt zu halten, das Verbot, sich selbst zu berühren, etc. und vertragliche Vereinbarungen (z. B. Sklavenvertrag – siehe Kapitel ‚Von Tabus und Verträgen'). Deutlich wird hier, dass es sich ausschließlich um Regeln handelt, die für den passiven Part bestimmt sind, und dass sie ein einvernehmlich inszeniertes Machtgefälle voraussetzen. Neben den Old-School-Regeln existieren natürlich auch individuelle Regeln. **Merke: Traditionelle Regeln sind nicht automatisch die besseren, denn die besten Regeln sind die, die denjenigen am meisten Lust und Befriedigung bereiten, die nach ihnen spielen.**

Zwar gibt es Leute, die SM so in ihren Alltag integriert haben, dass sie eigentlich immer innerhalb des Spiels sind, aber für die meisten SM-Leute ist es wichtig, klare Zeichen für Beginn und Ende einer Inszenierung festzulegen (wenn er beim Nach-Hause-Kommen sein Halsband auf der Kommode vorfindet, kann er dieses Angebot annehmen, oder wenn sie die Hände auf dem Rücken kreuzt, wird aus der Alltagssituation in der

Küche plötzlich ein SM-Spiel). Eines der beliebtesten Missverständnisse ist es, wenn der eine eine Reaktion als zu ahndende Provokation sieht und der andere einfach nur seine Befindlichkeit geäußert hat. Klare Absprachen helfen, diese Art der Missverständnisse zu vermeiden.
Dennoch gibt es ein paar grundlegende Regeln, die die Kommunikation erleichtern und wenigstens teilweise verhindern können, dass SM-Aktionen misslingen. Die Grundsäulen hierbei sind Takt und Ehrlichkeit, Respekt und Verantwortlichkeit, Stil, Achtsamkeit und natürlich Zuneigung bzw. Liebe. Diese sieben Säulen tragen die gemeinsame Aktion auf beiden Seiten.

Takt und Ehrlichkeit

Aktionen zu machen und zu erleben ist schön, aufregend, geil oder eben auch mal unangenehm oder langweilig. Gerade wenn Menschen, die miteinander SM machen, sich noch nicht so genau kennen, ist es wichtig, dass sie einander ihre Befindlichkeiten in der Situation mitteilen, ob nun verbal oder mit Mimik, Körpersprache etc. Takt und Ehrlichkeit sollten hierbei das Spannungsfeld bilden, in dem reagiert wird. Nicht ‚Nein' zu sagen, vor lauter Taktgefühl, ist dabei genauso problematisch, wie in jeder unpassenden Situation kritische Kommentare abzugeben, weil man ja absolut ehrlich sein will. Das gilt natürlich nicht nur in einer SM-Situation, sondern überhaupt im Miteinander von Menschen.

Respekt und Verantwortlichkeit

Wenn ich dem anderen Macht über mich gebe, kann dieser andere diese Macht auch nehmen und korrekt damit umgehen? SM-Situationen spielen mit Grenzen und Grenzverletzungen, fordern Hingabe und die Bereitschaft, damit umzugehen. Gerade in Grenzsituationen ist die psychische Verletzlichkeit besonders groß. Falls die Inszenierung sehr stark auf Unterwerfungsritualen basiert, muss trotz des Spiels mit Verachtung spätestens danach klar sein, dass der gegenseitige Respekt keinen Schaden genommen hat. Nur zu oft erlebt man ein Verhalten, das aus Respektlosigkeit oder echter Verachtung entsteht und das tiefe Verletzungen auf beiden Seiten hinterlassen kann. Gleichzeitig bedeutet Verantwortlichkeit, dass ich mir vorher überlege, mit wem ich was mache, bzw. von wem ich was mit mir machen lasse. Auch wenn der passive Part seine Verantwortung in der Situation (teilweise) abgibt, so bleibt er doch dabei immer auch in der Selbstverantwortung. Verantwortlichkeit für den aktiven Part bedeutet darüber hinaus natürlich auch, dass sich das, was er mit dem passiven Part macht, innerhalb des Rahmens von Absprachen, Einvernehmlichkeit und Safer-Sex bewegen muss, dass mit klarem Kopf und unter Beachtung von vereinbarten Code-Wörtern gehandelt wird.

Stil

Stil hat man oder man hat ihn nicht. Doch mit diesem Satz sollte sich niemand rausreden können. Selbstverständlich müssen SM-Aktionen nicht automatisch schön aussehen, aber sie sollten sich ‚schön' anfühlen. Der Versuch, im Leiden einen attraktiven Anblick zu bieten, steht jedem Passiven gut an. Und die aktiven Männer können sich meist eine dicke Scheibe von den aktiven Frauen abschneiden, zumindest was stilvolles Auftreten anbelangt. Aber, was der eine schön findet, gefällt der anderen vielleicht gerade nicht. Dennoch: ein nackter Sadist in Tennissocken, ein ungewaschener Penis (natürlich gibt es Leute, die genau darauf stehen, aber das ist etwas anderes), unsichere Billig-Handschellen für 19,80 €, und eine gähnende Sklavin gehören sich einfach nicht. Und als Feten-Gast ungefragt Frauen zu betatschen, angesoffen dummdreiste Kommentare zu Aktionen abzugeben oder Käfiginsassen und angekettete Wesen als Freiwild zu betrachten, ist nicht nur stillos, sondern sogar ein Grund zum Hausverbot, aber ja doch! In die selbe Rubrik gehört das Verhalten mancher Männer, die bei Aktionen den Beteiligten soweit auf den Leib rücken, dass diese sich bedrängt fühlen. (Scheinbar haben Frauen da mehr Stil.)

Achtsamkeit

Wenn ich mit meinem Gegenüber etwas mache, dann muss ich, besonders wenn der andere gefesselt, geknebelt und mit verbundenen Augen vor mir steht, sehr wach sein, um seine Reaktionen mitzubekommen. Der Herrengriff zwischen die Beine der Sklavin zur Feuchtigkeitsprüfung ist damit nicht gemeint. SM hat hauptsächlich mit Gefühlen zu tun, deswegen sollte SM, zumindest, wenn Leute sich noch nicht so ausgiebig kennen, immer nüchtern (ohne Alkohol oder sonstige Drogen) betrieben werden. Auf Feten erlebe ich es leider oft genau anders und meistens geht es gut, aber eben nur meistens.

Zuneigung

Eigentlich ist gegenseitige Zuneigung der kleinste gemeinsame Nenner, auf dem man sich treffen sollte … das Selbstverständlichste der Welt. Doch oft werden, aus Not oder einfach Gelegenheit, Aktionen zwischen Menschen gemacht, die sich eben erst begegnet sind, sei es, weil der eine sich gerade so anbietet, oder dass die oder der zufällig dem eigenen Fetisch entspricht. Manche spielen auch gerne mit kühler Rollendistanz. Ein Teil der Verachtung, die in manchen öffentlichen Situationen mitschwingt, hat sicherlich mit diesem Phänomen zu tun. Klar kann man alles auch ohne Zuneigung zueinander machen, aber manchen Leuten tut das auf Dauer nicht gut, weil sie sich nicht als ganzen Menschen gesehen wahrnehmen.

Natürlich ist es schwierig, immer ein verlässliches Gefühl dazu zu haben, ob man sich auf diesen sieben Säulen aufgehoben fühlt, doch als Anhaltspunkt, als Möglichkeit zum Erstellen seiner eigenen Checkliste wird es sicher reichen. Selbstverständlich geht es nicht darum, mit festen oder starren Regeln aus SM eine todernste Sache zu machen, schließlich geht es um Vergnügen und Intensität, Lust und Freude. Doch zu oft erlebe ich, dass Leute Aktionen miteinander machen, obwohl sie wissen, dass sie sich hinterher schlechter fühlen statt schöner, besser, stärker und zufriedener. Es gibt nun einmal keine absolute Sicherheit für das Gelingen einer Session, und ein Schuss Ungewissheit kann ja gerade das Salz in der Suppe sein – nur wie hoch darf das Risiko sein?

Zum Schluss noch ein Tipp:

Beziehungsprobleme sollten immer erst geregelt sein, ehe das SM-Spiel beginnt, denn SM ist kein Mittel zur Beziehungsklärung!

Das erste Mal

Heute sitze ich hier und genieße meine Erinnerung ans erste Mal.
Es ist nicht leicht zu beschreiben, denn was den Reiz ausmachte, war nicht (nur) das, was ich mit ihr getan habe, sondern dieses tolle, unbeschreiblich gute Gefühl und seine aufregende Bandbreite. War es mehr Erwartung oder war es Angst? Angst vor meinem Ich? Oder davor, ihr Schmerzen zuzufügen, und dass sie es vielleicht nicht gut fände oder sogar ablehnte? Nein, es war gut, es war das erste Mal, dass ich meine Phantasie auslebte.

Wir spielten eine Runde Strip-Poker; wer verlor, musste sich etwas ausziehen lassen. Ich mag es, Frauen auszuziehen, sie beim Entkleiden zu berühren, zu streicheln. Sie wusste, wenn ihre letzte Hülle fällt, will ich mehr von ihr, als sie zu streicheln oder nur mit ihr zu schlafen. Aber was?
Sie gab sich alle Mühe, nicht zu gewinnen, und sie hatte Erfolg. Ich gewann ihre letzte Hülle. Sie war da, wo wir hin wollten, aber sie hatte eine erwartungsvolle Angst. Sie wollte fliehen, aber es auch erleben. Sie ging noch mal ins Bad. Als sie wieder kam, sagte ich ihr, sie solle sich in die Mitte des Bettes legen. Sie legte sich aufs Bett und sah mich an. Ja, so hatte ich sie schon mal gefesselt, die Arme und Beine gespreizt, sie gestreichelt und mit ihr geschlafen. Nein, heute wollte ich etwas anderes mit ihr machen, ich wollte mehr!
„Dreh' dich um!" Ich mag diese Worte, sie sind erotisch voller Erwartung, sie versprechen mir so viel, ihren Rücken, ihren Po. Nein, es ist nicht nur ihr Körper, den diese Worte versprechen, es ist der Anfang meiner Phantasie.
‚Dreh' dich um' ist bereits eine Phantasie, ein Satz, der mich erregt, wenn ich ihn denke. Sie kam meiner Bitte nach. Ich fuhr ihr sanft über den Rücken. Ich liebe es, zärtlich und nett zu sein. Meine Fingerkuppen wanderten von ihrem Nacken in kreisenden Bewegungen langsam abwärts. Ihr Po war noch mit meiner letzten Trophäe bedeckt. Sie benutzte ihre Hände als Kissen für ihren Kopf. Meine ganzen Handflächen glitten langsam zurück

von ihren Lenden über ihren Rücken zu ihren Schultern. Eine Hand streichelte ihr weiter über einen Arm zu einem Handgelenk. Vorsichtig führte ich es von ihrem Gesicht nach außen und steckte es in eine Schlaufe, die ich dann festzog. Ihre erste Hand war gefesselt. Der zweiten ging es nicht besser.

Ich legte mich neben sie, meine Hand streichelte ihr Gesäß. Ein unbeschreibliches Gefühl im Bauch raubte mir den Atem und fast den Verstand. Dieses Kribbeln … diese Macht … unvergleichlich … göttlich! Mit einem nie gekannten, erregten Beben in der Stimme wisperte ich ihr ins Ohr: „Du wirst meine Hand heute anders …“, meine Erregung nahm mir die Sprache. Ein Tätscheln auf ihr Höschen ließ keinen Zweifel an meinen Absichten. Im gleichen unwirklichen Ton fuhr ich fort: „Ich werde dich schlagen.“

Was dachte sie jetzt wohl? Eine Frau, die noch nie geschlagen worden war. Und jetzt so. Sie wusste, dass ich stark bin. Der Klang meiner Stimme machte ihr klar, dass ich nicht spielte. Meine Fingernägel strichen ihr sanft den Rücken rauf, als ich sie flüsternd fragte, ob sie Angst habe. Eine dumme Frage, natürlich hatte sie Angst, aber auch große Neugier und Erwartung. „Ein bisschen“, war ihre leise Antwort. „Ich auch, aber du hast allen Grund dazu.“ Zwischen der Matratze und ihrem Bauch schob sich meine Hand in Richtung ihres Höschens. Bald streichelte ich ihre Haare. Ihre feuchten Lippen luden mich geradezu ein, in sie zu dringen. Und wer kann dem schon widerstehen? Nach einer kurzen Stippvisite streichelte ich wieder ihre Lippen von außen. Meine zweite Hand entblößte ihren Hintern, meine erste hörte auf, sie zu streicheln, das hätte sie nur abgelenkt. Sie spürte meine streichelnden Hände auf ihren entblößten Backen und hörte: „Ich werde dich sechsmal schlagen … du wirst es morgen noch spüren!“ Meine Hand holte weit aus. Ein Moment … eine Ewigkeit. Sie spannte ihre Muskeln an und erwartete meinen Hieb. Ein schöner Anblick, man sollte … nein, man muss … aber nicht jetzt, noch nicht! Mein Arm senkte sich wieder. Ich griff fest in ihren angespannten Po. „In einer Stunde werde ich es tun.“

Ich bedeckte ihr Hinterteil wieder mit ihrem Schlüpfer. Meine Finger rieben den Stoff an ihrem Gesäß. „Nein, so schon gar nicht.“ Ich spielte mit ihrer letzten Hülle. „Das könnte meiner Hand die Wucht nehmen.“ Meine Hände liebkosten wieder ihren Rücken. „Ich will, dass du die ganze Härte meiner Schläge spürst.“ Ihre letzte Hülle musste fallen. Ich nahm ihrem Arsch den letzten Schutz. Heftig und fest massierte ich ihre gerade freigelegten Körperstellen. Die Finger wanderten weiter über ihre Oberschenkel in ihren feuchten Schoß. Der Druck meiner Hand zwang ihre Hüften zu lustvoll erotisch kreisenden Bewegungen der Begierde. Ihre Lust verlangte geradezu nach meinem harten, steifen Schwellkörper. Meine letzte Trophäe spannte sich zwischen ihren Beinen. Mein Gewinn war es, sie ganz von ihrer letzten Bekleidung zu erlösen. Millimeter für Millimeter befreiten meine Finger ihre Schenkel von dem störenden Stück Stoff. Sie fuhren dabei sinnlich streichelnd ihre Beine entlang. Ihre Knie erzwangen eine Pause, sie mussten gestreichelt werden. Meine Fingerkuppen kreisten kaum spürbar über ihre Haut, sie strichen zurück und berührten ihre Oberschenkel. Zupackend verweilten sie grapschend an dieser Stelle. Ich setzte ihre Entkleidung langsam fort. Die letzte Hülle ist etwas Besonderes; wenn sie fällt, hat man eine weitere Hürde überwunden.

Jetzt war sie nackt, schutzlos mir ausgeliefert. Es reichte mir aber noch lange nicht. Meine Hand fasste ihre Wade, mit leichter Gewalt führte ich ihr Bein nach außen. An ihrem vorsichtigen Widerstand spürte ich ihre Unsicherheit. Die Schlaufe nahm ihr jeden Widerstand. Wie sie dalag, gefesselt, die Beine gespreizt, ihre Arme weit von sich gestreckt, hilflos, wehrlos mir ausgeliefert.

„Es wird dir sehr weh tun“, hauchte ich ihr ins Ohr, während meine Hand über ihr Gesäß streichelte. Sie widersetzte sich mir nicht. Meine Hand verließ ihren Po. Sie erwartete meine Schläge, jeder ihrer Muskeln war angespannt. Mein Zögern erhöhte die Spannung, die Pause wirkte endlos. Ein lautes Klatschen ließ sie zusammenzucken, sie schien förmlich den Schmerz zu spüren. „Die Stunde ist noch lange nicht um. Du hast es noch vor dir!“ Ja, ich hatte sogar die Macht, sie nicht zu schlagen. Ein Klatschen in meine Hände hatte fast die gleiche Wirkung. Ein zweites Klatschen. Sie musste sich vorstellen, wie es ist, wenn dieses Klatschen auf ihren Po niederschmetterte. Ein drittes Klatschen. Nein, ich darf sie jetzt nicht schlagen, dann hätte sie ja schon einen Teil ihrer Züchtigung hinter sich. Nein, sie sollte noch alles vor sich haben. Es war schön, sie zu betrachten. Ich stand auf und trat einen Schritt zurück. So konnte ich sie jetzt noch besser betrachten. Ich spürte ihre Hilflosigkeit, meine Macht, und sie erkannte es auch. Kein Ton durchbrach die Spannung.

Ich wusste, dass sie sich vorstellte, wie meine Hand auf ihr Gesäß niederschmettert. Ein Blick auf die Uhr, eine Viertelstunde lang war sie schon gefesselt, eigentlich eine Ewigkeit. Ich wollte mein Wort halten: eine Stunde sollte sie schmoren, bevor sie meine Hand zu spüren bekäme. Es war hart zu warten, aber das Spiel ist nicht das Fesseln oder das Schlagen, es ist das Spiel mit der Zeit, mit der Ungewissheit und der Angst.

Ich liebe sie. Wir waren in der gleichen Situation. Wir hatten beide Angst. Wir waren beide gefesselt. Die Spannung, die Erwartung brachte uns beide fast um. Ich genoss die Angst, die ich spürte. War es ihre? War es meine? Sie war gefesselt durch Seile, die ihr die Bewegung nahmen, die sie hilflos meinen Träumen auslieferte. Sie musste es über sich ergehen lassen, was auch immer es sein würde.

Frei, nein, frei war ich auch nicht. Ich hatte genauso wenige Möglichkeiten wie sie. Ich musste es tun. Es waren keine Seile, die mich fesselten, es war die Situation. Es waren meine Träume, es war ihre Hingabe, ihr Vertrauen, das mir die Freiheit und fast das Bewusstsein raubten. Mein Wort, ihrer Phantasie eine Stunde Zeit zu geben, band mich. Es sollte kein Quickie werden, ich wollte es auskosten. Ein Blick auf die Uhr, grausam, eine halbe Stunde noch warten zu wollen, aber göttlich zu wissen, es gleich zu tun. Jede Sekunde dauerte ewig. Ich wollte sie jetzt, aber konnte ich so feste schlagen, wie sie es sich jetzt vorstellte? Ein lautes, hartes Klatschen beendete die lange Stille und ließ sie zusammenzucken. Die Wände meines spärlich eingerichteten Zimmers reflektierten den Schall. Sie ahnte den Schmerz, den ein solcher Treffer ihr zufügen würde.

Ich hielt diese Spannung nicht mehr aus, ich musste sie berühren. Meine Hand griff kraftvoll in ihr volles, langes schwarzes Haar. Ich hatte ihre Mähne streng in meiner Gewalt. Ihr Kopf folgte jeder Bewegung meiner Hand. Sie war gezwungen, nach vorne zu sehen. Langsam, aber kraftvoll zog ich ihren Schopf nach hinten. Sie versuchte zu folgen. Ihr Blick ging schon nach oben. Ich zog weiter. Ihre Schultern hoben sich von der Matratze. Die Spannung ihres Körpers war unbeschreiblich, erregt und verkrampft. Sie war das Objekt meiner Lust, bewegungslos an Armen und Beinen gefesselt, ihr Kopf fest in meiner Gewalt. Ohne ihre Lage zu ändern, massierte ich jetzt ihre Brust. Ihr Atem war unregelmäßig, schnell und heftig. Mein fester Griff verhinderte, dass sie ihren Kopf bewegte. Ich spürte, wie sie versuchte, ihn zu senken. Vergeblich! Ich zog noch weiter. Ihr Körper, besser ihre Schultern und ihr Rücken versuchten, mir zu folgen. Ihre Fesseln hinderten sie. Jeder Muskel ihres Rückens war angespannt. Welch ein Bild! Sie lag mit ausgestreckten Armen und Beinen gefesselt auf meinem Bett und war gezwungen, sich so weit wie möglich aufzurichten. Ihre Brust war ein Spielzeug in meinen Fingern und mein Spiel nahm ihr den Atem. Es gefiel ihr, wenn ich sie drückte, wenn ich sie grob massierte. Ihr Stöhnen rang nach Luft. Ihr Atem war schnell und flach. Ihre Mähne noch immer stramm in meiner Hand. Mit ihr drehte ich ihren Kopf zu mir. Ihre Augen waren halb geschlossen. Ihr Mund weit geöffnet. Meine ganze Hand kniff, drückte ihre Brust. Meine Lippen pressten sich auf ihre. Sie rang nach Luft. Meine Zunge drang tief in die weiten Gewölbe ihres Mundes. Flink spielten unsere Zungen zur Musik ihrer nach Luft schnaubenden Nase. Die Kuppen meiner Finger drehten und zogen noch mal an ihrem Nippel, bevor sie über ihren Bauch hinab zu ihrer Möse glitten. Bald tanzten sie in ihrem extrem feuchten Loch. Ihr Kopf fest in meiner Hand, ihre Hüfte wild zuckend, genossen wir das Spiel. Eine ganze Weile später verließen meine Finger ihre feuchte Höhle. Meine Lippen gaben ihren Mund wieder frei. Ihr Kopf folgte noch ein paar unwirschen Bewegungen meines festen Griffes, bevor er sich löste.

Ich wartete, bis sich ihr Atem wieder beruhigte. Zärtlich streichelten meine Hände, kaum spürbar, in verspielten Bewegungen über ihren Rücken. Ihr behagte diese sinnliche Berührung, bis ein klatschendes Geräusch sie aus ihrem Traum riss. Der Schreck ließ sie zusammenzucken. Diesmal war es anders, blitzschnell holte meine Hand aus und schmetterte auf ihren entblößten Po nieder. Ich zögerte, aber sie sagte nichts, kein „… bitte nicht …“, kein „… nein …“, kein „… mach mich los …“ Ich hätte nicht den Mut gehabt, sie dann noch zu schlagen, aber so …?! Ein zarter roter Fleck markierte inzwischen die Stelle meines ersten Treffers. Eine halbe Stunde länger als versprochen hatte ich sie warten lassen, eine Ewigkeit, nicht nur für sie. Hoffte sie, dass sie es bald hinter sich hätte? War mein erster Schlag eine Art Erlösung, ein Zeichen auf das Ende ihrer Fesseln? Die Wucht meines Schlages machte ihr klar, dass es kein Spiel war. Meine Finger untersuchten ihren Körper. Sie war noch weit, feucht und geil zwischen ihren Beinen. Hatte sie die gleiche Neigung wie ich? Waren wir drei Jahre zusammen und hatten nichts gewusst? Meine Finger verließen schnell wieder ihre feuchte Höhle. Kraftvoll drückte ich ihren Schoß, als sie den zweiten kräftigen Hieb empfing. Ihr Unterleib presste sich gegen meine darauf wartende Hand. Ihre Möse rieb sich an meinen dort verweilenden Fingern. Versuchte sie, mit diesen Bewegungen ihren Schmerz zu lindern oder sich von ihm abzulenken? Na, egal. Ich liebkoste wieder die mir zugewandte Seite. Sie spürte wieder meine Zärtlichkeit. Streichelnd strich ich über ihre Beine. Spielerisch verweilte diese Berührung an ihren Kniekehlen, fuhr langsam bis zu ihren Füßen und zurück an der Innenseite ihrer Schenkel. Lustvoll registrierte sie eine leichte Massage an dieser Stelle. Sanft glitt meine Hand über ihre leicht gerötete Arschbacke weiter über ihren Rücken bis in ihren Nacken. Als ich die Berührung abbrach, verkrampfte sie sich wieder. Sie erwartete den nächsten Schmerz. Sie biss ihre Zähne zusammen. Dieser Anblick! Ein kräftiger Hieb würde sie von dieser Spannung erlösen. Unfähig zu denken, unfähig zu handeln, genoss ich den Anblick. Ich wollte, nein, ich musste sie schlagen. Es ist schwer, dem Zwang zu widerstehen.

Ein Blick zur Uhr, fünf Minuten warten. Die Spannung knisterte. Sie brachte mich fast um. Jede Sekunde dauerte ewig. Sie wartete. Nach einer Ewigkeit die erste Minute geschafft. Ich änderte mein Vorhaben, zwei Minuten müssten reichen. Endlich schmetterte meine Pranke auf sie nieder. Das dritte Mal auf die gleiche Stelle. An ihrer Reaktion merkte ich, dass es eigentlich zu fest war. Ich fühlte ihren Schmerz in meiner Handfläche. Warum schlug ich sie eigentlich? Weil es mir Spaß machte? Weil ich sie quälen wollte? Nein! Ich wollte diese Spannung, die mir die Sinne raubte. Ich habe bekommen, was ich wollte. Sollte ich sie befreien? „Wie viel wirst du noch empfangen?“ Sie blieb mir die Antwort schuldig. Sie bettelte auch nicht um Erlass ihrer Züchtigung. Ich griff wieder in ihre Haare und zog sie damit nach hinten. „Wie viele wirst du noch spüren?“ Zögerlich und ängstlich kam die Antwort: „Noch drei“. Mit ihr zu schlafen war jetzt mein Hauptwunsch. Sollte ich sie losbinden und sie vögeln? Nein, ich war an mein Wort gebunden. Ich hatte es ihr gesagt und wollte nicht vorzeitig aufhören. Der nächste Hieb war genauso unbarmherzig hart wie die vorherigen. Mein Griff zog noch immer ihren Schopf nach hinten. Blitzschnell kam der nächste Schlag. „Wie viel noch?“. „Noch einen? Den letzten?“ Sie brauchte keine Angst mehr zu haben. Sie hatte ja das meiste schon hinter sich.

Meine Hand gab ihre Mähne wieder frei. Sie sollte den letzten lange spüren. Mein Gürtel lag neben dem Bett. Er strich ihr über den Rücken: „Was ist das?“, wollte ich wissen. Sie schwieg. „Was ist das?“, wollte ich erneut wissen und strich ihr weiter über ihren Rücken. „Ich weiß nicht“, „Rate!“, „Papier?“ Konnte sie es sich nicht denken oder wollte sie es nicht wahrhaben?
„Du wirst ihn gleich spüren“, sagte ich und deutete einige Schläge mit ihm auf ihren Po an. Seltsam, jetzt bekam sie Angst, jetzt, wo sie schon fast alles hinter sich hatte. Sie versuchte, sich zu drehen, um ihn zu sehen. Er berührte sanft ihre Schenkel. Kraftvoll drückte ich ihre Schulter wieder auf das Bett. „Weißt du es jetzt?“ Fast panisch kam: „Dein Gürtel … bitte nicht!“ Jeder Schlag meiner Hand färbte ihr Hinterteil ein bisschen mehr. Wie würde ein Schlag mit diesem harten Riemen sie dann erst zeichnen? Ihr Flehen: „nein … bitte … nicht“, war nicht wütend oder zornig, aber es zeigte mir, dass sie es nicht wollte. „Es tut mir leid, aber du wirst ihn jetzt einmal spüren.“ Sie biss die Zähne zusammen und wartete auf den Schmerz. War es ein stummes Einverständnis? Der Riemen zeichnete einen weißen Streifen auf ihr gerötetes Hinterteil. Ich befreite ihre Hände, um sie hinter ihrem Rücken erneut zu binden. Nach der Befreiung ihrer Füße drehte ich sie um und stieg über sie. Wir kamen sofort. Glücklich, aber erschöpft schlief sie, nachdem ich ihre Hände losgebunden hatte, in meinen Armen ein.
PS: Ich habe danach zwar noch öfter gespielt, härter geschlagen und mehr Macht ausgeübt, aber nie wieder mit so viel Gefühl, mit so viel Anspannung und Genuss wie beim ersten Mal.

ANONYM

Der Körper und seine Schwachstellen

Immer mal wieder eine interessante Frage: Wo ist sie denn nun, die Niere, etwas mehr nach da oder doch eher dort? Denn, dass auf dieses Organ nicht geschlagen werden soll, weiß doch inzwischen jeder, egal ob Frau oder Mann, Herr oder Sklave. Aber es gibt auch noch diverse andere Bereiche, die gefährlich sind und deren Verletzung zu schweren Gesundheitsschäden führen kann.

Ganz allgemein gilt: Alle Stellen, an denen sich große Gefäße, Lymphstränge, Sehnen und Gelenke befinden, großflächig meiden.
Gehirnschädel, Nacken, Augen, Ohren und Nase sind außerdem Bereiche, die besonders geschützt werden müssen. Anhand der Grafiken kann man erkennen, wo sich die vielen anderen Bereiche befinden, an denen eine Gewalteinwirkung kalkulierbare Folgen hat.

Sehnen

Gefahr durch Überdehnung, Abquetschung eines darunterliegenden Nervs (z. B. unterhalb des Daumens am Handgelenk), Sehnenscheidenentzündung nach Überlastung.

Gelenke

Hier liegt der Knochen meist besonders dicht unter der Haut. Gefahr besteht bei Überdehnung der Gelenkkapseln, die besonders schmerzhaft ist, die Heilung ist langwierig; Reizung der Gelenkkapsel; Verletzung der Knochenhaut, meistens als Reizung (Heilungsdauer mindestens eine Woche), die bei regelmäßigem Auftreten zu einer chronischen Knochenhautentzündung entarten kann. Hierbei sind die Wiederherstellungsaussichten besonders ungünstig.

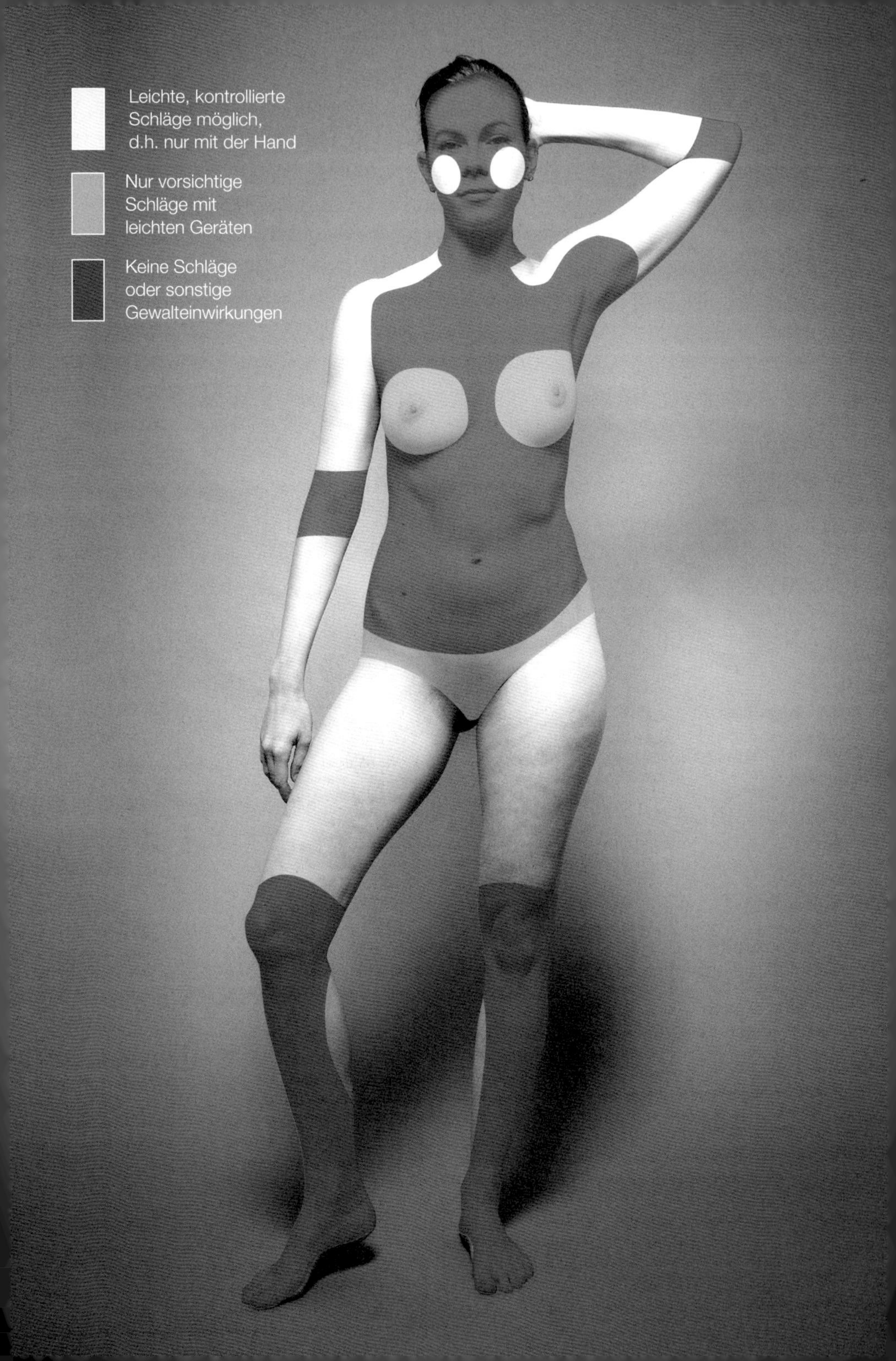
Leichte, kontrollierte
Schläge möglich,
d.h. nur mit der Hand
Nur vorsichtige
Schläge mit
leichten Geräten
Keine Schläge
oder sonstige
Gewalteinwirkungen

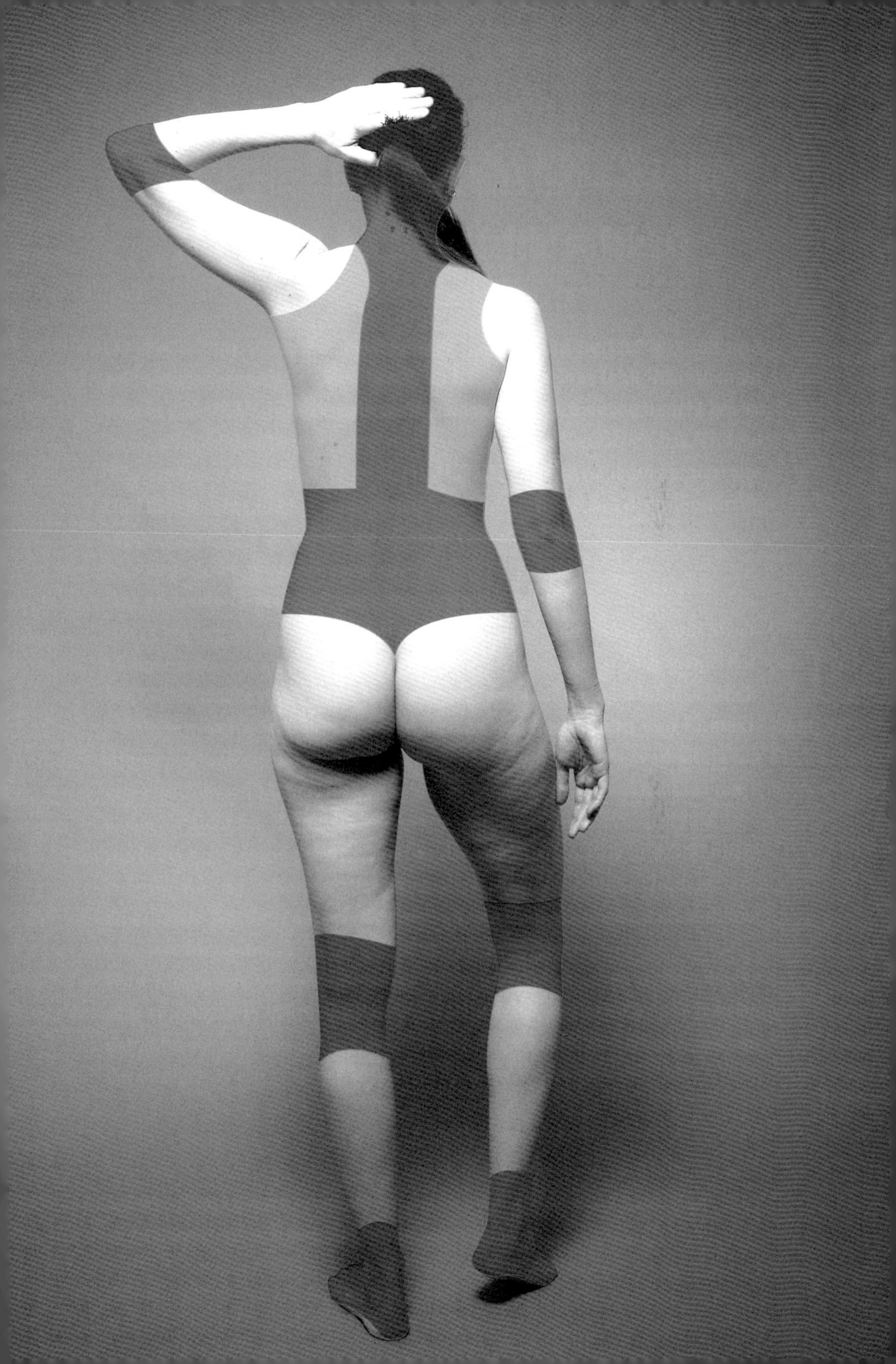

Große Gefäße

Reagieren auf Druck oder Schlag eher negativ, Störung der Sauerstoffzufuhr durch reduzierte Blutzirkulation. Gefährlich im Halsbereich (kann zur Ohnmacht führen) und in der Leistengegend. An Fuß- und Handgelenken sollte vermieden werden, dass die Extremitäten sich kalt anfühlen, bläulich anlaufen oder das „Opfer“ über Taubheit in ihnen klagt (Blutstau). Nach maximal 20 Minuten Stauzeit reagieren die Nerven gereizt, dann mindestens wieder 30 Minuten erholen lassen!

Lymph-Bahnen

Sind besonders bedroht im Achsel- und Leistenbereich, Entzündungsgefahr, Stauungsprobleme, sehr schmerzhaft und manchmal äußerst langwierige Erholung.

Nerven

Siehe Sehnen und Gelenke. Nerven reagieren besonders empfindlich auf Dauerdruck. Ein verletzter oder gequetschter Nerv kann Monate brauchen, um sich zu regenerieren.

Niere

Sie gehört neben Leber, Milz, Magen und Herz zu den inneren Organen, die von jeglicher Gewalteinwirkung verschont werden müssen. Bereits durch einen unkontrolliert derben Schlag mit einem starren Schlaginstrument kann die Niere einen so wuchtigen Volltreffer erfahren, dass es zum Nierenkollaps (etwa bei vorgeschädigter Niere bei chronischer Nierenbeckenentzündung) kommt. (Keine Panik, der Notarzt hat buchstäblich alles schon gesehen!) Gleiches gilt für die Hoden, obwohl es männliche Masos gibt, die von Schlägen erregt werden. Hier ist besonderes Fingerspitzengefühl erforderlich.

Die weibliche Brust

Sie ist ein ähnlich empfindliches Organ. Das Drüsengewebe, das sich unter der äußeren Gewebeschicht direkt über den Rippen verbirgt, kann auf starken Druckreiz durch z. B. Faustschläge oder schwerere Schlaginstrumente gereizt werden, was im schlimmsten Fall zu einer Degeneration des Gewebes führen kann.

Am sichersten ist es, wenn man sich bei Schlägen auf die Bereiche beschränkt, die durch eine kräftige Muskelschicht geschützt sind: Pobacken, vordere Oberschenkel, die muskulösen Teile der Schulterpartie; eingeschränkt gilt das für den inneren und hinteren Teil der Oberschenkel, für die hinteren oberen Unterschenkel, für die Fußsohlen (extrem schmerzhaft, aber oft auch sehr geil – hier liegen sehr viele Akupressurpunkte nebeneinander, Heilpraktiker befürchten eine Schädigung der damit verbundenen Organe) und für die äußeren Oberarme.
Schläge auf den Kopf oder gegen den Hals sind verboten.

Ohrfeigen

Bei Ohrfeigen, die eigentlich Backpfeifen sind, ist darauf zu achten, dass der Kopf nicht zur Seite geschleudert wird (Schleudertrauma) und dass die Schläge weder Ohr (Trommelfellzerstörung), Nase (Knorpel- oder Knochenbrüche), Auge (Jochbeinbruch, Verletzung des Augapfels, Blutungen ins Innenauge oder das umliegende Gewebe) oder Mund (Platzwunden und Zahnverletzungen) treffen. Auch hier sollte feinfühlig ohne Gewalt zugeschlagen werden – ein ausgerenkter Kiefer oder ein Jochbeinbruch ist ziemlich unangenehm. Am sichersten ist es, man stützt den Kopf mit der einen Hand, wenn man mit der anderen schlagen will.

Schläge

Schläge mit Reitgerten oder dünnen Rohrstöcken auf Brust, Seite und Rücken sind zwar möglich, aber mit Vorsicht zu genießen. Je höher das Gewicht des Schlaginstruments ist, desto größer ist die Gefahr von Knochenhautreizungen (s. o.). Die Lungenbläschen platzen erst, wenn man mit einer Nilpferdpeitsche, einem sehr dicken Rohrstock, Knüppeln oder ähnlich massiven Geräten (Tawse) schwerer den Rücken trifft. (Übrigens haben auch die professionellen Auspeitscher auf den berühmten Galeeren darauf geachtet, dass die Nieren durch ein Polster geschützt waren. Für uns empfiehlt sich ein zusammengelegtes Halstuch, ein stabiles Korsett oder ein Kissen.)
Brüche oder ‚Anbrüche' der elften und zwölften Rippe sind möglich, da diese nicht durch das Brustbein stabilisiert werden. Je dünner und schwerer das Schlaginstrument ist, desto problematischer ist es. Daher ist von Auto-

antennen, Elektrokabeln etc. abzuraten. Auch die zurzeit recht beliebten Stahlgerten sind nur mit äußerster Vorsicht anzuwenden.

Wichtig für alle Leute, die das erste Mal SM bzw. eine Hau-Session miteinander machen

Der oder die Empfangende muss vorher gefragt werden, ob es besondere gesundheitliche Problembereiche gibt (z. B. Wanderniere, Knochenschwund, Asthma etc.). Es soll wahrheitsgemäß geantwortet werden, zumindest soweit die Schädigungen bekannt sind, damit etwa bei Asthma das Spray stets griffbereit ist und nicht erst gesucht werden muss.
Auf ein gutes Timing (Zeit lassen zwischen den Schlägen) zu achten, bringt den meisten Leuten mehr Genuss als ein Trommelwirbel aus Schlägen.
Viele Menschen können den Schmerz besser aufnehmen, wenn er mit dem Ende des Einatmens ins Ausatmen hinein geht. Aber manchen ist das auch egal. Gemeinsames Ausprobieren hilft herauszubekommen, was am besten ist.

Über das Schlagen

Um es gleich vorweg zu sagen: Das meiste, was ich über das Schlagen gelernt habe, habe ich durch Rückmeldungen meiner Partnerinnen und durch Rückmeldungen meines eigenen Körpers erfahren.
Man kann zwar viel darüber schreiben, aber erst die Übung und genügend Praxis machen aus einem Stümper einen Peitschenmeister, der mit seinen Schlägen so zielgenau und dosiert sein kann, dass er sowohl zärtlich, fordernd, strafend, aufgeilend, die Balance zwischen Lust und Schmerz haltend, als auch einfach nur schmerzhaft sein kann.
Dass es beim Schlagen nicht darum geht, einfach nur drauflos zu dreschen, ist wohl allen bekannt. Dass aber Schläge die unterschiedlichsten Bedürfnisse sowohl beim Aktiven als auch beim Passiven befriedigen können, ist vielleicht nicht so offensichtlich. Manche sehen das als eine Art gemeinsames Work-Out, als strenges Ritual, als Pfeffer für den späteren Sex, als demütigende Bestrafung, als Ausdruck von Macht und Ohnmacht oder als Möglichkeit, in einen Trance-ähnlichen Zustand zu kommen. Die Motive können einzeln oder gemischt auftreten und natürlich je nach Stimmung wechseln.

Wie bei allen SM-Aktionen kommt es auch beim Schlagen auf den Zeitfaktor an, das meint in diesem Zusammenhang, auf die Pausen zwischen den einzelnen Schlägen. Wenn man jemanden so schnell vertrimmt, dass er kaum noch Zeit zum Atmen hat, dann ist es auch nicht möglich, den intensiven Reiz eines Schlages zu verarbeiten. (Ich habe kaum jemanden kennengelernt, der die Tracht Prügel zwischen Tür und Angel genießen konnte.)
Unterschiedliche Schlaginstrumente erzeugen unterschiedliche Schmerzqualitäten, sowohl im unmittelbaren Gefühl als auch im Schmerznachhall und natürlich auch abhängig von der Schlag-Intensität.
Kräftige Schläge mit der Hand lassen die getroffene Stelle langanhaltend brennen; Schläge mit einer dünnen Gerte machen einen schneidenden

Schmerz, der erst nach einer Sekunde so richtig deutlich wird, aber danach schnell abklingt; Schläge mit dem Rohrstock erzeugen unterschiedlichste Körpersensationen, die abhängig von Länge, Dicke, Elastizität und der Größe der Auftrefffläche sind; leichte Patscher mit dem Ende eines Springstockes auf die Genitalien werden von manchen als äußerst stimulierend (sogar bis zum Orgasmus) empfunden.
Auch die verschiedenen Körperteile, die für Schläge in Frage kommen, sind unterschiedlich empfindlich: Po und Schultern sind für viele weniger problematisch als Oberschenkelinnenseiten oder gar die Fußsohlen.
Schläge mit einem Instrument ins Gesicht sollten sowieso tabu sein, aber eine satte Ohrfeige kann sehr eindrucksvoll sein (der Schlag sollte nur die Wange treffen und nicht das Ohr, die Nase oder das Jochbein, Achtung bei Rückhandschlägen: Fingerringe (etwa der Ring der O mit dem Ring am Ring) beim Aktiven können unangenehme Verletzungen hervorrufen).

Viele Passive und Aktive haben ihr Lieblingsgerät und ihr Hassobjekt, manche stehen auf grobe Haue mit einem Teppichklopfer, manche rasten aus, wenn sie mit der Hand geschlagen werden. Aber nicht nur das Instrument und die Zeit spielen eine Rolle, sondern auch die Körperpartie. Für manche Leute ist es selbstverständlich, dass sie sich auf den Hintern schlagen lassen, aber das Gesicht ist tabu, manche haben ihre Tabus an anderen Stellen. Wichtig hierbei ist nur, dass der Aktive diese Tabus vorher kennt, damit er sich nach ihnen richten kann.
Nicht nur der Passive sollte die Schläge ‚genießen' können, sondern der Aktive sollte sich mit seinem Gerät sicher und wohl fühlen. Neue Instrumente kann man am besten am eigenen Schenkel oder auf der Handfläche ausprobieren, und um das richtige Gefühl zu bekommen, sollte man sich nicht schämen, vorher einige Male auf einem Kissen zu trainieren.

Der Satz: ‚Ich stehe auf Schläge' sagt also erstmal kaum etwas aus, ist ähnlich undifferenziert wie der Satz: ‚Ich trinke gerne etwas'. Ein guter Weg, um die Grenzen des anderen kennenzulernen, ist es, wenn man den Passiven nur die ‚richtigen' (wirklich und emotional ‚ankommenden') Schläge zählen lässt, damit dieser die Möglichkeit hat, die Intensität je nach Vorlieben und Tagesform mitzubestimmen.

Kleine Peitschenkunde

Riemenpeitsche

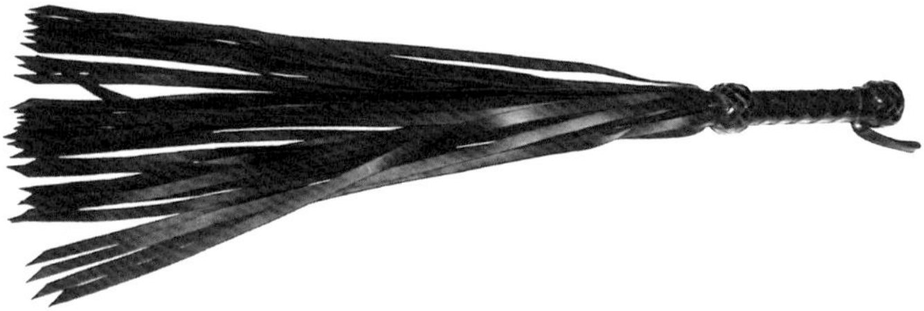

Unterschiede in Größe, Länge, Dicke, Anzahl und Elastizität der Peitschenriemen. Leichte Riemenpeitschen eignen sich besonders zum Aufwärmen und für den Anfänger. Die Riemen sind üblicherweise aus Leder, können aber auch aus anderen Materialien sein (Achtung bei Pressleder, da können Teile wegfliegen). Mit Samtschnüren oder weichem Velourleder versehen sind diese Peitschen so weich, dass man sie als Effektpeitschen bezeichnet (mit ihnen kann sich der Aktive austoben, ohne dass der Passive leiden muss/darf). Man sollte die Peitsche so führen, dass sie nicht um Körperteile herumschlägt. Die Enden der Riemen können ein enormes Tempo und damit eine sehr große Kraft entwickeln, besonders wenn sie z. B. bei einem Schlag auf den Hintern an ihren Spitzen auf den Hüftknochen herumschlagen. Besonders geschickte Menschen schaffen es nach viel Training, nur mit den Spitzen zuzuschlagen. Preis ca. 45,- bis 250,- € je nach Qualität und Verzierungen am Griff.

Geißel

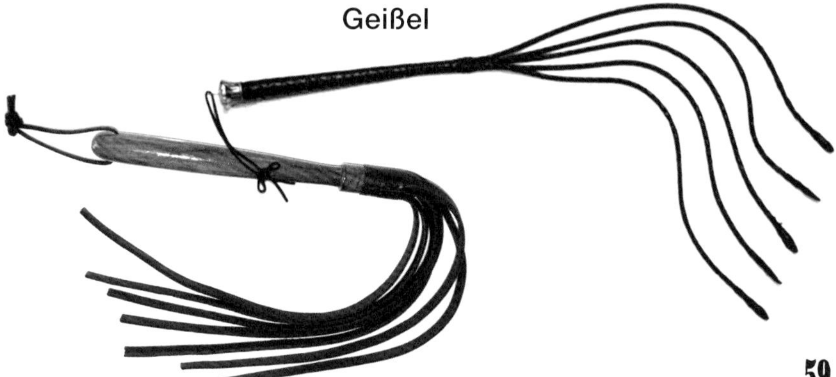

Ähnlich der Riemenpeitsche, doch sind es hier meistens weniger Stränge, die außerdem geflochten oder geknotet sind. Hierdurch hat ein Schlag mit der Geißel mehr Masse und kann je nach Schlagstärke schnell zu blauen Striemen führen. Die aus manchen Romanen bekannte ‚Neunschwänzige' ist oft eine Geißel, sie kann aber auch aus einfachen Riemen gefertigt sein. Je nach Machart zwischen 65,- € bis mehrere hundert Euro.

Rosshaarpeitsche

Peitsche aus den Schweifhaaren eines Pferdes. Sollte man nur beim Händler seines Vertrauens kaufen, denn am besten sind die Haare eines Hengstes, da sie nicht mit seinem Urin in Berührung kommen. Bei Stuten ist der Schweif sehr spröde und die Haare brechen schneller. Gute Rosshaarpeitschen liegen bei um die 150,- bis 200,- €. Man muss den Schmerz mögen, denn er beißt sehr, zumindest wenn man doller zuschlägt. Beim Rumschlagen der Haare kann die Haut platzen und Haarspitzen können in der Haut stecken bleiben – daher sollte man hinterher genau nachschauen. Aber dafür kann man auch so mit aller Kraft zuschlagen, ohne sich Sorgen machen zu müssen, dass man irgendwas ernsthaft beschädigt.
Rosshaarpeitschen müssen gepflegt werden, regelmäßiges Bürsten und alle paar Monate eine Haarkur tun ihr gut. Man sollte sie am besten gesondert packen, denn einfach so in der Spielzeugtasche mag sie es nicht.
Da man Haare im Gegensatz zu Leder nicht desinfizieren kann, darf eine Rosshaarpeitsche ausschließlich an einer Person benutzt werden.

Tawse

Auch Riemen genannt. Unterschiede in Länge, Dicke, einfach oder doppelt gespalten. Kurze leichte Tawses fühlen sich ähnlich wie eine Hand oder ein Gürtel an. Schwere Tawses erzeugen rasch blaue Flecken. (Ein Gerät, das ideal in unterschiedlichen Längen und Breiten aus 0,5 bis 1 cm dickem Gürtelleder selbst hergestellt werden kann.) Achtung: Kanten müssen abgeschliffen sein.
Sehr praktisch ist, dass man Tawses unauffällig verstauen kann. (Materialwert ca. 10,- bis 15,- €. Eine gute Tawse kann auch schon mal 100,- € kosten.)

Reitgerte

Lang und dünn, am Ende mit einem elastischen Bändchen.
(Bei Passiven besonders unbeliebt, da es schnell herumschlägt und es schwer ist, damit zielgenau zu sein – ich empfehle, das Bändchen auf ca. 3 cm zu kürzen.)
Macht mehr oder weniger deutliche Doppelstriemen, die bei günstiger Disposition von mehreren Stunden bis zu Wochen sichtbar sein können.
Sehr preiswert, wenn man sie im Reiterfachgeschäft kauft (ca. 10,- bis 150,- €).

Springstock

Kürzer als die Gerte, oft mit Leder oder Lederimitat überzogen, trägt statt des Bändchens eine mehr oder weniger große Lederlasche am Ende, der Stiel ist oft superelastisch.
Gut für zielgenaue Schlagübungen, weil die Lasche auch sehr wirkungsvoll alleine auftrifft. Wenn man nur mit der Lasche schlägt, kann das Striemen verhindern. Auch hier sollte man lieber in einem Reitsportgeschäft einkaufen (ca. 25,- bis 150,- €).

Rohrstock

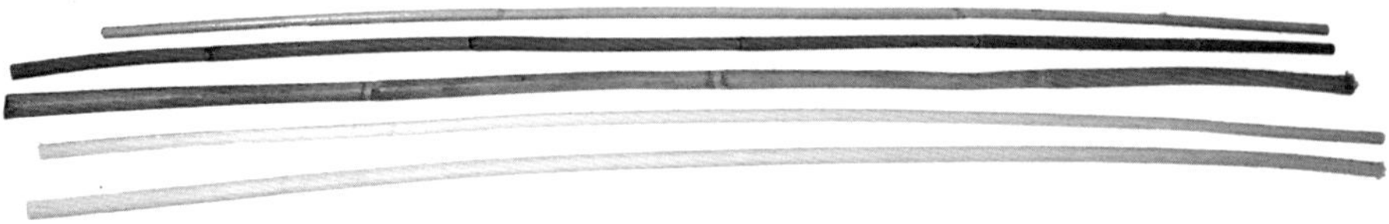

Neben der eigenen Hand wohl die preiswerteste Möglichkeit eines Schlaginstruments (ca. 5,- bis 10,- €). Beim Kauf darauf achten, dass der Stock gerade schwingt und nicht unkontrolliert zur Seite wegrutscht. Dünne Rohrstöcke sind so elastisch, dass man einen guten Rohrstock zu einem Kreis biegen kann, ohne dass er bricht. Rohrstöcke müssen regelmäßig gewässert und gefettet werden. Je nach Schwere des Instruments und der Schläge erzeugen Rohrstöcke lange sichtbare Doppelstriemen bis hin zu tiefen Blutergüssen. **Ein Tipp: Viele Leute, die bisher keinen Rohrstock mochten, haben festgestellt, dass er doch seinen positiven Reiz haben kann, wenn man ihn statt mit dem vorderen Ende mit der ganzen Länge auftreffen lässt. Das ist etwas, das man üben muss.**
Es gibt sie ungeschält (schwerer) und geschält (leichter und elastischer), bezogen (wässern nicht möglich) und zu mehreren im Gebinde.
(Geeignet sind spanisches Rohr, Rattan oder Thai-Rohr, ungeeignet ist Bambus wegen seiner scharfen Splitter. Den Unterschied kann man daran erkennen, dass Bambus innen hohl ist, die anderen Rohrarten sind es nicht, sie sind außerdem elastischer.)

Bullenpeitsche, Snake, Singletail

Sehr eindrucksvoll, teilweise mehrere Meter lang, je nach Qualität aus mindestens 8 bis zu 32 Lederriemen zu einem Strang geflochten. So schön eine gut gearbeitete 32-Riemen-Känguruhleder-Peitsche ist, so ist sie auch nach langer Übung zum Schlagen nur bedingt einsetzbar.
Der sogenannte Peitschenknall entsteht übrigens, wenn sich das Ende der Peitsche schneller als der Schall bewegt. Da sie wegen ihrer Länge sehr schwer zu kontrollieren ist, besteht sogar Selbstverletzungsgefahr; trifft das Ende mit erheblich mehr Wucht auf, ist gleich die Haut durch.
Eine halbwegs gute Bullenpeitsche oder Snake kostet ab 150,- € aufwärts, abhängig auch von der benutzten Riemenzahl und der Länge.

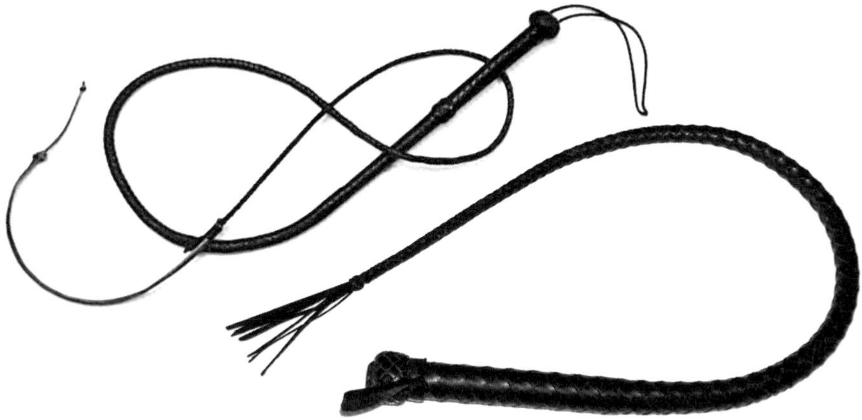

Billigere Peitschen sollten nur als Dekoration dienen. Da sie nicht gleichmäßig geflochten sind, kann man noch so lange üben, ein sicherer gezielter Schlag ist mit einem derartigen Instrument kaum möglich.
Der Unterschied von einer Bullenpeitsche zu einer Snake ist, dass letztere keinen starren, sondern einen elastischen Griff hat. Inzwischen gibt es die Möglichkeit, in Kursen den Umgang mit Singletails (also einschwänzigen Peitschen) zu lernen.

Hundepeitsche

Teilweise aus mehreren Lagen Leder genäht oder geflochten. Kann sowohl als Leine (hat am dickeren Ende einen Karabiner) als auch als Schlaginstrument eingesetzt werden (ca. 40,- bis 55,- €).

Paddel

Unterschiedliche Modelle, vom Lederpaddel über abgewandelte Tischtennisschläger bis zu extra aus gutem Holz oder auch aus anderen Materialien hergestellten Geräten, manchmal mit Löchern (geringerer Luftwiderstand, dafür größerer Schmerz).
Abzuraten ist von Paddeln mit Spikes (erhöhte Verletzungsgefahr). Wenn ihr trotzdem darauf steht, sind Blut ziehende Paddel immer nur an einer Person zu benutzen.

Zu erwähnen sind noch

Haushaltsgegenstände wie Kochlöffel, Pantoffel, die aus viktorianischen Erzählungen bekannte Haarbürste, Teppichklopfer und Gürtel.
Diese Geräte eignen sich natürlich genauso wie die eigene Hand. Sie sind preiswert und können unauffällig in der Wohnung herumliegen, ohne dass andere Leute oder die eigenen Kinder auf dumme Gedanken kommen, aber den meisten fehlt das Flair eines ‚echten' SM-Spielzeugs.
Dennoch können diese Geräte bei manchem einen echten Fetisch-Charakter haben, gerade weil sie so alltäglich sind. Ob es nun das Geräusch ist, mit dem ein Gürtel aus den Schnallen gezogen wird oder die ganz spezielle Demütigung, mit dem Kochlöffel oder dem Pantoffel geschlagen zu werden, alles hat seine Berechtigung, wenn es denn gefällt.
Gleichzeitig können diese Alltagsgerätschaften auch so negativ besetzt sein, dass ihr Gebrauch einer Tabuverletzung gleichkäme. Redet miteinander, erzählt euch, was wie ankommt oder sich eben nicht gut anfühlt.

Für alle Schlaginstrumente gilt

Sobald ein Werkzeug so benutzt wurde, dass es die Haut geöffnet hat (es muss nicht bluten, manchmal tritt auch nur Gewebewasser aus), muss es gereinigt werden.
Rohrstöcke kann man desinfizieren mit normalem Desinfektionsspray, Schlaginstrumente aus Leder müssen mit einem im Fachhandel erhältlichen Desinfektionsmittel behandelt werden.
Wer ganz sicher sein will, nutzt die Peitsche oder den Rohrstock immer nur an einer Person.

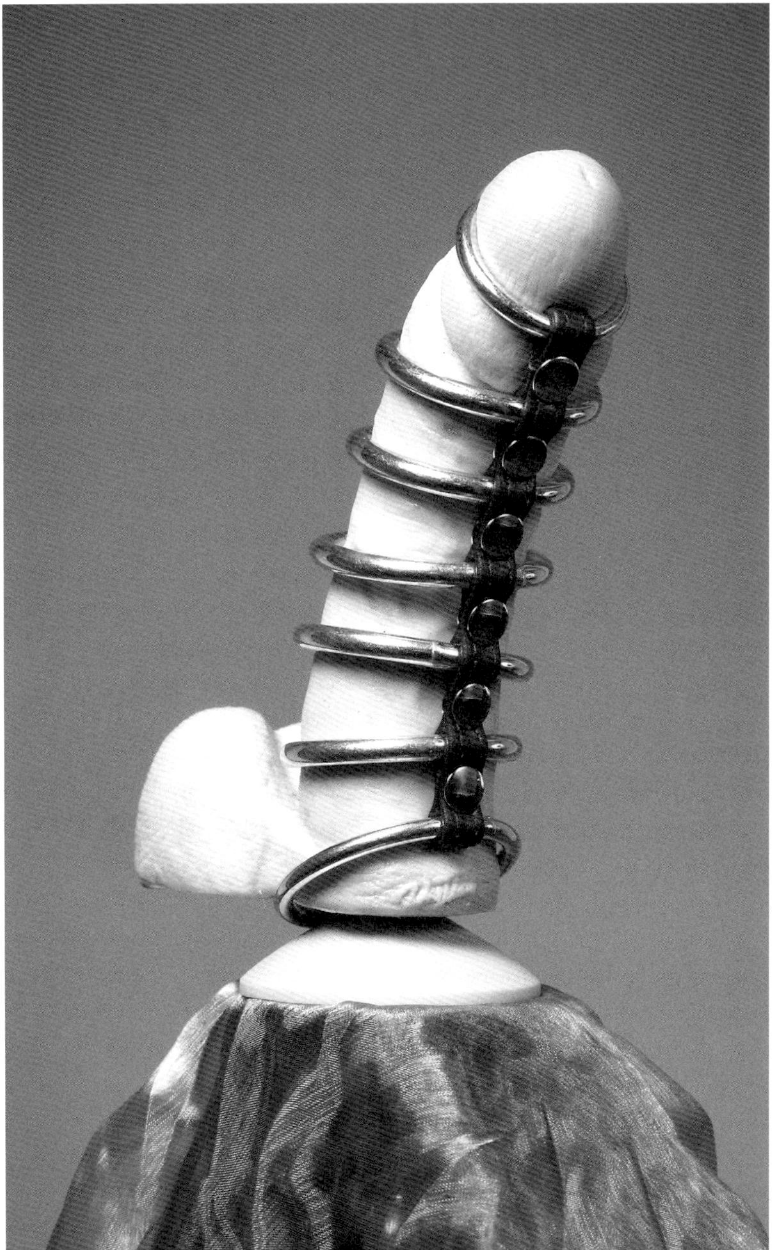

Des Mannes liebste Stücke

Penis und Hoden

Manche Leute scheuen sich, diesen sensiblen Bereich in ihr Spiel miteinzubeziehen, weil sie nicht wissen, was diese Körperteile aushalten können und was nicht. Dabei gibt es viele Möglichkeiten, die eine enorme Luststeigerung herbeiführen können.

Bei der Penis- und/oder Hoden-Bondage sind die üblichen Sicherheitsstandards zu beachten, die für jedes Fesseln gelten: Nerven nicht abquetschen, Blutgefäße nur kurzzeitig abbinden etc.

Es gibt hierfür eine Menge mehr oder weniger exotischer Lederbänder mit Namen wie Hunnengurt, Schwanzring, Hodenteiler usw. mit und ohne Nieten, mit und ohne Innendornen. Diese Teile sind meist breit genug, um einen Schaden auszuschließen, ein normales Küchen-Gummiband dagegen nicht. Leichte Schläge mit der lockeren Hand oder mit einer kurzen, weichen Riemenpeitsche sind eher ein psychologisches als ein physiologisches Problem.

Der Penis ist weniger schmerzempfindlich als die Hoden. Dennoch sollte darauf geachtet werden, dass ein steifer Schwanz durch die prall mit Blut gefüllten Schwellkörper (sie reichen bis zum Beckenboden) sehr knicksensibel ist. Bei dem Versuch, einen steifen Penis zu ‚brechen', besteht die Gefahr einer Schwellkörperverletzung mit Blutung nach innen (das kann leider auch aus Versehen passieren, wenn sie über ihm hockt und sich wild hin und her bewegt und plötzlich der Penis mit Gewalt geknickt wird, weil sie schräg aufgekommen ist – zum Glück tut es meist nur richtig fies weh). Die Hoden sind im Bauchraum aufgehängt, außerdem führt der Samenkanal von den Nebenhoden auch in den Bauch. (Am besten schaut man mal in ein Anatomiebuch, um Genaueres zu erfahren.) Das Gewebe des Hodensackes ist sehr elastisch und bietet sich daher für Klammern an. Ähnlich wie Gewichte sollten sie immer so angebracht werden, dass sie den Hoden nicht verletzen, vorzüglich geeignet ist für ein Spiel mit Gewichten der sogenannte Hodenfallschirm, weil er den Zug gleichmäßig verteilt. Die beiden Hoden selbst sollten vor schwererer Gewalteinwirkung geschützt werden, denn ein richtiger Schlag oder ein Tritt kann zu einem Gewebeuntergangsschock (im Extremfall mit Todesfolge) führen. Vorsicht bei unsauber auftreffenden Schlägen auf die Innenschenkel – ein Schlag kann immer mal abrutschen.

Deswegen sind auch die sogenannten Hodenquetschen (große Klemmen, die sich mit Schrauben immer enger schließen lassen) problematisch, der Druck ist nicht immer sicher kalkulierbar. Am besten ist es bei derartigen Spielen (natürlich nicht nur dann), genau die Reaktionen des Gegenübers zu beobachten, ein Abbruch per Codewort muss für alle Beteiligten selbstverständlich sein.

Das weibliche Gegenstück

Vagina / Vulva

Schamlippen (innere und äußere), die Klitoris und das Mützchen darüber und die Scheide sind, das ist allen klar, sehr empfindliche Körperteile. Frauen kennen ihre eigene Möse meist besser als andere Menschen. Daher sollte man zum Beispiel fragen, wie die Frau gerne dort angefasst werden möchte. Bei einigen ist dieser Bereich hochsensibel, andere lieben es, wenn man sie dort eher fester berührt. Manche mögen eine direkte Stimulation der Klit, andere finden das viel zu direkt, zu doll und reagieren eher mit einer Überreizung.

Ob nun unter Haaren versteckt, mit getrimmtem Schamhaar oder nackt, alle Vulven (so nennt man den außenliegenden Bereich, innen liegt die Vagina) sehen unterschiedlich aus. Bei manchen sind die inneren Schamlippen versteckt, bei anderen sind sie recht groß und lugen zwischen den äußeren Schamlippen hervor. Die Haut ist dünn, sehr sensibel und empfindlich. Ähnlich wie an der Klitoris-Vorhaut, kann an ihnen schon eine einfache Wäscheklammer zu schmerzhaft sein.
Wenn diese feinen Häute beringt sind, dann bedeutet das nicht, dass man an diesen Ringen so ziehen kann wie an einem Nippel-Ring. Wenn also jemand vorhat, mit Ringen an der Möse und Gewichten zu spielen, so sind die äußeren Schamlippen mit ihrer eher normalen Haut und dem kleinen Polster sehr viel besser geeignet.

Manch eine Vulva mag den leichten Schlag mit der Hand oder der weichen Riemenpeitsche, eher selten mögen es Frauen, wenn man ihnen mit Reitgerte oder Rohrstock zwischen die Beine schlägt.
Hier sollte man sehr genau hin spüren, wie die Reaktionen sind, denn etwas doller kann, schneller als man denkt, als zu intensiv ankommen.

Ob eine Frau beim Vögeln zum Orgasmus kommt, bei den Diensten eines Leck-Sklaven oder auch ihres Doms, der es genießt, sie so zu kontrollieren, oder bei direkter, klitoraler Stimulation, ob sie G-Punkt-sensibel ist, abspritzt oder nicht, jede hat ihren eigenen Weg. Da ist keiner schlechter oder besser.

Manche Frau kann sich nur selbst zum Orgasmus bringen, was manche Männer empörend finden, denn da sind sie dann nur Zuschauer. Aber auch das ist eben ein Weg, genauso wie der Genuss von Vibratoren, Dildos oder Elektrostimulation in diesem Bereich.

Wichtig ist, wie immer, dass beide miteinander sprechen, damit er weiß, wie sie angefasst und stimuliert werden möchte und sie weiß, was ihm daran gefällt oder was er sich wünscht.

Manche Frau kommt eher durch klitorale (direkte oder indirekte) Stimulation zum Orgasmus, andere durch Penetration der Scheide und bei wieder anderen muss beides stimuliert werden.

Einige Frauen sondern beim Orgasmus ein farbloses Sekret ab (das sogenannte weibliche „Abspritzen" oder englisch „Squirten"), dass nur ausnahmsweise mit Urin zu tun hat, sondern von verschiedenen Drüsen am Ende der Harnröhre und anderen Vaginaldrüsen produziert wird (was meist mit einer Stimulation des G-Punktes zu tun hat).

Alle diese Orgasmus-Formen sind toll, den einzig richtigen Orgasmus gibt es nicht. Und auch die Forderung abzuspritzen, sollte sich nicht als neue Leistungsnorm entpuppen.

Zum Thema Dehnung sollte man das Kapitel dazu lesen, denn da geht es auch ums vaginale Fisten.

Spiele mit der Brust

Bei den folgenden Überlegungen beziehe ich mich in erster Linie auf die weibliche Brust, doch das meiste gilt auch für die männlichen „Brüstchen".

Zur Anatomie

Die Brust ist ein nach außen offenes System, in der Brustwarze befinden sich feine Öffnungen (rudimentär auch bei Männern), die Ausgänge der Milchkanäle. Die Brust selbst besteht aus einer bindegewebigen Hülle, dem Drüsenkörper (drucksensibel) und der darunter liegenden Brustmuskulatur (bei Männern ausgeprägter als bei Frauen).
Die weibliche Brust kann ihre Größe und Form während des hormonellen Zyklus oder durch die Antibabypille verändern. Da die Brust von Haut und Bindegewebe in Form gehalten wird, folgt sie je nach Größe und Elastizität der Schwerkraft. Das ist einfach eine Tatsache und sollte niemals Anlass für abfällige Bemerkungen sein, gerade in einer Szene, in der sich viele Exhibitionisten tummeln. Die Möglichkeiten, mit der Brust zu spielen, sind vielfältig. Der Begriff Tit Torture (kurz TT) oder Tittenfolter sollte aber nicht dazu verleiten, der Brust ernstlich zu schaden. Wie immer gilt es, sich vorher mit den Limits der anderen Person vertraut zu machen. Bei manchen Leuten sind die Nippel überempfindlich, jede Reizung wird so zum unangenehmen Schmerz. Gerade Frauen haben oft ein sehr spezielles Verhältnis zu ihren Brüsten, inklusive Tabus und Not-to-Do's. Was bei der einen Person geht, kann bei der anderen den emotionalen Absturz herbeiführen.

Klammern

Hier stehen die wesentlichen Sachen schon im Kapitel über Klammern. Hinzuzufügen ist noch, dass große Brustklemmen, die die ganze Brust umfassen, gefährlich für den Drüsenkörper sein können, der sehr empfindlich ist. Drüsenentzündung und/oder -reizung können die Folge sein, oder auch ein sehr starker, absolut unerotischer Schmerz.

Nadeln

Brüste bieten wohl mit die beliebtesten Stellen für Nadelspiele. Damit diese gut werden, ist darauf zu achten, dass die Nadeln (im Gegensatz zu manchen Filmdarstellungen) nicht frontal gestochen werden, sondern oberflächlich horizontal (kein Einstich, sondern ein Durchstich), damit der Drüsenkörper nicht verletzt wird.

Gerade in dem relativ weichen Gewebe der Brust kann die scharfe Spitze einer frontal gestochenen Nadel zu groben Verletzungen und wochenlang sichtbaren Blutergüssen führen.

Warzenvorhof und Brustkörper lassen sich relativ problemlos stechen. (Genaueres siehe auch im Kapitel Blutspiele.) Die Warze selbst sollte nur in Ausnahmefällen durchstochen werden, denn zu häufiges Stechen kann zu einem Gefühlsverlust im Nippel führen, weil zu viele der Nerven verletzt wurden.

Abbinden

Manche Frauen mögen es, andere hassen es, das sollte man immer vorher klären. Denn wer es nicht mag, muss es auch nicht ausprobieren. Bei manchen Frauen geht es nicht, weil die Brust zu klein oder zu fest ist.

Bei der Brust-Bondage ist darauf zu achten, dass nah am Körper nach hinten hin abgebunden wird, das presst die Brust nach vorne. Wenn dabei zu viel (schmerzhafter) Druck auf den Drüsenkörper entsteht, kann man es auch leichter gebunden halten. Die Bondage sollte möglichst dicht am Körper ansetzen. Wie für alle Bondages gilt, dass man sie nicht zu lange machen darf. Gerade die Brust wird sehr schnell blau, es kann zu kleinen Gefäßeinrissen kommen und zu Blutungen ins Gewebe, deswegen niemals eine Brust abbinden und dann etwas anderes machen, sondern immer auf den Zustand der Brust achten. Manche Leute finden es besonders schmerzhaft, wenn eine abgebundene Brust dann noch gedrückt wird, andere mögen es. Eine interessante Möglichkeit ist die Stimulation z. B. mit einer Bürste, weil die Haut der abgebundenen Brust sehr empfindlich ist.

Aufhängen an den Brüsten

In manchen Comics und Filmen wird es gezeigt, aber es handelt sich hier um eine eindeutig gesundheitsschädigende Praktik, von der dringend abgeraten wird. Die Brust ist nicht dazu gemacht, das gesamte Gewicht eines menschlichen Körpers zu tragen. Einrisse in der Haut und im darunterliegenden Gewebe sind nur die geringeren Folgen. Verletzungen des Drüsenkörpers können zu einer schweren Drüsenentzündung führen.

Schläge

Wie schon im Kapitel über die Schwachstellen des Körpers angemerkt, ist die Brust ein besonders sensibel zu behandelnder Bereich.

Leichte Schläge mit dünnen, leichten Rohrstöcken, weichen Riemenpeitschen oder mit der Hand sind möglich, sollten aber eher von unten, oben oder der Seite erfolgen als frontal, da hier die Energie des Schlages direkt auf den Drüsenkörper geht, der wegen der Brustmuskulatur, auf der er

aufliegt, nicht ausweichen kann. Auch direkte Schläge auf den Nippel sollten bei weiblichen Brüsten vermieden werden. Hier ist es eine Frage von besonderem Fingerspitzengefühl, die richtige Dosierung herauszufinden. Abgebundene Brüste sind mit noch größerer Vorsicht zu behandeln, da die gespannte Haut sehr empfindlich ist und sehr leicht aufplatzen kann. Ein Hieb mit einem etwas dickeren Rohrstock kann die Form der Brust schädigen und tiefe Blutergüsse erzeugen, die noch monatelang sichtbar sein können.

Noch ein Wort zu Nippeln mit Piercings

Permanent durchstochene Nippel sind auch nach dem Abheilen des Stichkanals im Allgemeinen empfindlicher als nicht durchstochene Nippel. Gepiercte Brustwarzen sollte man daher nicht zu grob behandeln. Dafür bieten abgeheilte Piercings die Möglichkeit von Spielen mit Gewichten. Aber auch ein abgeheilter Stichkanal besteht aus Narbengewebe, welches bei zu großer Belastung einreißen kann. Danach muß das Piercing wieder genauso gepflegt werden wie nach einem frischen Stich (regelmäßige Desinfektion und Drehen des Schmuckes). (Siehe Kapitel ‚Bodypiercing'.)

Samstäglicher Zeitvertreib

Manchmal ähneln die Laute sich anrufender Kühe denen von jungen Elefanten, der Klang der Savanne drang durch das geöffnete Fenster in sein Zimmer und die feuchte Kälte der norddeutschen Tiefebene. Aber die Mittagssonne füllte den Raum mit herbstlichem Licht, wie er, langsam erwachend, blinzelnden Auges bemerkte. Ein schöner Tag, nur behagliche Wärme musste noch bereitgestellt werden, er kroch aus dem Bett und sprang zur Heizung, mit zufriedenstellendem Rauschen floss das heiße Wasser in die Metallrippen, er warf das Kippfenster zu, trotz der ihm angenehmen Rufe junger Elefanten, dafür würde es gleich warm werden.

Erstmal wieder schnell ins Bett, er fuhr herum, doch der zwangsläufig auf die Zimmertür fallende Blick ließ seine hektischen Bewegungen verebben. Der Kantschu hing gestern Abend noch nicht an der Klinke; er schauderte, spürte die Kälte und die frisch geweckte Furcht vor den harten Riemen der unbemerkt bereitgehaltenen Peitsche. Angeblich ein Mitbringsel von einer Sprachreise, nicht von seiner Herrschaft, sondern von der jungen Sklavin, mit der er zusammen diente und die Russisch studierte. Er kauerte sich unter der Decke zusammen, und das Warten begann.

Auf der Treppe erklangen Schritte, führten herab ins Erdgeschoss, das hohe Pfeifen und Klatschen einer Reitgerte hallte durch den langen Flur vor seiner Tür, ein kurzer Aufschrei und tiefes Stöhnen; der war hart, und deutlich auf nackter Haut. „Bitte, ich bin brav …“, das Flehen der Sklavin klang ehrlich erschrocken. „Jetzt sind wir fällig“, dachte er und zuckte zusammen, als die Gerte erneut durch den Flur hallte. „Bitte …“, halb Schrei, halb Satzanfang, dem nichts folgte, schweigende Demut war jetzt wohl auch das Klügste.

Er schälte sich aus der Decke, ein unschlüssiger Blick auf seinen Ledertanga und die kurze Lederjacke, aber er blieb nackt wie er war und kniete in der Mitte des Raumes nieder, die Augen gesenkt und die Hände hinter dem Po. Gleich würde sie kommen, Herr und Sklavin hatten sich in ein Zimmer am Ende des Flurs entfernt, Schritte näherten sich seiner Tür.

Leichtes Zittern überfiel ihn, seine Erregung wuchs, er schaute auf die Peitsche und seine Handrücken schmiegten sich an die Pobacken, die Klinke wurde gedrückt und sein Blick zuckte gen Fußboden. Natürlich wagte er nicht aufzuschauen, schwarze Stiefel traten in sein Sichtfeld und an ihm vorbei wieder heraus, er spürte die metallbesetzte Stiefelspitze auf seinen Zehen und ein böser Schmerz durchfuhr ihn. Mit hartem Griff wurde er an den Haaren gepackt und nach oben gezogen; er streckte sich, war bemüht, nicht zu jaulen. Der Druck an seinen Zehen ließ so jäh nach, wie er gekommen war, nur seine Haare waren weiter in eisernem Griff.
„Das Betragen in letzter Zeit ist kaum diskussionswürdig, und für das verratzte Dinner neulich geht's dir noch richtig an den Arsch, Bürschchen! Heute wird das Vergnügen groß sein, ich werd' dich reichlich quieken lassen; los jetzt, rüber zur Wand, beweg' die Knie, oder ich schleif' dich auf deinen Eiern hin, schneller, Bursche, dich krieg' ich beim Arsch; umdrehen, Arme hoch, an den Haken hier, Arme hoch, nicht den Kopf, wer hat erlaubt, mich anzusehen, Kopf runter, Arsch an die Wand, Hände ruhig halten!"
Zitternd beobachtete er den Weg der Herrin zur Tür, den Kantschu zu holen, breitbeinig stand sie dann vor ihm, mit den Riemen des Kantschu seine Wangen tätschelnd: „Für deine Disziplinlosigkeit eben gerade; streck die linke Seite vor, zeig mir deine weiße Lende!" Der Sklave gehorchte, die Herrin trat einen Schritt zurück und zog die Peitsche hart über seine linke Flanke. Der Sklave zuckte zurück, ein kurzes Stöhnen, hielt die geforderte Seite aber wieder gehorsam hin. Den zweiten Schlag ertrug er ruhig, den hoch angesetzten dritten unter deutlichem Stöhnen. „Die andere Seite", die Herrin wechselte das Standbein, er gehorchte. Drei schnelle aufeinanderfolgende Hiebe, kaum ein Laut diesmal, nur das verzerrte Gesicht verriet den Schmerz.
Die Tür ging auf, Herr und Sklavin betraten den Raum. Die Sklavin trug ein leichtes, knielanges Sommerkleid, sonst garantiert nichts. Barfüßig schritt sie durchs Zimmer, machte Halt vor einer Kommode, öffnete die oberste Schublade und holte einen Gürtel, ein schweres, schwarzes Lederkoppel, heraus. Sie wendete sich um, tat zwei Schritte zu einem massiven, alten Schreibtisch und legte das Koppel an den Rand der freigeräumten Platte. Dann trat sie vor die Kante und legte sich daneben. So über den Schreibtisch gebeugt erwartete sie das Folgende, sie streckte den Po weit heraus und spürte schon,

wie ihr das Hinterteil bloßgelegt wurde. Sie ließ den Gedanken an Strafe in ihrem Kopf kreisen, das Gefühl ihres nackt ins Zimmer ragenden Hinterns steigerte immens ihr Verlangen. Sie lechzte nach Strafe, nach einer saftigen Abreibung. Jetzt nahm er den Gürtel, den bissigen Schatten in der Aufzucht von sicherlich noch etlichen anderen Unteroffizierstöchtern, ein dunkler Schatten aus der Vergangenheit, der seinen Schrecken schon lange verloren hatte und längst Vehikel ihrer Lust geworden war.

„Dem Sklaven steht schon vor Begeisterung, das Mädel so halbnackt vor sich zu haben, das Maul offen; ich werde es ihm füllen." Die Herrin ging zu besagter Kommode und langte hinein, förderte einen stattlichen Gummidildo zutage. „Das ist nicht das einzige, was ihm steht, wir sollten ihm etwas Ablenkung verschaffen, bring' doch gleich die Klammern mit, bitte." Die Herrin zog noch vier gewöhnliche Holzwäscheklammern aus der Schublade und wandte sich dem Sklaven zu. Sie schob ihm den Dildo in den Mund. „Wenn du ihn verlierst, peitsche ich dir den Arsch wund!" Dann setzte sie ihm eine Klammer an jede Brustwarze, die übrigen zwei steckte sie in die Tasche ihrer Lederjacke. „Und wenn du Bissspuren darauf hinterlässt, kriegst du's genauso!"

Das Koppel knallte enorm auf der nackten Haut, die Hiebe waren scharf durchgezogen wie immer, jeder einzelne wurde mit Jaulen quittiert. Der Herr nahm sich Zeit für die Strafe, schlug langsam und hart, forderte seiner Sklavin einiges ab, die bald nassgeschwitzt auf dem Schreibtisch lag und sich um Selbstbeherrschung mühte. Die Dauer der Züchtigung machte es für den Sklaven nicht eben einfacher, den Anweisungen bezüglich seiner Mundfüllung Folge zu leisten, die Lippen hatten schwere Arbeit zu verrichten. Der Schmerz, den die Klammern an seinen Brustwarzen verursachten, war auch ernster geworden, noch ohne Schmerzenslaute zu ertragen, doch angesichts der fast vollendeten Züchtigung, die sich vor seinen Augen abspielte, überkamen ihn neue, konkrete Ängste, zwei Klammern waren noch im Spiel. Ein letztes Mal fuhr der Gürtel mit sattem Klatschen auf das immer noch fügsam präsentierte Hinterteil, das Jaulen ging in leises Schluchzen über, der Herr gebot ihr, aufzustehen. „Danke, Herr. Ich hatte es verdient." Mit einem Knicks unterstrich die Sklavin diese Demutsgeste und drückte den vergleichsweise kühlen Stoff ihres wieder herabgefallenen Kleides an die glühenden Pobacken. „Zieh dich aus!" Der Befehl ihres Herrn kam schroff, geschwind schlüpfte sie aus dem dünnen Stoff.

„Auf die Knie und jetzt die Nase auf den Boden, zeig deinen hübschen Po!" Die Ansicht war kolossal, dunkelrot-violette, angeschwollene Hinterbacken, aus denen über die Oberschenkel verlaufend sich zwei dünne Striemen deutlich abzeichneten, die Gertenschmitzer von vorhin. „Hände hinter den Rücken!" Die Handgelenke wurden flugs zusammengebunden und die Sklavin verharrte regungslos in dieser Zurschaustellung.

Die Herrin, die die Fesselung vorgenommen hatte, drehte sich um und griff in ihre Jackentasche. Zwei Klammern schnappten in die Wangen des Sklaven. „Glaubst Du, dass sie da bleiben werden?" Er glaubte es kaum, langsam den Kopf schüttelnd versuchte er einen unterwürfigen, um Gnade heischenden Blick. Die Herrin lachte. „Du weißt, wo sie hingehören ..." Sie nahm die Klammern ab und legte sie an die bereits angebrachten, der Sklave begann, heftiger zu zittern. Jetzt setzte die Herrin Klammer auf Klammer und ließ sie zuschnappen, der Sklave bäumte sich auf, die Hände griffen ins Leere, unterdrückte Schreie klangen aus seiner Kehle. Das tat wirklich weh.

Die Herrin setzte sich in einen Sessel und betrachtete die Äußerungen seiner Schmerzen. Der Herr saß bereits bequem. Er hatte in der Zwischenzeit einige Schokoladen-Pralinées mit der berühmten Saisonkirsche in schlecht erreichbaren Winkeln des Zimmers verteilt und schaute auf die Sklavin, die immer noch mit der Stirn auf dem Boden lag. „Komm hoch, schau dich um, du siehst, was ich ausgelegt habe, und weißt sicher, was du zu tun hast, Cherie ... Hol' die leckeren Stückchen und füttere deine Herrin – und mich."

Die Sklavin machte Anstalten, ganz aufzustehen, ein schrilles Lachen unterbrach die Bewegung. „Sofort wieder auf die Knie oder ich gebe dir die Bastonade, du weißt, dass ich sie dir schon einmal gegeben habe. Dein fürsorglicher Herr würde sie dir kaum verabreichen, aber ich gebe dir den Stock auf die Fußsohlen, wenn du noch einmal unbefohlen aufstehst! Und jetzt hol' die Pralinen, aber wehe, du sabberst sie an, spitz die Lippen!"

Das Bemühen der Sklavin, sich nur auf Knien vorwärtsbewegend und nur über den Mund als Greifinstrument verfügend, die entlegenen Pralinen zu erhaschen, war ebenso langwierig wie reizvoll. Der Anblick eines wunderschönen Körpers im Kampf mit versperrenden Möbeln und der Schwerkraft war ein erregender Genuss. Der Sklave hatte leider wenig davon, er stöhnte heftig unter seinem verstopften Maul, Speichel floss den Dildo entlang, und bald würde das Ding herausflutschen. Die Sklavin hatte die erste

Praline überbracht, mit einem sanften Kuss im Mund ihrer Herrin, jetzt bot sie wieder den genussreichen Anblick der Suchenden auf dem möglichen Weg zu ihrem Ziel. Der Sklave stand unterdessen vor der Entscheidung, fester zuzubeißen oder den Dildo fahren zu lassen. Die Konsequenz wäre die gleiche, der Schmerz an seiner Brust lähmte jeden weiteren Gedanken. Der Dildo plumpste zu Boden und der Sklave jaulte auf.
„Da möchte noch jemand den Hintern voll, ein Wunsch, den wir befriedigen können." Die Herrin betrachtete den Sklaven eine Weile, schaute dann auf die hingebungsvolle Übergabe der nächsten Schokoladen-Kirsche und stand auf, sich dem Sklaven zu widmen. „Ich werde ein wenig an deinen Zitzchen spielen", sprach sie und drehte an den Klammern, dass der Sklave schrie und sich in den Fesseln wand. Sein Geschrei verstärkte sich, als sie die oberen Klammern löste und die unteren mit einem Ruck aufschnappen ließ, der Gepeinigte bäumte sich auf, sie drückte ihn an die Wand, wartete einen Moment und ließ die Klammern, um neunzig Grad versetzt, wieder zuschnappen. Unter heftigem Schreien und Stöhnen des Sklaven entfaltete sich die prompte Wirkung der entgegengesetzt gepressten Brustwarzen, sie ließ es ihn auskosten und setzte die Klammern erneut um. Noch zwei weitere Wechsel gönnte sie ihm, dann band sie ihn, weiter eine Klammer an jeder Brustwarze, los und befahl ihm, sich bäuchlings aufs Bett zu legen. Sie bedeutete der Sklavin, ihn mit gespreizten Extremitäten ans Bettgestell zu fesseln, und griff zum Kantschu.
Der Herr hatte der Sklavin mittlerweile die Fesseln abgenommen, legte sie, nachdem diese den Sklaven festgebunden hatte, ihr aber wieder an. Er ließ sich die verbliebenen Klammern aushändigen und setzte sie an ihre Brüste.
„Nichts ist die pure Freude …" Die Herrin peitschte den Sklaven so hart wie angekündigt, Blutströpfchen traten aus den dick auflaufenden Striemen, er begann, um Gnade zu flehen. Schließlich hörte sie auf, ihn zu schlagen, er hatte wirklich genug, und sie wollte seine Behandlung zum Abschluss bringen. Sie wollte sehen, wie er gefickt wird. Sie band die Sklavin los und gab ihr den Dildo. Die Sklavin wimmerte bereits etwas unter den Klammern und sie nahm sie ihr ab. „Mach ihn jetzt fertig, stoß ihn hart damit. Stoß ihm das Ding ganz hinein und vor allem, zieh es wieder ganz heraus, vollständig, damit der Schließmuskel in Bewegung kommt. Und ich will Tempo sehen. Als nächstes nehme ich mir dich damit vor!" *VOLKER*

Bondage oder die Kunst des Fesselns

Für einige ist Bondage eigentlich kein richtiger SM, für andere ist es das Ultimative. „Bondage ist langweilig", hört man von manchen Leuten, aber meist nur dann, wenn sie bisher mit Bondage-Fans zu tun hatten, denen das ausdauernde, kunstfertige Verpacken und Knoten zum Selbstzweck geworden ist. Auch hier ist es also wichtig, vorher abzuklären, auf was das Gegenüber steht und was es nicht mag. Ausprobieren und Spielen kann sehr aufregend sein, genau wie die rabiate, blitzschnelle ‚Verhaftung' mit Handschellen.
Nach den Grundregeln im Kapitel ‚Das kleine SM-Einmaleins' ist hier noch mal alles ausführlicher beschrieben. Manche Sachen kann man nicht oft genug wiederholen.

Fesseln kann man sich oder andere mit den unterschiedlichsten Materialien und Hilfsmitteln

Seile aus Naturfaser (5 bis 8 mm Durchmesser, damit sie nicht zu schnell einschneiden) im einschlägigen Fachhandel (gibt es auch als Sets zugeschnitten und versäubert) oder beim Schiffsausrüster (da muss das Seil oft nachbearbeitet werden). Entweder aus Baumwolle (fusselt wenig, riecht neutral, waschmaschinentauglich – hohl geflochten oder nicht hohl), Hanf oder Jute (dreischäftig gedreht) – beides sollte eingearbeitet werden oder gleich bearbeitet gekauft werden. Meterpreise ab 0,50 € per Meter oder Set-Preise – ab 80,- € für 7 Seile à 8 Meter.

Elastikbinden aus dem Fachhandel (preiswert, aber optisch eher nicht so schön).

Ledermanschetten paarweise für Hände und Füße (bequem, pur oder gepolstert, ca. 30,- bis 65,- €).

Handschellen (schnell zu handhaben, aber meist unbequem, ab 30,- € billigere sind unsicher) und Fußschellen (ab 65,- €).

Ketten (mit verschweißten Gliedern) sind unbequem zu tragen, aber dekorativ und je nach Qualität (Edelstahl) u. U. recht teuer.

Pferdebandagen oder einfache Klettfesseln mit D-Ring (praktisch, da mit einem Klettverschluss versehen).

Oder ganz unaufwendig **Schals** und **Halstücher**.

Abzuraten ist von **Wäscheleinen, Einmalfesseln** (sehen aus wie Kabelbinder), **den Handschellen für 10,- €** (scharfe Kanten, keine sicher funktionierende Einrast-Sicherung und ein leicht abbrechender Schlüssel) und **Nylonstrümpfen** (die Knoten ziehen sich so zusammen, dass sie mit den Fingern kaum wieder aufzubekommen sind).

Ein Sonderfall ist **Haushaltsplastikfolie** – die mit den Aromaporen (Mumifizierungsfans wissen sie zu schätzen) – mit der man sehr schön und preiswert einen Körper ganz einwickeln kann. **Achtung:** Gefahr von Wärmestau bei zu langer Bondage. Immer Gesicht freilassen!

Neben diesen eher einfachen Utensilien gibt es noch Spezialitäten

Das **Fesselgeschirr** von schlicht bis aufwendig aus Leder, Stahlbändern oder Ketten (ab ca. 150,- €).
Die Light-Version für den Kopf und/oder den Körper aus verstellbaren Lederriemen (**Harness**) kann sowohl zu Fesselzwecken als auch zur Zierde (und dann nicht so eng geschnallt) getragen werden.

Der **Bondage-Sack** für Arme, Beine oder den ganzen Körper, üblicherweise aus Gummi oder Leder (wegen seiner aufwendigen Herstellung auch ziemlich teuer, ab ca. 200,- €).
Außerdem gibt es für bestimmte Zwecke eigens dafür angefertigte Fesseln wie z. B. Arm- und Fußhebefesseln zum Aufhängen oder Spreizstangen, um Gliedmaßen aufzuspreizen.

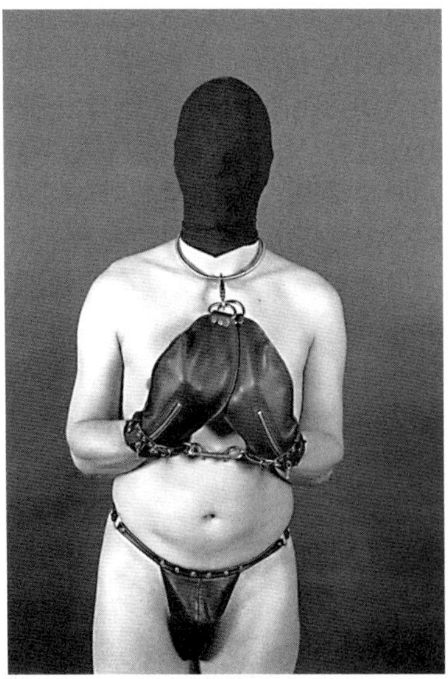

Hierhin gehören auch Fesselhilfen wie die **Streckbank**, das **Andreaskreuz**, der **Fesselrahmen** oder die **Fesselbank** (beide sind mit vielen Ösen ausgestattet, durch die man z. B. Seile ziehen kann), der Seilzug (Flaschenzüge müssen so befestigt sein, dass sie nicht herausbrechen oder abreißen können, das ist in vielen normalen Wohnungen ein Problem, denn die Haken reißen sich leicht aus der Decke, Fachmann ranlassen, eventuell Bondage-Gestell bauen lassen oder freitragendes Gestell kaufen) und natürlich **Käfige** in den unterschiedlichsten Varianten.

Das klingt alles sehr aufwendig, und deswegen einige einfache Tipps für alle, die erst mal klein anfangen wollen:

Hand- und Fußschellen

Schnell und sicher. Wie man Handschellen bedient, glaubt jeder zu wissen, aber wie die Cops es im Fernsehen machen, ist zwar eindrucksvoll, doch für das Opfer unangenehm schmerzhaft. Handschellen so anlegen, dass sie ein bisschen Spielraum haben und man gut an die Schlüssellöcher herankommt, und dann die Sicherung betätigen (bei einigen ist es eine Raste, die eingedrückt werden muss, bei anderen muss der Dorn am oberen Ende des Schlüssels in eine kleine Öse eingeführt werden, vor der ersten Benutzung ausprobieren und am besten sich gleich beim Kauf beraten lassen), damit sie nicht enger schließen. Handschellen bestehen aus hartem Metall, deswegen haben sie auch harte Kanten, die bei Zug Nerven und Sehnen schädigen können. Daher ist es besonders wichtig, immer wieder zu prüfen, ob die Handschellen noch ‚bequem' sitzen.
Jetzt kann das Spiel beginnen.
Hinterher beim Aufschließen darauf achten, dass bei einigen Modellen der Schlüssel erst in die eine Richtung gedreht werden muss, um die Sicherung zu lösen, und erst dann ein Öffnen möglich ist, wenn man danach den Schlüssel in die andere Richtung dreht. Bei Fußschellen, die im Allgemeinen nur größere Ausgaben der Handschellen sind, analog vorgehen. Hierbei ist besonders darauf zu achten, dass die Achillessehne (Knöchel – hinten) nicht eingeklemmt wird.
Ein Tipp: In Sportbedarfsläden gibt es Frotteeschweißbänder für die Handgelenke, die sich sehr gut unter Handschellen platzieren lassen.

Lederfesseln

Luxuriös, aber nicht so schnell anzulegen. Bei Lederfesseln ist auch darauf zu achten, dass sie nicht zu eng gespannt werden. Es gibt gepolsterte Modelle, die besonders angenehm zu tragen sind. **Achtung: gute Verarbeitung ist zwar teurer, aber sicherer.** Der D-Ring sollte verschweißt sein, das Material sollte echtes Leder/Nylon und kein Pressleder sein. Eine Fessel, die bei grober Belastung reißt oder sonst wie kaputtgeht, ist ein Sicherheitsrisiko. Besonders Ware aus normalen Sexshops ist oft zu billig verarbeitet und wird unseren Ansprüchen nicht gerecht. Fesseln aus dem SM-Handel sind zwar meist teurer, aber dafür besser. Zum Befestigen der Fesseln aneinander oder an irgendwelchen Ösen und Haken bieten sich sogenannte Doppelkarabiner an (gibt es nur im Fachhandel), Karabinerhaken und als besonders sichere Variante die sogenannten Panic-Snaps (in Reiterläden werden sie oft nicht einzeln, sondern mit einem Seil am geschlossenen Ende verkauft, Bergsportbedarf ist eine Alternative), die auch bei Belastung einhändig zu öffnen sind. Panic-Snaps sind aber keine Hängebefestigungen!

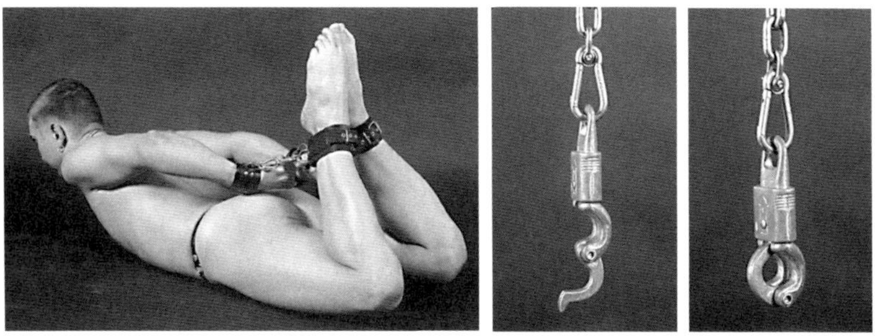

Foto Mitte und rechts: Panik-Haken (Panic-Snap)

Seile

Die hohe Kunst der Bondage. Seile gibt es aus den unterschiedlichsten Materialien. Besonders anschmiegsam und angenehm sind Seile aus hohl geflochtener Baumwolle. Beim Seilkauf ist jedenfalls darauf zu achten, dass das Seil nicht zu elastisch und möglichst glatt ist (raue Seile können Verbrennungen hervorrufen, wenn sie am Körper entlanggezogen werden). Baumwollseile lassen sich sehr gut in der Waschmaschine waschen. Die Stücke zum Fesseln sollten mindestens 1,50 m lang sein, für Ganzkörperbondages benötigt man

bis zu 40 Meter. Seile sollte man so aufbewahren, dass man sie mit ein paar Handgriffen entrollt hat, stundenlanges Aufknoten verknäulter Seile ist wirklich langweilig, für den Aktiven und den Passiven.
Inzwischen gibt es im SM- und Bondage-Fachhandel sehr gute schon vorbearbeitete Hanf- und Juteseile, oft als Sets (7 Seile zu 8 Meter – sinnvoll, wenn man Fesseln mit Seil bevorzugt).
Manche Leute glauben, man müsse ein Knoten-As sein, das ist falsch. Es schadet zwar nichts, doch es geht auch mit einfachen Mitteln. Der Besuch von Workshops, das Anschauen von Tutorials ist zu empfehlen.

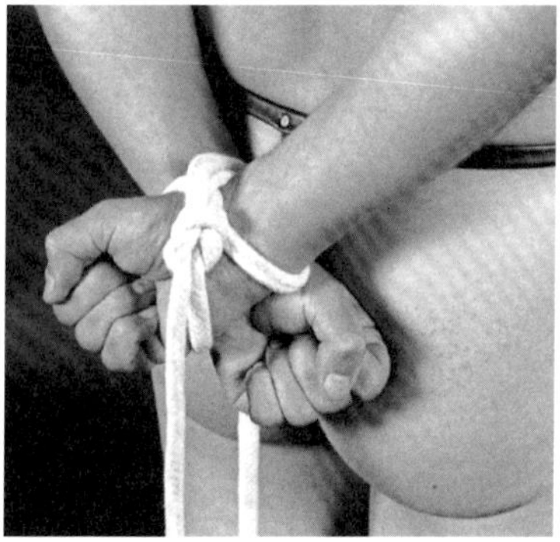

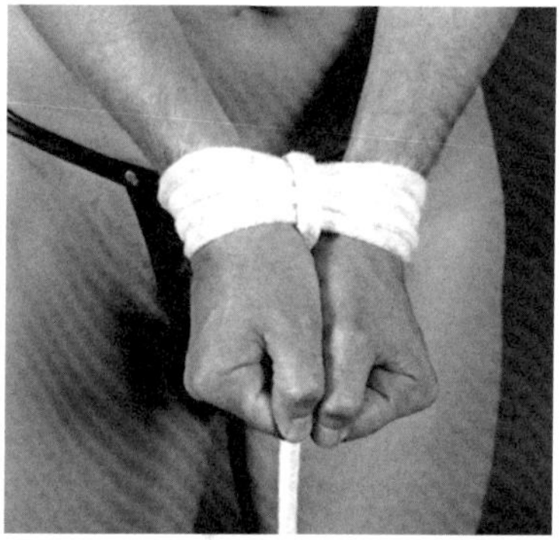

Die Fessel für eine Hand oder einen Fuß

Das Seil wird mehrmals um das Handgelenk gelegt, so dass ein kürzeres Ende und ein längeres übrigbleiben. Dann werden die beiden Enden mit einem doppelten Knoten gesichert. Das längere Ende kann jetzt um den Bettpfosten geschlungen und dort verknotet werden. (Mehrere Windungen verteilen den Druck gleichmäßiger und verhindern eher Durchblutungsstörungen etc.). Die Arme und Beine so gespreizt nennt man auch ‚spread-eagled'. Achtung, diese Stellung ist in Bauchlage problematisch, da die Atmung des Opfers behindert sein kann.

Die Fessel für zwei Gliedmaßen

Das Seil mehrmals um beide Gelenke schlingen und dann zwischen den Gelenken zweimal hindurchziehen, so dass eine 8-förmige Fessel entsteht. Dann einen Doppelknoten machen. Manche schaffen es auch, eine halbe Schleife

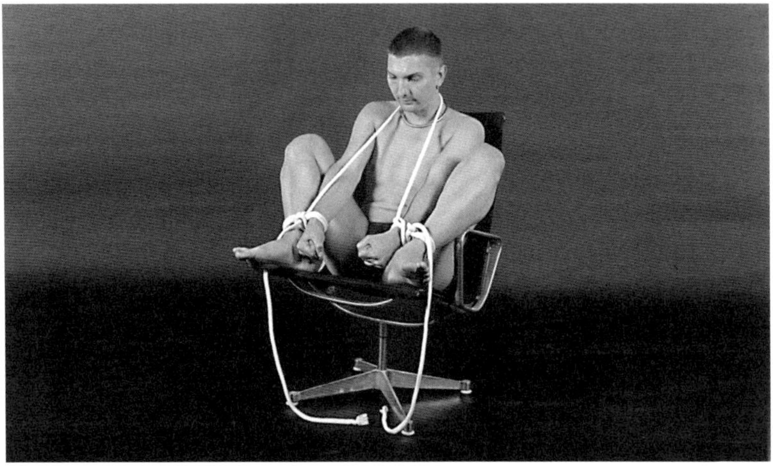

zu machen, der Vorteil: die Fessel lässt sich sehr leicht öffnen (leider auch für den Gefesselten). Jeweils Arm an Bein nach hinten gebunden, redet man von ‚hogtied'. Dies ist eine sehr ‚praktische' Fesselung, präsentiert das Opfer so doch sein Geschlecht sehr verführerisch und leicht zugänglich. Gleichzeitig ist diese Stellung halbwegs bequem und für die meisten Opfer länger aushaltbar. Es ist auch möglich, Arme und Beine in Rückenlage aneinander zu fesseln, aber viele Leute sind nicht so gelenkig, wie es in einigen Comics oder japanischen Bondage-Heftchen abgebildet ist.

Die Ganzkörper-Bondage

Es gibt natürlich verschiedene Möglichkeiten, einen Menschen so zu fesseln, dass der ganze Körper bewegungsunfähig ist. Doch bei der Ganzkörper-Bondage geht es in erster Linie darum, dem Opfer ein Gefühl der Enge, des Eingeschnürtseins zu vermitteln, und das optisch für den Ausführenden möglichst reizvoll. Hier bietet sich die japanische Technik an. Auf den ersten Blick mag es manchem schwierig vorkommen, doch wenn man den Trick durchschaut hat, ist es nur noch halb so wild. Für diese Fesselung nimmt man ein mindestens 12 Meter langes Seil (oder muss ein weiteres Seil anknoten) und legt es auf halbe Länge, am einen Ende entsteht so eine Schlinge, an der anderen Seite sind zwei offene Seilenden. Dann macht man etwa alle 15 bis 20 Zentimeter, von der Schlinge aus gesehen, jeweils einen

einfachen Knoten gleichzeitig in beide Enden (etwa 6 bis 10 Stück) als Vorarbeit. Jetzt wird die Schlinge so um den Nacken gelegt, dass das doppelt genommene und verknotete Seil über der Brust hinabhängt.
Das Doppelseil wird jetzt zwischen den Beinen nach hinten hochgezogen (Achtung – empfindliche Teile) und locker durch die Schlaufe im Nacken gezogen. Der letzte Knoten sollte irgendwo auf dem Rücken sein.
Jetzt hat man die beiden losen Enden des Seils in den Händen. Am besten stellt man sich jetzt vor das Opfer und führt jeweils ein Seilende links und rechts um den Körper herum. Hierbei kann man die Schultern und Arme mit einbeziehen oder das Seil unter den Achseln durchführen.
Jetzt werden die Enden um jeweils einen Teil des Doppelseils vor der Brust durchgezogen, wobei das linke Seil wieder zurück nach links geführt wird und das rechte Seil umgekehrt nach hinten, (es entsteht eine rautenförmige Struktur, die oben und unten durch den Knoten begrenzt wird und je nach Zug von links und rechts mehr oder weniger flach gezogen ist).
Auf dem Rücken wiederholt man die Prozedur des Durchziehens durch das Doppelseil, und wieder werden die Seilenden zurück nach vorne geführt, um jetzt einen Knoten tiefer durch das Doppelseil geführt zu werden.
So entsteht von oben nach unten weitergehend ein fischernetzähnliches Geflecht, welches je nach Zug und Knotenplatzierung für das Opfer einschnürend bis unbequem ist. Zu beachten sind die Auflagestellen der Knoten: ein Knoten, der auf das Brustbein drückt, oder ein Knoten auf der Klitoris aus zu engem oder rauen Seil kann sehr unangenehm und ärgerlich sein.
In einer gut gemachten, nicht zu straffen Bondage kann man sogar auf eine Party gehen oder eine Nacht verbringen (dies ist auch eine gute Fesselung, die man an sich selbst ausführen und die man sogar unter Alltagskleidung versteckt in den Alltag mitnehmen kann, zumindest, solange das Seil zwischen den Beinen nicht zu sehr scheuert).
Wenn es beim ersten Anlauf noch nicht so perfekt aussieht, ein bisschen Training hilft immer. Brüste und Pobacken, die Scham und der Bauch lassen sich mit etwas Fingerspitzengefühl so hervorragend präsentieren (im wahrsten Sinne des Wortes).
Ganz schön ist eine Abwandlung dieser Bondage: das Spinnennetz.
Hier wird ein Fesselrahmen benötigt (es reicht auch ein Türrahmen, in den seitlich jeweils auf gleicher Höhe eine Reihe stabiler Haken geschraubt wurde).

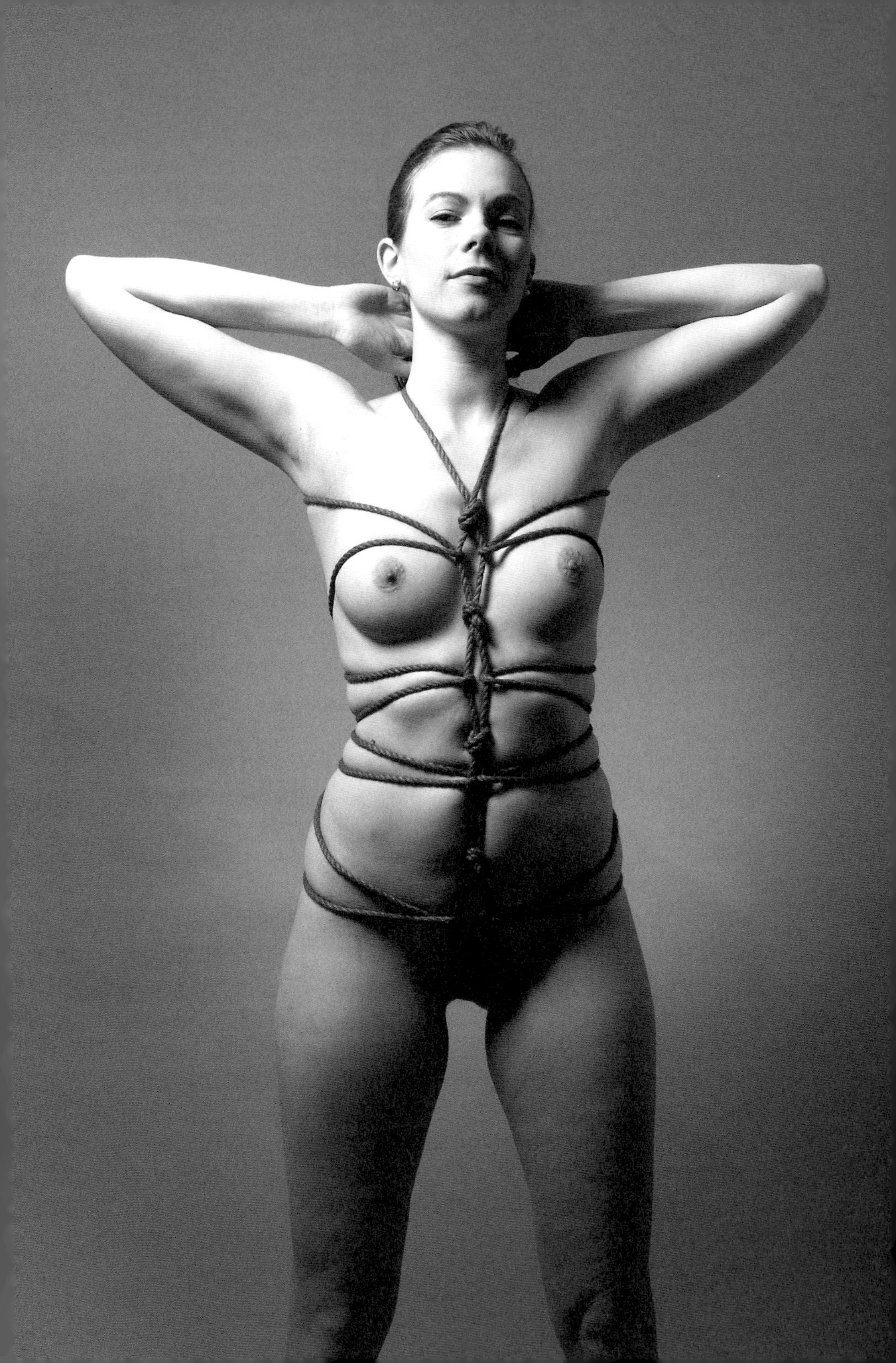

Das Seil muss dazu erheblich länger sein, denn es wird nicht nur direkt um den Körper, sondern von vorne seitlich über parallel liegende Haken geführt und dann erst nach hinten gezogen. Der Körper kann so bewegungslos fixiert werden, als sei er in einem Spinnennetz gefangen.
Die meisten anderen Fesselungen sind Variationen der drei Grundmöglichkeiten. Manchen Bondage-Leuten geht es mehr um den optischen Effekt, andere genießen eher die praktische Seite ihrer Vorliebe, doch wer an Fesslungen Gefallen findet, wird auch noch den einen oder anderen speziellen Kniff für sich entdecken. Für die Optikfans bietet sich zum Beispiel der Kontrast von schwarzem oder rotem Seil auf matter Haut an, für die Praktischen geht es sicher um den bequemsten Zugang zu den Schatzkästchen ihrer Geliebten.
Sicher kann ein guter Bondage-Spezialist jemanden auch so fesseln, dass man diese Person auch an den Seilen aufhängen kann, dazu sollte man aber vorher einen Bondage-Kurs besucht haben. Spezialitäten wie Brust-Bondage oder Hoden-Bondage siehe in den jeweiligen diesen Körperteilen gewidmeten Kapiteln.

Zum Schluss nochmals die wichtigsten Sicherheitstipps

1. Immer auf ungehinderte Durchblutung achten; wenn gefesselte Gliedmaßen kalt, bläulich oder gar taub werden, sofort losmachen.
2. Niemals einen Gefesselten unbeaufsichtigt lassen.
3. Codezeichen vereinbaren, bei Knebel z. B. ein Glöckchen in die Hand geben, welches der Betreffende dann fallen lassen kann.
4. Niemals ein Seil vorne um den Hals legen – Lebensgefahr.
5. Jemand, der im Stehen gefesselt ist, sollte so stehen, dass er sich anlehnen kann und weich fällt, falls der Kreislauf schlapp macht, (Kissen, Polster, Bett).
6. Bei Bondage-Spielen immer vorher prüfen, ob man die notwendigen Geräte zum Öffnen parat hat (Schlüssel, Verbandsschere – unter EMT-Schere im Handel).
7. Jemanden liegend zu fesseln und ihn dann auf dem Kunststoff-Teppichboden durchzuvögeln, kann zu großflächigen Hautabschürfungen durch die Rauheit des Bodenbelags führen, die wie Verbrennungen nur langsam und mit Narbenbildung verheilen.

Unsicherheit

Da hängt sie nun!
Stille, unheimliche, ja fast bedrückende und dennoch so heimliche Stille.
In dieser Stille liegt Unsicherheit; bei mir und auch bei ihr.
Tja, da hängt sie nun!
Ihr Atem geht schnell, aber leise, durchdringt kaum diese Stille. Ihre Augen, groß, fast schwarz, sehen mich stumm, aber unentwegt an. Sie blicken forschend, erforschend, und doch unsicher. Mit einer kaum wahrnehmbaren Aura von Angst umhüllt. Wie lange und sehnsüchtig habe ich auf diesen Tag, auf diesen, hoffentlich nie endenden Augenblick, gewartet. Was habe ich in der Phantasie alles mit ihr getan, gemacht, seit wir uns zum ersten Mal begegnet sind. Alles, ja alles. Ich habe nichts ausgelassen. Meine gesamte Umwelt war erfüllt von ihrem nackten, gefesselten, hilflosen, sich windenden Körper. An jedem Baum habe ich sie gesehen, an jeder Fabrikmauer, auf jedem Tisch, in jedem Türrahmen, in jedem Verlies jeder Burgruine, an jedem Heizungsrohr in jedem Keller, an jedem Balken auf jedem Dachboden, in jeder dunklen Ecke jeder verwinkelten Altstadt. Und ihre Schreie, ja, ihre Schreie hallten ständig in meinem inneren Ohr.
Da hängt sie nun!
Ihr Atem geht etwas schneller. Ihre Augen versuchen in mein Gehirn zu dringen. Sie will ergründen, was in mir vorgeht, was ich mit ihr tun, was ich mit ihr machen will. Will? Nein! Machen werde! Und wann ich es machen werde! Oder entdeckt sie vielleicht starke Unsicherheit bei mir? Bin ich sicher, dass ich es machen werde? Ja, in der Phantasie, da war ich hart und kompromisslos zu ihr, da verstand ich jedes Bitten und Betteln als Aufforderung noch konsequenter zu sein. Da war jeder Schrei dieser gequälten, gefolterten Frau ein Ansporn zu noch mehr Härte und Unnachgiebigkeit. Ich schlug, ich peitschte, ich demütigte in einem sadistischen, orgiastischen Rausch. Es blieb nur noch ein willenloses, flehendes Wesen übrig. Jedes Mal.
Da hängt sie nun!

Ach ja, die Peitsche. ‚Meine' Peitsche. Da hinten, in der dunklen Ecke hängt ‚meine' Peitsche. An der Wand. Sie kann die Peitsche nicht sehen. Die Peitsche, mit der ich mir so viel Mühe gegeben habe. Selbst gemacht. Nicht gekauft. Kaufen kann schließlich jeder. Nein, diese Peitsche wurde von mir erschaffen, erschaffen für diesen Tag, für diesen Moment. Diese Peitsche ist ein Teil von mir, sie wird mich in die Ewigkeit begleiten. Die Peitsche und ich, wir werden gemeinsame Erinnerungen in uns bergen, untrennbar mit dem Geschehenen verbunden. Die Peitsche und ich werden gleichzeitig den funkelnden Schweiß, das süße Blut, die gewaltige Lust dieser Frau schmecken, in uns aufsaugen, unauslöschbar in uns aufnehmen.
Da hängt sie nun!
Die Spannung steigt, spürbar. Ich sitze die ganze Zeit vor ihr in einem äußerst bequemen Lehnsessel, rauche und betrachte sie. Genieße den Anblick ihres nackten Körpers, ganz leicht vibrierend, sich langsam, ganz langsam mit der Qual der Erwartung füllend. Die Arme hochgebunden, gestreckt, die Füße auf dem kalten Steinboden. Sie bewegt sich manchmal, nur leicht, bewegt ihre Beine, sucht einen neuen Platz für ihre Füße, sucht einen Fluchtweg vor der drohenden Verkrampfung ihrer Muskeln. Sucht Erleichterung. Dann beobachte ich die Gebilde auf dem Fußboden, die sich in einer immer schneller werdenden Verkleinerung bizarr verändern, bis sie sich vollkommen aufgelöst haben. Auflösen! Ja, auflösen. Das ist es, was ich will.
„Dass Du Dich auflöst. Deine Widerstände. Deine gesellschaftlichen Zwänge. Deine moralischen Hindernisse. Deine Zweifel. Deine Ängste vor einer anderen, freieren, befreiteren Welt".
Sie schwitzt. Sie zittert leicht. Ihr Körper ist mit kleinen, blitzenden Perlen geschmückt. Wie eine Blume im Morgentau. Der Vergleich lässt mich schmunzeln. Auch die Blume ist wehrlos, kann gepflückt, genommen werden. Auch mit der Blume kann gemacht werden. Aber auch geliebt werden.
Sie ist irritiert. Ihre Augen wandern von meinen Augen zu meinem Mund und suchen wieder meine Augen. Die Spannung erfüllt den Raum fast bis zur Unerträglichkeit. Ich fühle, dass ich jetzt bald tun, bald machen muss. Und ich will es ja auch. Meine Unsicherheit, Phantasie in Realität umzuwandeln, sinkt in dem Maße, in dem die sich steigernde Spannung meinen Willen dazu vorwärts treibt. Mich willentlicher macht.
Sieh an! Auch mit mir wird irgendwas gemacht?!

Da hängt sie nun!

Ja, ich werde es tun, muss es jetzt tun, machen. Wenn nicht, habe ich verloren. Alles verloren. Sie habe ich verloren, weil sie die Akzeptanz, den Respekt verliert. Mich habe ich verloren; der Bruch zwischen Phantasie und Realität wird mich in den Abgrund der sehnsüchtigen, ewigen Träumer stoßen. Das kann ich nicht zulassen. Das will und werde ich nicht zulassen.

Ihre Augen sehen mich immer noch groß und schweigend an. Sehen sie etwa, was ich gerade denke? Haben sie mich in meiner Unsicherheit ertappt? Erkennen sie gar Unentschlossenheit? Nein, nein, nein, ich werde es tun, will es tun!

Da hängt sie nun!

Sie durchbricht ihr Schweigen durch ein erschrecktes, kurzes, kräftiges Einatmen, als ich aufstehe und langsam um sie herumgehe. Ein angstvoller und zugleich sehnsuchtsvoller, erlöster Blick bohrt sich in meine Augen. Ich spüre ihre heftigen, ihre sich fast überschlagenden Gedanken:

„Jetzt ist es soweit, jetzt wird er es tun. Ich bin bereit. Ich will es auch. Und doch habe ich Angst, schreckliche Angst. Angst vor dem Neuen, Unbekannten. Angst vor dem, was mit mir, in mir geschehen wird. Angst vor dem Verborgenen, Unsichtbaren, Unwissentlichen in mir. Angst vor Veränderung meines Ichs. Aber ich bin mutig. Ich habe den Mut, diesen Weg zu gehen, ohne das Ankommen zu kennen."

Ich trete hinter sie. Die Verbindung reißt ab. Ihr Atem wird schnell und laut. Ihr Körper ist nass. Die Perlen paaren sich, suchen und finden Verbindung zu anderen Paaren, begeben sich gemeinsam auf den Weg über ihre Haut. Nichtsahnend, was mit dieser Haut noch geschehen wird. Ich betrachte einen Moment lang genussvoll dieses Spiel der glitzernden Bewegung, Bewegung, die durch das zittrige Straffen ihres Körpers noch beschleunigt wird. Ich greife zu ‚meiner' Peitsche …

WOLFGANG D.

Kleine Klammerkunde

Hier geht es um den Umgang mit den diversen Sorten von Gegenständen, mit denen man kleine bis größere Stückchen Haut und Gewebe einklemmen kann.

Ein paar Bemerkungen vorweg

Jede SM-Technik, die mit eindrücklichen, unangenehmen und/oder schmerzhaften Körpersensationen spielt, und sei sie noch so sanft, bewegt sich in Bereichen, in denen die Grenzen von Individuum zu Individuum, von Situation zu Situation unterschiedlich sein können. Was dem einen zur Schmerzgeilheit verhilft, kann für den anderen zum Abbruch der Situation führen, und selbstverständlich umgekehrt. Wie so oft, empfehle ich den Aktiven, erst mal selbst auszuprobieren, wie die unterschiedlichen Spielzeuge wirken. Auch ein scheinbar so einfach zu handhabendes Gerät, wie es eine Klammer ist, kann seine Tücken haben. Wichtigste Regel für alles, was der aktive Part unternimmt, muss sein, dass die oder der Aktive weiß, was er macht. Rumprobieren kann zwar ganz schön sein, führt aber wegen der damit verbundenen Unsicherheit oft nicht zum Ziel. Gute Voraussetzungen für den erwünschten Effekt sind Zeit, genaue Beobachtung des Gegenübers und die Achtung vor der Einzigartigkeit der aktuellen Situation.

Zur Physiologie

Beim Spiel mit Klammern wird auf das eingeklemmte und meist kleine Gewebestück ein – je nach Klammer – unterschiedlicher Druck ausgeübt. Auch kaum gespannte Klammern schaffen es bei kleiner Auflagefläche nach etwa 2 Minuten die Blutzufuhr in dem eingeklemmten Gebiet zu unterbinden. Das führt zu einem tauben Gefühl an dieser Stelle, wobei gleichzeitig der Schmerz in die angrenzenden Bereiche ausstrahlen kann – eine Reaktion der Nerven. Entfernt man die Klammer später, also nach längerer Zeit als den zwei Minuten, kehrt das gestaute Blut schlagartig in das Gewebe zurück, was zu einem Prickeln und Brennen führen kann, der örtliche

Schmerz nimmt noch mal kräftig zu. Wenn die Klammer vorsichtig entfernt wird, keine scharfen Kanten und/oder eine besonders hart gespannte Feder hat, treten keine Schädigungen auf. Natürlich gibt es besonders empfindliche Gewebe, die noch einige Tage schmerzen können (was unter Umständen recht geil sein kann, doch auch entgegengesetzte Reaktionen sind möglich). Einige Klammertypen haben einen Schraubmechanismus, mit dem man den Druck regulieren kann, hier ist Fingerspitzengefühl erforderlich, denn, wenn man zu fest zudreht, kann es in Sonderfällen zu echten Gewebequetschungen mit Zellzerstörung und Narbenbildung führen.
Merke: Je größer die Auflagefläche einer Klammer, desto sicherer ist sie.

Klammertypen

Man kann natürlich in jeden x-beliebigen Sexshop gehen und sich die im Handel erhältlichen **‚Brustwarzenklammern'** je nach Geschmack und Geldbeutel kaufen (20,- bis 100,- € pro Paar), aber gerade in diesem Bereich gibt es einige preiswerte Alternativen.

In fast jedem Haushalt finden sich **Wäscheklammern,** mal aus Buche, und für den, der es bunt mag, aus Plastik (fast nie in schwarz). Die Einsatzmöglichkeiten dieser Klammern sind vielseitig, ich kenne diverse Leute, denen es Vergnügen bereitet, ‚einen ganzen Beutel' auf dem Körper verteilt zu genießen. Manche Aktiven versuchen die Klammern mit einer Reitgerte oder einem Rohrstock abzuschlagen, doch sollten sich nur Leute mit wirklich sicherer Hand daran wagen. Beim Aufsetzen der Wäscheklammern ist darauf zu achten, dass man nicht versehentlich ein bisschen Haut in den hinteren Teil mit einklemmt, das kann gerade an sehr empfindlichen Stellen, wie Penis, Scham oder Brustwarzen fatal sein, weil es sich mies anfühlt. Übrigens, manche Leute haben eine so feste Hautstruktur, dass Klammern nur an wenigen Stellen halten.

Entschärfte Krokodilklemmen kann man sich selbst preiswert herstellen: Krokodilklemmen und Schrumpfschlauch (verringert beim Erhitzen seinen Durchmesser) aus dem Elektronikfachgeschäft, Kettchen zur Verbindung aus dem Baumarkt. Manche Leute benutzen die Krokodilklemmen auch ohne Plastikschutz, doch die scharfen Zähnchen sollten, um einer

Verletzungsgefahr vorzubeugen, wenn nicht umgebogen, doch wenigstens stumpf gefeilt sein.

Im Chemiefachhandel und in Geschäften für Laborbedarf gibt es verschiedene Arten von **Schlauchklemmen**, mit denen sich vorzüglich spielen lässt. Einige dieser Klammern lassen sich auch im Erotik-Fachhandel mit einer deutlichen Gewinnspanne wiederfinden.

Manche **Rock- und Hosenbügel** verfügen über besonders breite, mit Plastik gepolsterte Klammern, die sich durch ihre Rutschfestigkeit (vorher anfeuchten) hervorragend auch für Spiele mit Gewichten eignen.

Auch im Gardinenfachgeschäft findet der Klammerfreund so einiges, und der Haushaltswarenladen bietet preiswerte Klemmen sogar komplett mit Gewichten an (als **Tischdeckenhalter**), wobei die Form der Gewichte vom Zapfen bis zur stilisierten Kirsche reicht. **Achtung, auch diese Klammern haben ziemlich scharfe Zähne:** abfeilen ist hier sinnvoll.

Im Baumarkt findet man noch so einiges, aber hier ist besondere Vorsicht geboten; einige dieser Klammern sind besonders hart, andere sind ziemlich scharfkantig und können zu echten Verletzungen führen.

Wem das alles nicht gefällt oder nicht genug ist, der kann schließlich doch in den Erotikshop an der Ecke gehen, wo man meist auch freundlich beraten wird und die Unterschiede erklärt bekommt.
Hier gibt es die besonders beliebten **Nippelklemmen** (**Schmetterlingsklemmen, Clover-Clamps** oder auch **Ami-Klammern** genannt). Sie sehen aus wie eine Mischung aus einem Herz und einer Acht. Die Auflagefläche ist gummigepolstert (überprüfen, ob die Polster parallel sind), was hohe Rutschfestigkeit garantiert. Außerdem sind die Klammern so konstruiert, dass ein Zug an ihrem Ende die Klammerbacken noch enger zusammenpresst. Manche Leute mögen diese Dinger nicht, weil sie zu medizinisch wirken, manchen ist die Spannung zu groß (man kann die Feder mit einer kleinen Zange etwas entspannen, indem man die Enden zusammenbiegt), doch erfreuen sie sich wegen ihrer Handlichkeit und der Tauglichkeit für Gewichte größter Beliebtheit.

Eine weitere Version sind **filigrane Klammern** aus drei oder vier feinen Drahtfingern, die sich besonders gut um einen Nippel schmiegen. Die Spannung ist durch einen verschiebbaren elastischen Ring variabel zu handhaben.

Hodenquetschen, Brustquetschen und **Schwanzklemmen** sind spezielle Arten von Klammern, die einen ganzen Körperteil einklemmen können. Diese Gerätschaften gehören nur in die Hand von erfahrenen Personen, denn erstens gehört Fingerspitzengefühl dazu und zweitens muss man sich sowohl bei Brüsten als auch bei den männlichen Genitalien über die ge-

sundheitlichen Risiken von Quetschungen in diesem Bereich im Klaren sein. Ähnlich wie bei längerem Abbinden können langfristige Taubheitsgefühle und Schmerzen, Nervenverletzungen und echte Gewebequetschungen die Folge sein.

Noch ein paar Worte zu Gewichten

Natürlich haben die meisten Geschichten gehört, in denen ein Mann mehrere Kilo an seinen Genitalien hängen hatte oder einer Frau die Schamlippen per Gewicht auf die fünffache Länge gedehnt wurden.
Manche Leute stehen darauf, aber man sollte nie einen Wettbewerb daraus machen. Dinge, die in Pornos zu lesen oder zu sehen sind, müssen in der Realität manchmal mit Abstürzen, Gewebeverletzungen oder ähnlich Unangenehmem bezahlt werden.
Ein recht umfassende Auswahl an Klammern und Gewichten gibt es im Shop des Charon Verlags.

Bei all diesen Gerätschaften, die exotisch bis einfach erscheinen, sei nicht vergessen, dass die besten Klammern jedem Aktiven bei der Geburt mitgegeben wurden: seine **Finger.**
Nur mit ihnen kann man den Druck so perfekt dosieren, nur sie spüren genau, was sie anrichten, nur mit ihnen lässt sich der Druck langsam oder in Wellen steigern. Sie sind äußerst benutzerfreundlich, universell einsetzbar, und solange man die Nippel nicht zu stark drehend quetscht (Gefahr von Reizung und Blutung der Drüsenausgänge) und auch mit den Hoden vorsichtig ist, und die Nägel nicht wie Dolche benutzt, ziemlich sichere Werkzeuge.

Von Tabus und Verträgen, Codes und Codewörtern

Jede Spezialkultur hat ihre eigenen Spielregeln, Wortkreationen und Begrifflichkeiten. Viele dieser Begriffe sind in den einzelnen Artikeln erläutert worden, manche sind immer noch unbekannt. Redet man in Domina-Studios von Behandlungen, meint man das gleiche, wie es die nicht kommerzielle Szene unter Spiel oder Session versteht. Wer auf Warten-Lassen in erotischen Zusammenhängen steht, kennt vielleicht den Fachausdruck des ‚Suspense' (Aufschub) noch nicht. Inzwischen kann man natürlich googeln, was ein Wort oder ein Kürzel wie DWT (Damenwäsche-Träger) bedeutet und manche SM-Seiten führen auch ein umfassendes Lexikon von Begriffen. Doch das Benutzen des richtigen Wortes schafft noch nicht die Gefühle der Lust, die es bezeichnet. Und wenn ich weiß, was mir gut tut, ist es eigentlich egal, wie es ‚richtig' heißt.

Der ausführliche, besonders in schwulen Kreisen beliebte Tücher-Code aus unterschiedlich farbigen Tüchern (Hankys) ist mit seinen gut 50 verschiedenen Farben und den diversen Variationen (linke hintere Hosentasche für aktiv, rechte Tasche für passiv, um den Hals getragen als Ausdruck der Switchbereitschaft) kaum zu überschauen. Deswegen sieht man auch meist nur die Standard-Farben Schwarz (Meister/Sklave), Rot (Faustfick aktiv/passiv), Gelb (Urinspiele aktiv/passiv) und Grau (Bondage). Ob es sich um den Schwanzring aus Stahl getragen unter der Schulterklappe der Lederjacke (links für ‚ficken aktiv', rechts für ‚lasse mich ficken') oder um den sogenannten ‚O'-Ring handelt (benannt nach dem gleichnamigen Roman ‚Die Geschichte der O'), ob ich mir ein S für Sado an das Jackenrevers stecke oder ein S wie ‚Sklave' auf den Po brennen lasse, immer handelt es sich um Signale, die dem anderen mitteilen sollen, wie ich drauf bin und was ich suche. Dass diese Signale nur grobe Richtlinien sein können und je nach Situation, Gegenüber und Stimmung unvorhergesehenen Änderungen unterliegen können, ist eine Binsenweisheit. Doch immer noch gibt es Leute, die diese Signale so ernst nehmen, dass sie empört sind, wenn andere diese Zeichen übersehen oder gar missdeuten.

Wir bewegen uns sowohl innerhalb als auch außerhalb einer mehr oder weniger diffusen Szene, die es in dieser Form erst seit gut einem Vierteljahrhundert gibt. Unsere Chance ist herumprobieren zu können, ohne uns definitiv auf starre Spielregeln festlegen zu müssen oder zu wollen, wie sie die normale, bürgerliche Gesellschaft für alle bereitzuhalten vorgibt. Dies ist eine Chance, die wir nutzen können, oder wir ziehen uns zurück auf das vermeintlich sichere Terrain festgelegter Spielregeln (‚SM ist eine todernste Sache …' oder „So steht es doch im schwarzen Buch").

Erst mal ist alles erlaubt, solange man sich an die Basisregeln hält: Sicher, einvernehmlich und der Psyche der jeweiligen Mitspieler zuträglich.

Doch wie es Regeln mal mehr, mal weniger ausgeprägt gibt, muss es auch Türchen geben, durch die man die Bühne verlassen kann.

In einer Szene, in der ein ‚Nein, bitte das nicht' genauso gut gespielt wie ernst gemeint sein kann, sind Codewörter und verständliche Stoppsignale unentbehrlich. Es gibt diese Zeichen in den unterschiedlichsten Funktionen. Einige meinen, ein Codewort hätte Bestandteil der SM-Inszenierung zu sein und bevorzugen ‚Gnade' oder ‚Erbarmen', andere halten es für unabdingbar, dass das Codezeichen sich deutlich von der Inszenierung abgrenzt und benutzen den wirklichen Namen, statt des ‚Herrin' oder ‚Master', geben mit ‚grün, gelb, rot' deutliche Signale, wie es weitergehen kann (‚mach weiter', ‚Vorsicht, bitte langsam oder weniger stark weitermachen', ‚sofort aufhören, wir müssen reden'). Andere finden Codewörter unnötig, weil sie als Ausdruck von Misstrauen dem Aktiven gegenüber empfunden werden, und die nächsten einigen sich auf ein nationales Codewort (Mayday), welches sich ‚auch geknebelt noch aussprechen lässt' (Zitat Protokoll der Sprecherkonferenz der deutschen SM-Gruppen). Ob es das Glöckchen in der Hand des Gefesselten und Geknebelten ist (was dieser fallen lassen kann, wenn es zu viel wird), oder das Zählen nur der ‚richtigen' Schläge, es geht immer darum, dem Passiven, dem Devoten eine Möglichkeit zu geben, den direkten Kontakt zum Aktiven, ob nun außerhalb oder innerhalb seiner Rolle, zu halten. Das sollte aber nicht dazu führen, dass der Aktive glaubt, auf Mimik, Atmung, Gesten des Passiven nicht mehr achten zu müssen.

Doch es kann ein ganz besonderer Ausdruck der Freiheit sein, wenn der Passive ein Stoppwort vereinbart hat und nun weiß, dass er bis zu diesem Wort alles machen kann, wonach ihm ist, Schreien, Verhandeln, Weinen etc.

Es ist kein Ausdruck von wahrer Meisterschaft, wenn man auf Codewörter verzichtet, und kein Ausdruck von Misstrauen, wenn man auf die verbindliche Einhaltung von Codewörtern beharrt. Das Wissen darum, dass es ein Codewort gibt, gibt einem eine viel freiere Hand, solange man sich darauf verlassen kann, dass der Passive sein Codewort auch benutzt. Darüber hinaus gibt es einige Menschen, die in bestimmten Situationen die Fähigkeit zu einem ‚Stopp' verlieren, tief in ihren Subspace abtauchen, oder von alten oder neuen Erfahrungen/Traumata überfordert werden und handlungsunfähig werden, etwa ‚einfrieren'. Auf sie muss noch aufmerksamer geachtet werden, häufig gehen die Spieler in einen engen Bestätigungs-Rapport, wo beispielsweise, der/die Passive, wenn nach der Hand gegriffen wird, zweimal kurz die Hand des Aktiven presst, um zu zeigen: Ich bin da. Bleibt die Reaktion aus, fragt man im direkten Kontakt nach. Wer mit einem ‚Nein' Schwierigkeiten hat, sollte, um sich und den Aktiven zu schützen, vorher darüber reden.
Natürlich kann auch ein Top ein Codewort benutzen oder eine Szene unter- oder abbrechen, wenn er oder sie sich beispielweise emotional nicht mehr sicher fühlt oder ein gesundheitliches Problem auftritt.
Ein anderes Gebiet sind Tabus.
Das ist nicht im ethnologischen Sinn gemeint, sondern beschreibt eine bestimmte Art von Grenzen, die ohne vorherige Erlaubnis des Passiven nicht überschritten werden dürfen. Der Begriff der Grenze wird bei SM-Leuten sehr unterschiedlich genutzt: Grenzen, die absolut tabu sind (hard limits); Grenzen, über die es hinaus gehen kann oder soll; Grenzen, die erweitert werden wie Horizonte, objektive Grenzen, die in uns selbst liegen (z. B. länger als 60 Sekunden die Luft anhalten, geht meistens nicht).

Körpergrenzen

Abdriften in Trance (besonders bei sehr ruhigen Aktionen) kann wunderbar, aber auch angstbesetzt sein. Bei zu großem Schmerz kann es zu einem ‚Hinaustreten' aus der Person kommen.

Psychogrenzen

Die Re-Inszenierung traumatischer Situationen, das Hochschwemmen verdrängter Erfahrungen, kann zu Panik/Wut/Trauerreaktionen führen. Bestimmte Handlungen können zwar ursprünglich gewollt, aber dennoch nicht aushaltbar sein (das führt meist zu einem Abbruch der Session und einem Nachbereitungsgespräch mit Kuscheln und Klärung).

Allgemein sollte gelten

Die Grenze wird meist von dem Empfangenden festgelegt, wobei auch der Aktive für sich eine Grenze artikulieren muss (Dieses mache ich mit dir, aber wenn du jenes willst, dann mache ich das nicht).

Gleichzeitig spielt neben dem individuellen Aspekt natürlich auch der gesellschaftliche mit hinein: moralische Grenzen, psychotherapeutische Bewertungen, Menschenbild, Sünde (‚Ich tue Dinge, die verboten sind' kann einen nicht unerheblichen Reiz ausmachen).

Natürlich sind Tabus und Grenzen keine feststehenden, ewigen Tatsachen. Manche SM-Leute tasten sich vorsichtig von Grenze zu Grenze, balancieren quasi auf dem Stacheldraht des Grenzzauns, andere probieren aus, ob sie nicht vielleicht doch mit ihrem Tabu brechen können. Doch setzt dieses Austesten eine besonders gelungene Kommunikation zwischen den Partnern voraus, damit nicht aus der Grenzverletzung eine persönliche Krise, aus dem Tabubruch ein Psychiatriefall wird.

Manche meinen, all diesen Problemen könne man durch schriftlich abgefasste Verträge entkommen, aber so einfach ist das natürlich nicht, denn die Verträge sind auch ein Teil der Inszenierung.

Damit soll nicht gesagt sein, dass SM-Verträge belanglos sind, ganz im Gegenteil. Sie eignen sich nur nicht zur Lösung oder Vermeidung menschlicher Konflikte, die sich nur auf einer Auseinandersetzungsebene unter Gleichberechtigten zur Zufriedenheit beider Seiten lösen lassen. Eine SM-Session ist eben keine Alternative zu einem klärenden Gespräch auf Augenhöhe zwischen Menschen, – und auch ein Sklave, eine Sklavin bleibt ein Mensch mit Anspruch auf Respekt, Achtung, Zuneigung und Ehrlichkeit.

Innerhalb der Szene werden unterschiedliche Verträge abgeschlossen, da geht es vom Patronatsvertrag über den zweizeiligen Übereignungsvertrag bis hin zu dem mehrseitigen, auch die kleinsten Details regelnden Sklavenvertrag.

Patronat bedeutet Schutzherrschaft, es geht hier meist darum, dass jemand sich verantwortlich fühlt für das „unmündige Wesen" oder den „Neuling", welches er unter Patronat nimmt. Er oder sie entscheidet, wer für dieses Wesen ein guter Herr, eine gute Herrin wäre, Ausleihmodalitäten und Tabus werden geregelt. Diese Verträge bewähren sich innerhalb von SM-Kontakten, in denen klar ist, dass es zwischen den beiden Partnern nicht um Liebe, sondern hauptsächlich um das Spiel geht.

‚Hiermit übergebe ich mich im Vollbesitz meiner geistigen und seelischen Kräfte mit Körper, Geist und Seele meinem Herrn/meiner Herrin.' Die Unterschrift wird meist mit dem Blut des Übergebenden besiegelt. Hier handelt es sich um die Kurzversion eines Sklavenvertrages, aber der individuellen Freude am Ausformulieren sind keine Grenzen gesetzt. Natürlich gehört in einen derartigen Vertrag nicht, dass der Herr immer Reitstiefel zu tragen oder die Herrin immer im Pelz zu erscheinen habe, sondern es geht hier in erster Linie um die Pflichten und Verhaltensmaßregeln, die für die Sklavin/den Sklaven gelten. Manche Verträge legen gleich das Strafmaß für bestimmte Verfehlungen fest, andere regeln den gesamten Alltag, das Sexualleben oder nur die Art und Weise, wie sich der Sklave seiner Herrin gegenüber zu verhalten hat.
Manche Paare schließen auch Verträge auf Gegenseitigkeit ab, die von beiden Seiten unterschrieben werden. Hier geht es z. B. um die Pflichten des Passiven und die Verantwortlichkeiten des Aktiven. Hauptgrund für derartige Verträge scheint zu sein, dass das Besondere einer derart intensiven Beziehung auch in schriftliche Form gegossen wird, als weiteres sichtbares Zeichen wie z. B. das Halsband oder der abschließbare Halsreif, der Piercing-Ring oder die Brandmarkung. Vertragsabschlüsse bieten einen guten Anlass für eine besonders ausgefeilte Zeremonie, eine spezielle Inszenierung.
Natürlich sind derartige Verträge nicht justiziabel, denn sie verstoßen gegen das, was der Gesetzgeber ‚die guten Sitten' nennt. Das heißt, es gibt keine vor Gericht einklagbare Forderung aus einem Sklavenvertrag. Doch natürlich gibt es die eigene Moral, das eigene Gefühl für Ehre, das jemanden zwingen kann, auch dann noch in einem Vertrag zu bleiben, wenn sich die Vertragsgrundlagen geändert haben, oder sich der Herr als Würstchen, die Herrin als verantwortungslos erwiesen hat. Über die ‚moralische Verworfenheit', einen derartigen Vertrag zu brechen, muss jeder selbst befinden. Naturgemäß wird derjenige am meisten darüber lamentieren, der den Vertrag nicht aufgelöst hat, aber dafür am meisten zu seiner vorzeitigen Beendigung beigetragen hat.

Rollenspiele

„Ja, Herr“, hauchte sie und senkte demütig das Haupt.
Oder: „Küss‘ mir den Stiefel, Sklave“, herrschte sie ihn an.
Das Benutzen von Wörtern wie Herrin oder Sir, Sklave, Zofe oder Dienerin oder Haustier ist meist Teil eines mehr oder weniger ausgefeilten Rollenspiels. Die Akteure sollten sich im Alltag als gleichwertige Partner gegenüberstehen, da nur der einvernehmlich handeln kann, der die Möglichkeit hat, sich verantwortlich zu verhalten. Denn laut Definition in der SM-Szene unterscheidet sich SM von realer Gewalt gerade durch seinen einvernehmlichen Charakter.
Nun gibt es diverse Phantasieszenarien, die das Bedürfnis wecken, sie nachzuspielen, sie nachzuerleben. Und hier gibt es dann meist ausgeprägt hierarchische Strukturen. Angefangen mit der gespielten Vergewaltigung bis hin zu den ausgefeiltesten viktorianischen oder römischen Szenarios.
Ob und wie weit ein Rollenspiel zur Stimulation benutzt werden kann, hängt von dem jeweiligen Charakter der Akteure ab, und natürlich davon, ob die Settings der Mitspieler zueinander passen. Manchen SM-Leuten ist dieses Gebiet völlig fremd und andere erleben ihren Hauptreiz in erster Linie durch die Phantasie, sie seien hilflose Opfer eines gewalttätigen Tyrannen oder einer allmächtigen Amazonen-Königin oder sie seien Mitglieder einer paramilitärischen Gruppe mit einer Spezialausbildung in Verhörtechniken oder sie seien ein Haustier oder Pony.
Manche, häufig Rollenspielen kritisch gegenüber stehende, SM-Leute stellen hier die Frage, ob das tiefe Bedürfnis nach einer bestimmten Rolle noch genug Raum lässt für die reale Persönlichkeit der Spielenden. Doch darauf gibt es nur individuelle Antworten, denn manchem geht es ja gerade darum, ganz aus seiner Alltagsrolle auszusteigen.
Auch wenn es so sein mag, dass es in manchen Rollenspielen nicht mehr um Lieschen Müller und Fritzchen Meier geht, sondern um Sir F. und seine Sklavin Lisa, heißt das noch lange nicht, dass daran etwas auszusetzen wäre, solange beide diese Rollen genießen.

Dass manche Dominante sich nur als Erfüllungsgehilfen missbraucht fühlen und manche Passive denken, der meint nur meinen Arsch und nicht mich, hat eher etwas mit der alltäglichen Beziehung der Spieler zu tun, als mit ihrem Spiel. Probleme während des Spiels sind meist Symptome für ungeklärte Beziehungen und nicht umgekehrt.

Zentraler Punkt bei allen Rollenspielen ist die Einigung auf ein gemeinsames Setting. Sich an die Verwirklichung dieser Phantasien heranzuwagen, braucht erstmal viel Vorschuss-Vertrauen dem potentiellen Partner gegenüber, denn ganz sicher kann sich niemand sein, dass dieser nicht vielleicht gerade diese Phantasie lächerlich oder ‚politisch unkorrekt' findet. Diese Befürchtungen entstehen teilweise schon im eigenen Kopf, typisches Beispiel: eine frauenbewegte Frau, die vielleicht sogar selbst schon mal Opfer einer Vergewaltigung geworden ist und nun gerne innerhalb einer SM-Situation zum Sex gezwungen werden möchte. Hier wird es schnell problematisch, weil unsere Kopfzensur oft sehr viel rigider ist, als es uns gut tut. Und eine Phantasie mit schlechtem Gewissen auszuleben, hat noch niemandem besonders gut getan.
Eine gelungene Inszenierung entsteht nur dann, wenn sich die Phantasien beider Partner wenigstens teilweise überschneiden, wobei es auch möglich ist, sich auf eine fremde Phantasie einzulassen, zum Erfüllungsgehilfen zu werden und aus der Stimulanz des anderen seinen eigenen erotischen Kick zu ziehen. Was beide gleichermaßen erregt, muss eigentlich in Ordnung sein. Dem anderen seine eigenen Phantasien aufzuzwingen oder aufzuschwatzen, geht meistens schief, es sei denn, man bezahlt jemanden dafür.
„Wenn ich merke, dass du es wirklich willst, und dann deine Geilheit spüre, kann ich mich auf fast alles einlassen", hat mir mal eine Frau gesagt. Und ‚wirklich wollen' heißt hier nicht erzwingen, sondern aus der eigenen Lust heraus zu handeln, wenn die Sicherheit aus dem Bauch kommt.
Merke:
Je ausgefeilter und detaillierter die Phantasien sind, desto schwieriger ist es, einen adäquaten Partner zu finden, der sie mit einem teilen kann. Deswegen kann es sinnvoll sein, sein Gegenüber nicht gleich mit einer ausführlichen Schilderung seiner Phantasie zu überfallen, sondern eher eine abstrakte Beschreibung seiner Vorstellungen zu liefern. Das lässt auch der Kreativität des anderen ihren Raum.

Neben den Standardszenarios von Herrin und Sklave etc. gibt es natürlich alle möglichen Spiele bis hin zu denen aus dem Giftschrank: der Söldnersoldat und die moslemische Frau, die SS-Ärztin und das jüdische Versuchsobjekt, Daddy und die ungehorsame Tochter.
Die große Nähe zur realen Gewalt, die fehlende Möglichkeit, sich zu distanzieren, und unser hoffentlich vorhandenes Geschichtsbewusstsein sollten jeden, der mit diesen Phantasien spielt, zu besonderem Fingerspitzengefühl veranlassen. Was dem einen – zu Recht – gruselig bis untragbar erscheint, kann aus einer kritischen Distanz heraus vielleicht doch unbeschadet ausgelebt werden. (Gerade Spiele, in denen es um die SS geht oder in denen Nazi-Insignien eine Rolle spielen, sind in England, den USA und sogar Israel scheinbar relativ unbefangen möglich, wohl weil dort nicht die Nachkommen der Täter, sondern die der Opfer leben.)
Natürlich ließe sich aufrechnen, dass auch das Spiel von Herrin und Sklave oder Hexe und Inquisitor in der Realität Bezüge hat, die ähnlich gruselig sind, doch eine weitergehende Diskussion dieser Frage würde die Möglichkeiten eines SM-Handbuchs sprengen.

Neben der Einigung auf eine gemeinsame Phantasie sind auch die entsprechenden Requisiten von Bedeutung. Auch hier gibt es natürlich Unterschiede. Bei der einen reicht die Vorstellung im Kopf, der andere muss ein mittelalterliches Verlies möglichst originalgetreu nachbauen. Aber auch kleine Veränderungen in alltäglichen Räumen können eine Atmosphäre schaffen, die ein leichteres Hineintauchen in die Phantasiewelt des Rollenspiels ermöglicht: sei es das schwarze Laken auf dem Bett, das viktorianische Korsett oder einfach nur eine bestimmte Musik.
Wie lange ein Rollenspiel gehen soll, hängt ganz von der Einigung zwischen den Beteiligten ab, wichtig ist immer ein klarer Anfang und ein deutlich definiertes Ende, damit die Rollenspieler sich hinterher wieder in ihrem mehr oder weniger normalen Alltag zurechtfinden.
Sicher gibt es einige SM-Leute, die den Begriff ‚Rollenspiel' für unpassend halten und für die ohnehin nur eine 25-Stunden-täglich-und-8-Tage-die-Woche-SM-Beziehung vorstellbar ist, doch auch hier gab es irgendwann vorher einen Verhandlungszeitraum, einen klaren Beginn und spätestens die Trennung ist das deutliche Ende.

Demütigung

Ein besonderer Aspekt des SM-Rollenspiels kann die Demütigung sein. Jemand reduziert eine Person auf etwas kleineres, niedrigeres, schmutziges, zu einem Sklaven, einem Körperteil, einem Ding oder zu einem Tier.

Demütigung und Erniedrigung gelten als das psychische Äquivalent zu körperlichen Schmerzen, doch sind ihre Wirkungen, da sie emotional unter die Haut gehen, mit bloßem Auge nicht quantifizierbar. Auch hier kann es kritisch werden, weil viele SM-Leute (so wie andere Menschen auch) in ihrer Biographie reichlich Erfahrungen mit realer psychischer Verletzung gemacht haben. Sobald man jemanden als ‚Schwanz' oder ‚Möse' anredet oder ihn einfach nur als Loch behandelt, kann dies für einige SM-Leute der eigentliche Kick sein, andere würden es einfach daneben und lächerlich finden und bei einer dritten Gruppe würde es zu ernsthaften Verletzungen ihres psychischen Wohlbefindens führen.
Schmerzen sind für viele leichter zu ertragen, als der Versuch, sie - wenn auch nur situativ - ihrer Würde zu berauben.

Besonders schwierig wird es für einige, wenn man sie nicht mit Gewalt zur Unterwerfung zwingt, sondern sie in eine freiwillige Selbstaufgabe lockt und damit sehr viel offensichtlicher zum Komplizen der eigenen Demütigung macht.
Auch das Spiel mit der Verachtung („Na, du schmutziges Ferkel, bist du schon wieder geil?") gehört in diesen Zusammenhang.

Probleme gibt es meist erst nach der Session, wenn plötzlich einer der Akteure die Verachtung in die Alltagsrealität mit hineinnimmt, sei es, dass plötzlich Selbstverachtung und Ekel hochschwappen, sei es, dass der Passive nicht mehr weiß, ob die eben noch gespielte Verachtung nicht doch ihre Spuren im Alltag hinterlässt, oder der Aktive Schwierigkeiten bekommt, die ‚kleine Sau' auch weiterhin als Geliebte(n) zu akzeptieren.

Spiele, die sich hauptsächlich auf der psychischen Schiene bewegen, können Narben hinterlassen, die anders als Striemen nicht nach ein bis zwei Wochen verschwunden sind. Gerade deswegen finden es manche SM-Leute ungefährlicher, diese Spiele eben nicht mit dem Lebensgefährten zu spielen, sondern sich einen Partner zu suchen, zu dem sie genügend Distanz haben. Hierbei jedoch besteht die Gefahr, bei einem möglichen emotionalen Absturz oder dem Aufbrechen alter Verletzungen keine ausreichende Möglichkeit zur Aufarbeitung dieser Erfahrung zu haben; man kann mit einem Fremden eben doch nicht so gut reden, wie mit jemand Vertrautem. Doch gerade weil Demütigung, Verachtung, Erniedrigung und Entwürdigung so tief gehen können, kann der hierdurch ausgelöste sexuelle Kick besonders intensiv sein. Deswegen sind klare Absprachen vorher, deutliche Signale währenddessen und ein definiertes Ende das A und O einer safen (emotional sicheren), befriedigenden Situation.

Spiele auf dieser Ebene haben den Vorteil, meist ganz ohne Requisiten auskommen zu können. Neben der verbalen Ebene gibt es natürlich auch eine direkte körperliche Schiene der Demütigung, sei es, dass Schläge auf bestimmte Art verabreicht (z. B. wie ein unartiges Kind über das Knie gelegt) oder auf einen speziellen Körperteil (z. B. Ohrfeigen), was beim Empfangenden das Gefühl der Erniedrigung auslöst, oder dass bestimmte Kleidungsstücke (es muss ja nicht immer gleich die Narrenkappe sein), Körperhaltungen (z. B. das Anbieten in einer Haltung ständiger Verfügbarkeit) oder Tätigkeiten (z. B. nackt den Küchenboden putzen) diesen Zweck erfüllen.

Drei grundlegende Tipps am Ende

Jemandem, von dem ich mich nicht fesseln lassen würde, würde ich es erst recht nicht gestatten, mich psychisch zu malträtieren.

Nur von jemandem, der mich als Person achtet, kann ich erwarten, dass er mich im Falle eines Absturzes auffängt.

Niemand sollte traurig sein, dass trotz genauester Regieanweisungen nicht der ersehnte Kick zustande gekommen ist, denn es gibt eine ganze Menge Phantasien, die eben nur in der Phantasie funktionieren.

Der Entschluss

Der junge Mann, der in aller Frühe das Haus verließ, um zur Arbeit zu fahren, erweckte bei genauerem Hinsehen den Eindruck einer nur mühsam verborgenen Nervosität. Behutsam setzte er einen Fuß vor den anderen, gerade so, als hätte er eben erst die Fähigkeit erworben, die Welt mit Hilfe des Gehens zu erschließen. Seine äußere Erscheinung gab jedoch keinen Anlass zu der Vermutung, es handele sich bei ihm um einen Spätentwickler in Sachen körperlicher Motorik. Im Gewühl der Menge, die wie er ins Büro, ins Geschäft oder in die Fabrik strömte, war er sicherlich niemandem als ungewöhnlich aufgefallen. Und doch verrieten seine Augen eine spürbare Unruhe. Unzählige Male suchten sie den Kontakt mit den Blicken entgegenkommender Passanten, nur um ihn gleich darauf wieder hastig abzubrechen. Jeder Schritt, der ihn weiter in diesen neuen, für ihn so bedeutsam neuen Tag hineinführte, war gleichermaßen von Zaghaftigkeit und bebendem Tatendrang erfüllt.

Früher als sonst war er aufgebrochen, um die Straßenbahn zu erreichen, die ihn zu seinem Arbeitsplatz bringen würde. Er wollte genügend Zeit haben, um sich den neuen Gegebenheiten anpassen zu können, die sein Leben fortan in prägender Weise bestimmen sollten. Doch trotz der unleugbaren Veränderungen, die sich seiner bemächtigt hatten, benötigte er für seinen Weg kaum mehr Zeit als üblich. Gleichwohl schien ihm die Haltestelle und erst recht sein Büro mindestens doppelt so weit entfernt wie in den Wochen und Monaten zuvor.

Zum wiederholten Male stellte er sich die Frage, ob es richtig gewesen war, sich darauf einzulassen. Und wie jedes Mal stand die Antwort bereits fest, als er sich diese Frage stellte. Zu lange hatte er darüber nachgedacht, als dass sein Entschluss umzukehren wäre. Aber Bequemlichkeit schien ihm hier, wenn überhaupt, allenfalls zweitrangig. Zwar schätzte er eine gewisse Behaglichkeit und vermied es, sein Leben unnötig zu erschweren. Aber in diesem Fall lagen die Dinge anders. Es ging nicht darum, ob es einfacher war oder bequemer, maßgeblich für seine Entscheidung war das Bewusstsein, einen Weg einschlagen zu müssen, der es ihm ermöglichen würde, sich Gefühlen zu öffnen, die ihn in tiefster Seele beherrschten und in der zurückliegenden Zeit immer deutlicher nach Verwirklichung verlangten. Mit unendlicher Dankbarkeit wurde ihm wieder einmal bewusst, wie gut es die Welt mit ihm gemeint hatte, als er vor gut zwei Jahren die Frau kennengelernt hatte, die es ihm überhaupt erst möglich machte, dem Drängen nahezu bedingungslos nachzugeben, welches zeitweise sein ganzes Denken beherrschte. Seine Freundin war das Pendant, nach dem er all die Jahre gesucht hatte.

Sie war einerseits die Frau, bei der er bereit war, sich auf eine lange, vielleicht sogar endgültige Zweisamkeit einzulassen, andererseits war auch sie von dem Verlangen erfüllt, einen Mann an ihrer Seite zu wissen, der die Kraft besaß, ihre Wünsche mit großer Hingabe zu befriedigen. Auch wenn es dank einschlägiger Treffs, Feten und Magazine kein Problem darstellte, einen Mann zu finden, der sich ihren Phantasien mit Freude öffnen würde, so hatte es sich doch als schwierig erwiesen, wenn nicht gar aussichtslos, mit einem solchen Mann gleichzeitig einen Menschen zu haben, der ihr im Alltag zwischen Beruf, Haushalt, Urlaub und Krankheit ein angenehmer und zuverlässiger Partner war. Die Versuchung war stets groß gewesen, nur auf die Qualitäten zu achten, die die dunkle Höhle ihrer Weiblichkeit mit begehrender Nässe erfüllten. Immer wieder war sie auf ansehnliche Vertreter maskuliner Physis gestoßen und hatte manch aufregenden Abend mit ihnen erlebt. Irgendwann aber hatte sie mehr gewollt. Und sie beschloss, einen Mann zu suchen, der ihre Forderungen vor allem deshalb erfüllte, weil sie es war, die sie erhob. Und der sie auch noch dann mochte, wenn sie mal keine Zeit oder Lust hatte, in die geliebte Welt des Bizarren einzutauchen.

Nachdem sich der junge Mann und die junge Frau auf einer Geburtstagsfeier das erste Mal begegnet waren, hatte es nur eine recht kurze Zeit gedauert, bis sie sich soweit erkundet hatten, dass sie wussten, was sie aneinander hatten. Und fortan pflegten sie ihre Entdeckung mit großer Achtsamkeit.

Schon bald wusste jeder, was er vom anderen erwarten konnte, ohne ihn zu überfordern. Jeder Monat ihres gemeinsamen Seins brachte sie ihrem Ziel näher, beide Welten miteinander zu verbinden; Alltag und Verlangen in eine Relation zueinander zu setzen, in der die Grenzen zwischen beiden nach und nach verwischten. Der junge Mann und die junge Frau erweckten bei ihren Freunden und Bekannten stets den Eindruck eines frisch verliebten Pärchens, das sich auf Wolke Sieben befindet. Im Geheimen amüsierten sich der junge Mann und die junge Frau dann, dass keiner der Freunde ahnte, dass das Glück, das in ihren Augen zu lesen war, nicht nur auf gemeinsamen Hobbys oder dem gleichen Musikgeschmack beruhte, sondern auch und vielmehr darauf, dass der junge Mann bereit war, sich den bizarren Wünschen der jungen Frau lustvoll hinzugeben, während sie gleichzeitig höchsten Genuss und tiefste Befriedigung empfand, ihm, und nur ihm die ausgefallensten Aufgaben zu erteilen. Niemals wäre sie auf die Idee gekommen, von einem anderen Mann zu verlangen, dass er während eines Besuches bei ihren Eltern ein sehr streng geschnürtes ledernes Korsett unter seinem Pulli trug, das ihm fast verbot, sich ohne fremde Hilfe zu setzen oder aufzustehen. Und niemals hätte er einer Frau gestattet, ihm vor dem Genuss eines Theaterstückes ein eindeutiges Halsband umzulegen, was kaum verhohlene Blicke Dritter zur Folge hatte. Im phantasievollen und ausgiebigen Gebrauch von Leder, Stahl und Fesseln offenbarte sich das ganze Ausmaß ihrer Zuneigung, ohne dass diese Dinge jemals zum Ersatz ihrer Liebe geraten wären.

Bis zum Morgen, an dem der junge Mann mit leicht unsicheren Schritten aus dem Haus ging, waren die Spiele, die er mit der jungen Frau gemacht hatte, stets vorübergehend gewesen. Meist dauerten sie einen Abend, manchmal ein Wochenende und nie länger als eine Woche. Besonders gern zwängte die junge Frau Knebel der unterschiedlichsten Form und Größe in den weit geöffneten Mund des jungen Mannes. Sie genoss den Ausdruck seiner Augen, wenn sie ihn daraufhin mit ihren Händen und Lippen zum Bersten brachte. Der Gummiball in seinem Rachen machte es ihm unmöglich, den Höhepunkt seiner Lust herauszuschreien, wie er es sonst tat, wenn er sich in die junge Frau ergoss. Es bereitete ihr maßloses Vergnügen, das Verlangen, das ihn durchdrang, bis ins Schmerzhafte zu

steigern. In der Regel tat sie das, indem sie ihn bewegungslos verpackte und ihn dann bis zu drei Stunden immer wieder nach allen Regeln der Kunst erregte und seinen steifen Schwanz fast bis zur Explosion trieb. Aber nur fast. Jedes Mal ließ sie kurz vorher von ihm ab und vertröstete ihn auf später. Sie wusste, dass das Begehren, das ihn bei diesem Vorgehen erfüllte, einen solchen Druck in seinen Hoden hervorrief, dass es ihm buchstäblich wehtat. Aber das Wissen darum, dass sie ihm, wie lange sie ihn auch stehen ließ, am Ende immer gestattete seinen Samen zu verströmen, dieses Wissen ermöglichte es ihm, die süße Qual zu ertragen und ihr ein hohes Maß an Genuss und Befriedigung abzugewinnen.

Einmal hatte die junge Frau seine Geilheit dermaßen gesteigert, dass er vor Lust sogar angefangen hatte zu heulen. Sie war mit ihm in den Laden gegangen, der ihnen immer all die Spielsachen verkaufte, die ihren Sex so aufregend verfeinerten. Ganz ungeniert sagte sie zu der Verkäuferin, die sie inzwischen einigermaßen gut kannten, dass sie für ihn einen Keuschheitsgürtel suchte, der jeglichen Kontakt mit seiner pochenden Männlichkeit definitiv verhindern würde. Er war puterrot geworden und wäre vor Scham bald im Erdboden versunken, als die beiden Frauen sich daraufhin die verschiedenen Modelle ansahen und lauthals erörterten, wie seine Rute am besten verschlossen werden konnte. Er hatte ihr angesehen, welche Lust es ihr bereitete, ihr beider Exhibitionismus auf diese Weise zur Darstellung zu bringen. Schließlich hatten sie ein passendes Exemplar gefunden, ganz aus schwarzem, festem Leder, das ihr gestattete, ihn abzuschließen, ihm aber dennoch die Möglichkeit offen ließ, jederzeit zur Toilette zu gehen. Trotz aller Scham überkam ihn ein Gefühl wollüstiger Vorfreude bei dem Gedanken, dass sie ihm diesen Gürtel heute Abend anlegen würde.

Er war noch damit beschäftigt, sich die Einzelheiten dieser Prozedur vorzustellen, als er plötzlich glaubte, seinen Ohren nicht zu trauen. Die junge Frau hatte ihm soeben geboten, sich zu entkleiden, damit ihm die Verkäuferin mit geübten Griffen das Leder umschnallen und es danach verschließen konnte. Er hatte sie ungläubig angesehen und wollte schon zum Protest ansetzen, als er ihres Blickes gewahr wurde. In ihm begegnete er einer Mischung aus bittender Zuneigung und fordernder Unbedingtheit, die beide keinerlei Widerrede zuließen. Mit klopfendem Herzen und, was ihm besonders peinlich war, steif erigiertem Glied fügte er sich in sein Schicksal. Nach einigem Probieren, das ihm wie eine Ewigkeit erschien, saß der Gürtel perfekt. Die harte Umhüllung, unter der sich sein Penis nun verbarg, umgab ihn tatsächlich derart, dass keine Berührung, auch keine indirekte über das Leder, möglich war. Er hörte, wie die junge Frau das Schloss in seinem Rücken verriegelte und den Schlüssel abzog. In dem Glauben, es überstanden zu haben, atmete der junge Mann tief durch und hoffte, dass sie das Geschäft nun endlich verlassen konnten. Aber die junge Frau bedeutete ihm, dass sie noch nicht ganz fertig war. Sie hielt den Schlüssel zwischen ihren Fingern und sah den jungen Mann schweigend an. Ein amüsiertes Lächeln umspielte ihre Mundwinkel, als sie den Schlüssel der Verkäuferin in die Hand drückte und ihr sagte, dass er ihn sich in einer Woche hier wieder abholen könne, wenn er wollte. Andernfalls würde er das Gefängnis noch länger mit sich herumtragen müssen. Ungläubig sah der junge Mann die junge Frau an und stellte sich die peinliche Situation vor, wenn er in sieben Tagen diese ihm letztendlich doch fremde Frau bitten musste, sein Allerheiligstes in die Freiheit zu entlassen. Bis zu diesem Moment aber sollte noch sehr viel Zeit vergehen. Zeit, die die junge Frau ausgiebig nutzte, um die Lust und die Geilheit des jungen Mannes beständig zu steigern. Sie trug Schaftstiefel aus schwarzem Lack, mit einem kurzen Rock aus dem gleichen Material, das er so mochte; sie fesselte ihn jeden Tag an das gemeinsame Bett aus Stahlrohr, um danach vor seinen Augen hingebungsvoll zu masturbieren; sie ließ ihn zuschauen, wenn ihr Wasser in die Schüssel strömte, und sie liebkoste seinen ganzen Körper so intensiv wie nie. Nachdem die Woche vorüber war, und der junge Mann nichts so sehr herbeisehnte, wie die stoßende Vereinigung mit der jungen Frau, sagte sie ihm, dass ihn bald etwas erwarten würde, gegen das die letzten sieben Tage nur ein schnelles Augenzwinkern waren. Doch dem jungen Mann war es in diesem Augenblick völlig gleichgültig, was die junge Frau damit meinte. Die Hauptsache war, dass er von diesem Gürtel befreit würde und seine mittlerweile unerträgliche Erregung Befriedigung fand.

Drei Wochen, nachdem die Verkäuferin ihn mit vielsagendem Blick entriegelt und er seine Lust mit der Begierde der jungen Frau zu einem gewaltigen Orgasmus vereint hatte, fragte sie ihn, ob er sich daran erinnere, was sie ihm kürzlich gesagt hatte. Tatsächlich hatte er es vergessen, und so wiederholte sie es. Dass sie wollte, dass er etwas geschehen ließ, das ihn nicht nur einen Abend, ein Wochenende oder sieben Tage in Anspruch nehmen würde, sondern länger, viel länger. Der junge Mann konnte sich nicht vorstellen, was die junge Frau damit meinen könnte und sah sie fragend an. Sie nahm sich eine neue Flasche Bier, lehnte sich zurück und erklärte leise, aber bestimmt, was ihn erwartete. Sie erklärte ihm, wie es angebracht würde und dass er es prinzipiell immer tragen würde und nur in wenigen Ausnahmefällen davon befreit würde. Schweigend hörte er zu und dachte über ihren Wunsch bzw. ihre Forderung nach. Er wusste, dass seine Antwort vom ersten Augenblick feststand. Zu sehr waren sie eins geworden, als dass sie sich etwas Derartiges verweigert hätten. Beiden war es vollkommen klar, dass es so kommen musste; dass sie es wollten, dass es so kam.

Und so kniete sich der junge Mann auf den Teppich, legte seinen Oberkörper auf das Bett und spreizte die Beine. Die junge Frau nahm den stählernen Ring, dessen Wand so dick war wie ihr kleiner Finger und fast die Höhe eines Streichholzes besaß und verschraubte dessen zwei Hälften direkt über seinen Murmeln. Der Ring lastete mit deutlich spürbarem Druck auf den Hoden des Mannes und schwang mit ihnen leicht hin und her. Ohne das Säckchen einzuschnüren, saß der Ring doch so eng, dass er nicht entfernt werden konnte, ohne einen Schraubenzieher zu Hilfe zu nehmen, was die junge Frau aber nicht so ohne weiteres gestatten würde und was ihm darüber hinaus auch nicht im entferntesten in den Sinn kam.

Nachdem die junge Frau ihr Werk begutachtet und die Eierchen ein wenig liebkost hatte, griff sie zu der Flasche mit Massageöl. Mit vorsichtigen Bewegungen bestrich sie mit dem Öl den Schließmuskel seines Anus und führte nacheinander drei Finger in ihn ein. Der junge Mann stöhnte leise auf und begann sein Becken zu bewegen. Ihn verlangte nach der Umarmung der jungen Frau. Doch vorher nahm sie einen kerzenlangen, gut zwei Daumen dicken Zapfen aus hartem Gummi in der Form eines erigierten Penis, bestrich auch diesen mit Öl und begann ihn vorsichtig, aber unaufhaltsam zwischen seinen Backen zu versenken. Die Verbreite-

rung am Ende verhinderte, dass der Zapfen gänzlich in seinem Inneren verschwand, und dann legte ihm die junge Frau wieder einmal einen ledernen Gürtel um. Dieser aber besaß nur die Aufgabe, dafür Sorge zu tragen, dass der Stab nicht herausgedrückt werden konnte. Sein Glied mit den nunmehr beschwerten Hoden blieb ohne weiteres zugänglich. Der junge Mann verspürte ein wohliges Gefühl in seinem Unterleib und begann vorsichtig herauszufinden, welche Bewegungen diesen Veränderungen zuträglich waren und welche besser nicht. Danach schliefen der junge Mann und die junge Frau miteinander und kuschelten den ganzen Abend über sehr zärtlich.

Noch heute, gut ein halbes Jahr später, trägt der junge Mann den schweren Ring ununterbrochen und entfernt den Zapfen nur beim Arzt, zum Sport oder um zur Toilette zu gehen. Inzwischen ist sein Gang auch nicht mehr

betont vorsichtig, und an das Gefühl, sich öfter als sonst entleeren zu müssen, hat er sich gewöhnt. Der dauernde Druck auf seinen Hoden und in seinem Po gehört nun zu seinem Alltag. Und die junge Frau verspürt noch immer ein warmes Kribbeln beim Gedanken daran, dass der junge Mann, den sie liebt, von ihr beschwert und aufgespießt sein Leben lebt und es ihm dabei ziemlich gut geht.

HARALD

Dehnungsspiele

Analdehnung, Faustfick, Dildo-Training. Für einige gilt es als Randbereich (zwischen Ekel und Grusel oder weil es nicht weh genug tut), für andere ist es obligatorischer Bestandteil ihrer SM-Sessions, manche können es sich einfach nicht vorstellen (weder so noch anders herum) und wieder andere finden es völlig normal. Ob nun anal oder vaginal ist eine Frage des Geschmacks und teilweise des Geschlechts (die meisten Männer haben eben keine Möse). Für manche ist es der Inbegriff der Macht, wenn sie ihre Faust oder einen voluminösen Dildo in einer anderen Person versenkt haben, oder der Inbegriff absoluten Ausgeliefertseins, wenn die fremde Hand sich in die Innereien wühlt und Körper-Sensationen zwischen Schmerz und ungeheurer Lust hervorruft.

Zu den Dehnungsspielen rechnet man alles, das mit der mechanischen Erweiterung von Körperöffnungen zu tun hat, sei es mit dem Penis (echt oder künstlich), der Hand (oder mit der Fußspitze – Kondom über den Fuß ziehen) oder mit geeigneten Gegenständen wie Dildos, Gurken, Zucchinis, Peitschenstielen, Gummiknüppeln, Kerzen etc. – Flaschen sollte man vermeiden. Da der Anus und die Vagina unterschiedlich aufgebaut sind, sind sie auch unterschiedlich belastbar.

Doch für alle Dehnungsspiele gelten die folgenden Grundregeln

1. Eine vertrauensvolle Beziehung zwischen den Partnern und eine für beide wirklich bequeme Stellung sind die Basis, weil nur so der passive Part sich wirklich entspannen kann.

2. Ein Vorgespräch über mögliche medizinische oder psychische Vorbelastungen (z. B. Blutungsneigung bei Hämorrhoiden, akute Durchfallerkrankung (!), Gebärmuttersenkung, Scheidenpolypen etc.) und even-

tuelle Vorerfahrungen sollte ein guter Einstieg sein. Nicht alles, was man mit jemandem gemacht hat, geht auch mit einer anderen Person.

3. Beide sollten sich ganz viel Zeit lassen, der Quickie mit der Faust ist meistens unerfreulich. Der Aktive sollte Geduld haben (beim ersten Mal muss nicht die ganze Faust rein oder der Mega-Dildo) und Lust und Bereitschaft, den Körper des Passiven zu erkunden (keine zwei Darmausgänge und keine zwei Scheiden sind wirklich gleich).

4. Der Dehnungsvorgang sollte sich nur langsam steigern, Hauruck-Verfahren sind hier wie auch in anderen SM-Situationen nicht angebracht.

5. Die eindringenden Teile dürfen keine scharfen Kanten haben (saubere, kurz geschnittene und rund gefeilte Fingernägel, Ringe entfernen, auch ‚den Ring', keine eckigen, rissigen o. ä. Gegenstände, Flaschenhälse wegen Gefahr des Unterdrucks mit einem Korken verschließen). Wegen möglicher Verletzungsgefahr auf größtmögliche Sauberkeit achten (also Hände, Dildos, Gemüse vorher waschen, noch besser einen Latexhandschuh oder ein Kondom drüberziehen).

6. Ein ständiger Rapport zwischen Aktiven und Passiven verhindert Überforderungen auf beiden Seiten (zumindest bei den ersten Malen sollte der Passive deutlich beschreiben, wie er die Dehnung gerade erlebt).

7. Hätte eigentlich an erster Stelle stehen müssen: Lieber zu viel als zu wenig Gleitmittel benutzen (reduziert die Gefahr von Gewebeeinrissen. Es sollte wasserlöslich sein (Wasser oder Silikonbasis), damit es Latex nicht angreift.

8. Geeignete Schutzmaßnahmen wie Kondome, Gummihandschuhe bereithalten. Im Analbereich eventuell vorher einen Einlauf oder eine Darmdusche mit lauwarmem Wasser ohne Zusätze machen.

Der Anus und das Rektum

Der Darmeingang (eigentlich -ausgang, Anus) besteht aus einem ringförmigen Muskel, der innen mit Gewebeklappen versehen ist, die es zum Beispiel ermöglichen, gasförmigen Darminhalt loszuwerden, ohne sich dabei in die Hose zu machen. Die Dehnbarkeit des Anus ist durch seine Funktion als Austrittsöffnung für Darminhalt vorgegeben, ein Eindringen ist biologisch nicht vorgesehen (doch es gilt die alte Faust-Regel: was raus geht, geht auch rein). Ein Kranz von Venen läuft oberflächennah durch den Ringmuskel. Diese Venen können sich entzünden, ausdehnen und so zu Hämorrhoiden werden (Blutungsneigung). Zusätzlich wird der Auslass noch durch einen inneren Schließmuskel gesichert.

An den Anus schließt sich die Ampulla Recti an. Dieser Bereich ist meistens leer; wenn er gefüllt ist, besteht das körperliche Bedürfnis, die Toilette aufzusuchen. Die Ampulla Recti ist etwa 6 bis 12 Zentimeter lang und endet an einem Hautlappen, der Kohlrausch-Falte, an der vorbei macht der Dickdarm dann einen Bogen nach links in die sogenannte Sigmaschlinge. Der gesamte Darm ist muskulär und bindegewebig im Bauchraum aufgehängt, seine Nerven sind in erster Linie Druckrezeptoren, Schmerz im Darmraum entsteht durch Dehnungsbelastung der Aufhängung, nicht durch Darmverletzungen. Dagegen ist der Anus mit den unterschiedlichsten Rezeptoren versehen und kann daher auch besonders schmerzempfindlich sein.

Die Dickdarmschleimhaut ist für Verletzungen besonders gefährdet, da sie sehr dünn und empfindlich ist. Sie sondert im Allgemeinen keine Sekrete ab, sondern dient der Flüssigkeitsresorption.

Druck auf den vorderen oberen Innenbereich der Ampulla reizt bei Männern die Zone um die Prostata und kann einen Orgasmus auslösen, aber auch (besonders bei untrainierten Männern) zu einer mehrtägigen Prostatareizung führen mit Symptomen wie Brennen beim Pinkeln und Druckgefühlen.

Die Vagina

Die Scheide besteht aus einem äußerst elastischen Hohlmuskel, in den der normalerweise verschlossene Gebärmuttermund von oben hineinragt.

Manche Menschen glauben immer noch, man würde, sobald man ganz tief drinnen ist, mit ihrem Penis oder Dildo in den Gebärmutterhals stoßen können, das ist falsch. Tiefem Eindringen in die Vagina wird durch das hintere Scheidengewölbe nach etwa 12 bis 15 Zentimetern ein Ende gesetzt. Auch die Vagina ist muskulär und bindegewebig aufgehängt.

Die Vagina ist innen mit einer Schleimhaut überzogen, deren Feuchtigkeitsgrad die unterschiedlichsten Gründe haben kann und unter anderem zyklusabhängig ist. (Schläge auf den Hintern regen eine reflektorische Scheidensekretion an, der so gerne ausgeführte ‚Herrengriff' zwischen die Beine einer eben geschlagenen Frau, ist also mitnichten dazu in der Lage, den ‚Geilheitsgrad' an der Menge des Sekrets abzulesen, sondern fällt in erster Linie auf eine biologische Körperreaktion rein.) Die natürliche Dehnbarkeit der Scheide ist durch ihren Zweck als Eintrittsweg für den Penis und als Austrittsweg für Babys vorgegeben, wobei diese Dehnbarkeit eingeschränkt sein kann u. a. durch die Beckenform und die Form der Scheide selbst (Dammschnittnarben reduzieren die Dehnungsfähigkeit). Wie alle Schleimhäute ist auch die Scheidenschleimhaut sehr leicht verletzbar durch mechanische Reizung.

Noch eine wichtige Regel:
Niemals einen Gegenstand, egal ob Penis, Finger oder Dildo, der im Darm war, hinterher in die Scheide einführen, hierbei besteht erhöhte Infektionsgefahr durch Darmbakterien. Lieber einmal mehr Kondom oder Handschuhe wechseln, Penis und Finger waschen und desinfizieren, Dildo reinigen und desinfizieren, als einen aufsteigenden Harnwegsinfekt oder eine Scheidenentzündung zu riskieren. Das tut nicht nur weh, sondern ist auch ziemlich ungeil. Als Komplikation könnten die Harnwege bis hin zu den Nieren durch Infekte betroffen sein.

Eigentlich kann es jetzt losgehen

Beide Partner sollten eine für ihr Vorhaben bequeme Position wählen. Da nicht jeder eine Sling (ähnlich wie eine Schaukel, im schwulen Bereich selbstverständlich für Fist-Aktionen) oder eine Liebesschaukel im Hause hat, reicht es, dass die Beine des Passiven entspannt gespreizt und leicht angewinkelt sind. Je nach Körperöffnung empfehlen sich unter das Becken und/oder die Knie gelegte Kissen. Ob nun auf dem Rücken, bäuchlings, im Vierfüßler-Stand oder lieber auf der Seite, am wichtigsten ist es, dass der Passive das Gefühl hat, sich ganz auf seine Körperöffnungen konzentrieren zu können und nicht durch eine verkrampfte, ungemütliche Lage, unbequeme Fesseln oder sonstige Misslichkeiten abgelenkt wird. Der Aktive sollte eine Stellung zwischen den Beinen seines Partners einnehmen, die gleichermaßen bequem und praktisch ist. Gerade unerfahrene Aktive (und Passive) unterschätzen den Zeitfaktor gerne. Leichte sexuelle Stimulation kann dem Passiven helfen, sich der Hand, dem Dildo u. ä. zu öffnen und sich nicht wie beim Arzt vorzukommen (unabhängig davon kann genau diese Situation als erregend empfunden werden).

Der Aktive sollte die Grundregeln für sich innerlich noch mal durchchecken, seine Fingernägel prüfen, Gleitmittel (am besten wasserlöslich und mit einer Hand zu öffnen), Handschuhe, Kondome bereitlegen. Vielleicht ein altes Laken oder ein Handtuch unterlegen, damit das reichlich zu benutzende Gleitmittel nicht die normale Wäsche ruiniert.

Langsam beginnen, auch wenn es uns in manchen Geschichten oder Videos anders vorgemacht wird. „Er rammte ihr seine Faust in die Möse" mag sich zwar gut lesen, aber in der Praxis ist es mit ziemlich hohem Verletzungsrisiko für den Passiven behaftet.

Ein 1-2-3-4-5 empfiehlt sich beim FF (Faustfick oder englisch: Fistfuck), wobei hier die Finger gezählt werden, die nach und nach im Körper des anderen verschwinden können. Sollte ein Gegenstand genommen werden, empfiehlt sich noch größere Vorsicht und ein noch ausgeprägteres Fingerspitzengefühl. Stöße eines Dildos gegen die hintere Scheidenwand können äußerst unangenehm und sehr schmerzhaft sein. Der Partnerin genug Bewegungsspielraum lassen, sich selbst auf die Hand zu schieben oder dem

Aktiven mit ihren Beckenbewegungen klar zu machen, bis wohin der Dildo geschoben werden kann. Die Hand sollte sich dabei der Höhlenform der Scheide bzw. des Darmes anpassen, nicht umgekehrt. Bei einer längeren Session kann wasserlösliches Gleitmittel anfangen zu harzen, ein bisschen bereitgestelltes lauwarmes Wasser macht es wieder gleitfähig. Beim Herausziehen der Hand genauso vorsichtig sein. Es gibt Frauen, die stehen auf ein schnelles rein-raus-rein-raus beim FF (Fist-Fuck), dabei sollten sie auch die Möglichkeit haben, das Tempo korrigieren können. Beim Anal-Fisten ist noch größeres Einfühlungsvermögen gefordert.

Manche FF-Sessions gehen über mehrere Stunden. Beim ersten Eindringen (auch schon mit nur einem Finger) kann man unglücklich eine der Hautklappen in der Anusöffnung treffen. Das ist sehr schmerzhaft und meist sollte man das Fisten dann lieber auf den nächsten Tag verschieben. Die meisten Menschen haben leichte bis mittlere Hämorrhoiden, die bluten können, sobald man mit dem Nagel daran stößt oder vorbeiratscht. Außerdem kommt es im Darmbereich sehr schnell zu feinen und meist nicht blutenden Schleimhautrissen.

Die beste Sicherheit (für beide Seiten) gewährleistet Fisten mit Latexhandschuhen (noch besser, weil unempfindlich gegen fetthaltige Gleitmittel, sind latexfreie OP-Handschuhe) und Mengen von Gleitmitteln wie Eos, KY, Softglide und wie sie alle heißen. Auf geprüfte Hautverträglichkeit achten.

Manche Leute schieben nicht nur die fünf Finger und die Hand in den Darm, sondern teilweise sogar den Unterarm. Das geht nur nach längerem Training und bei äußerster Entspannung des Passiven. Entspannungsfördernd werden manchmal, bei regelmäßigem Gebrauch gesundheitsschädliche, ‚Poppers' benutzt (ein zu inhalierendes Lösungsmittel, welches kurzzeitig blutdrucksenkend und krampflösend wirkt und Kopfschmerzen etc. verursacht, weit verbreitet, aber nicht legal).

„Du hältst mein Leben in deiner Hand" ist ein Satz, mit dem viele passive Fistfucker ihr eigentlich unbeschreibliches Gefühl zu beschreiben versuchen. Gerade analer FF wird als echte Grenzerfahrung erlebt. Das gilt nicht nur für den passiven Part, sondern auch für den Aktiven.

Das Gefühl des Ausgefüllt-Seins, das Ficken mit etwas größerem als einem Durchschnittspenis, das Sich-gänzlich-Ausliefern, die völlige Hingabe, sind

der Genuss des Passiven. Die Kontrolle und das Eindringen, das möglichst virtuose Spiel mit Schmerz und Lust sind für die Aktiven ein großer Reiz. Nach dem Spiel sollte man kontrollieren, wie es um den körperlichen und emotionalen Zustand der/des Anderen bestellt ist. Völlige Hingabe ist ein Geschenk, welchem sich ein Aktiver würdig erweisen muss. Nicht plötzlich und abrupt die Hand oder den Gegenstand aus dem Körper des anderen ziehen, damit der Muskel die Möglichkeit hat, sich langsam zu schließen.
Leichte Blutungen (Haarrisse in der Schleimhaut, verletzte Hämorrhoiden) sind meist unproblematisch, dennoch besteht hier Infektionsgefahr (Eindringen von Darmbakterien). Die Blutung sollte beobachtet werden. Ein Eisbeutel bringt sie im Allgemeinen schnell zum Stillstand. Auf jeden Fall nicht panisch reagieren.
Sobald es zu ernsthafteren Blutungen kommt (tieferer Einriss) oder dem Passiven bei krampfartigen Schmerzen der Kreislauf wegsackt (Darmruptur, Scheidenruptur), sofort den Notarzt rufen und am besten gleich den Krankenwagen, da Lebensgefahr bestehen kann. Und bitte Klartext mit dem medizinischen Personal reden, damit klar ist, worum es geht, denn nur so ist schnelle, effektive Hilfe möglich!
Ich hoffe, ich habe jetzt niemandem den Spaß verdorben, denn wenn der passive Part seine Verantwortung abgibt, dann muss es jemanden geben, der sie sicher trägt und tragen kann. Wie heißt es so schön: Wissen ist Macht!

Kliniksex

Was genau macht man beim Kliniksex? Gehört das überhaupt zum SM? Fragen, die mir manchmal am Telefon gestellt werden.
Ich glaube, darauf gibt es die unterschiedlichsten individuellen Antworten und natürlich keine allgemeingültige. Neben medizinischen Einrichtungsgegenständen wie Gyn-Stuhl oder Krankenliege, Arztkittel und Schwesternhäubchen (aber natürlich tut's manchmal auch ein weißes Laken), geht es beim Kliniksex in erster Linie um vorgetäuschte oder ‚echte' medizinische Eingriffe und um das dazugehörige Spiel von ‚Arzt' und ‚Patientin' oder ‚Schwester' und ‚Hilflosem Mann'. Hierher gehören alle Arten von ‚Untersuchungen', Einläufe, Klistiere, Katheterisierungen, ‚Fieber messen', ‚Operationen', temporäre Piercings und unter Umständen heftige Sachen wie das Zusammennähen von Penis- und Hodensackhaut oder der Schamlippen. Auch hier wird in den entsprechenden Filmen ganz selbstverständlich gezeigt, was der Laie nicht mal eben so nachmachen sollte.

Untersuchung

Abtasten und Befühlen, und möglicherweise der Gebrauch von Spekula (Geräte zum Spreizen der Scheidenwände oder des Darmes).
Achtung: Beim Schließen dieser Geräte vorsichtig rausziehen und langsam schließen, damit kein Gewebe eingeklemmt wird.

Katheterisierung

Einführen eines sterilen, elastischen Plastikschlauches in die Harnröhre bis zur Blase unter sterilen Bedingungen (sterile Abdeckung, Desinfektion der Harnröhrenöffnung, steriles Gleitmittel, sterile Handschuhe etc.). Dies ist ein besonders sensibler Bereich, der den medizinischen Fachmenschen überlassen bleiben sollte, denn, wenn Keime in die Blase kommen, kann es sehr schnell eine böse Infektion geben. Außerdem besteht bei unkundiger Handhabung die Gefahr einer Verletzung der Harnröhre oder gar des Blasenschließmuskels oder der Blase. Sollte es jemanden dennoch danach gelüsten, sollte er oder sie sich vorher kundig machen und am besten bei sich selbst üben, damit er ein Gefühl bekommt für das, was er da macht. Einige Studios bieten Katheterisierungen an; wie weit die medizinisch in Ordnung sind, sollte man erfragen, indem man sich nach den Materialien erkundigt (nur steril einzeln verpackte Einmal-Materialien sind akzeptabel).

Fieber messen

Am sichersten ist natürlich eines von den elektronischen Geräten aus unzerbrechlichem Plastik, aber eigentlich ist es nicht stilvoll. Die alten Thermometer aus Glas mit einer Messsäule aus giftigem Quecksilber sind dafür leider bruchgefährdet. Dennoch kennt sich jeder von früher damit aus und weiß, dass man vorsichtig damit umgehen muss.

Einläufe und Klistiere

Bei beidem geht es um das Einbringen mehr oder weniger großer Mengen Flüssigkeit in den Dickdarm via Klistierball bzw. Darmrohr.
Am ungefährlichsten ist einfaches, warmes Wasser. Seife oder Spülmittel als Zusatz sind gefährlich, sie können zu Darmkrämpfen führen. Bier, Weißwein oder Sekt sollen eine ähnlich fatale Wirkung haben. Gute Erfahrungen was die Darmverträglichkeit angeht, gibt es mit einem Zusatz von Rotwein, wobei der Alkohol einen sehr schnellen Rausch verursachen kann, denn der Dickdarm nimmt ihn sofort auf – also Vorsicht bei der Dosierung. Und ein alkoholisierter Partner gibt eher nicht so ganz sichere Rückmeldungen. Wir raten davon ab.
Wenn man eine Spülung des Darmes anstrebt, kann man mehrmals hintereinander Flüssigkeit einlaufen lassen, beim ersten Durchgang reicht oft wenig Wasser, um einen starken Reiz auszulösen. In den Apotheken gibt es sogenannte Intimduschen, die recht preiswert sind und sich für Einlaufspiele hervorragend eignen (hinterher gründlich reinigen). Die Sonde oder das Darmrohr sollte mit viel Gleitmittel sehr vorsichtig nicht tiefer als etwa 10 cm eingeführt werden (Gefahr von Schleimhautrissen oder gar Darmperforation), der Einlauf selbst ist am besten in einer Stellung zu machen, die es der Flüssigkeit erleichtert, in den Darm zu fließen – also liegend oder mit vorgebeugtem Körper, im Stehen ist es auch möglich, dauert aber länger (**Achtung**: mögliche Kreislaufprobleme).

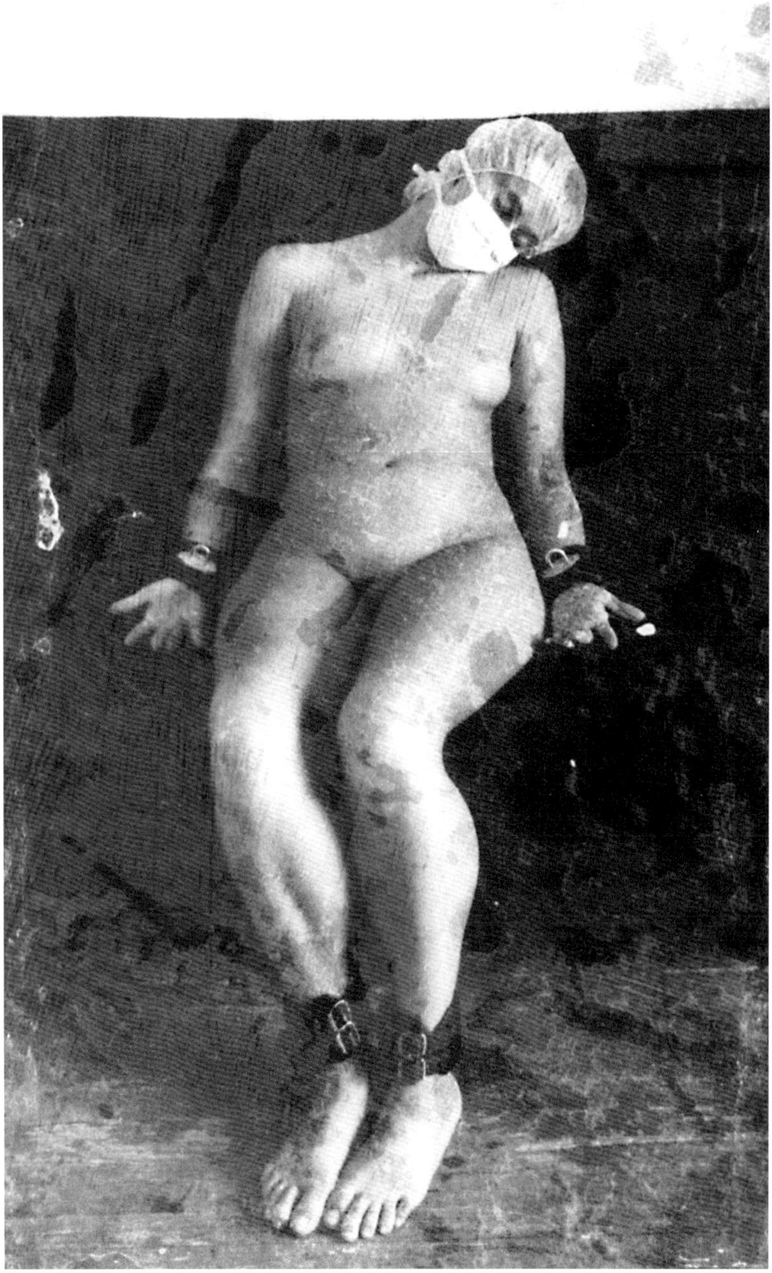

Spritzen geben und andere ‚medizinische' Eingriffe

Dieser Bereich sollte ähnlich wie Katheterisierungen geschulten Fachmenschen überlassen bleiben. Einige Dominas bieten derartige Eingriffe in ihren Studios an, wobei ich davon ausgehe, dass die wissen, was sie tun, und ihre Kunden überblicken, worauf sie sich einlassen.
Dazu gehören besonders beliebte Aufspritzungen des Hodensacks oder der Brüste mit steriler isotonischer Kochsalzlösung.

Bei speziellen Fragen hierzu könnt ihr euch an den Charon-Verlag wenden. Wir geben jedoch keine Studioempfehlungen ab!
Natürlich gibt es noch eine Menge mehr in diesem Bereich. Dazu empfehlen wir euch das SM-Handbuch Spezial 1 aus unserem Verlag.

Dirty Games

Auch wenn mir zu dem Thema nicht viel einfällt, so muss es doch erwähnt werden. Bei den ‚schmutzigen Spielen' handelt es sich um einen Bereich, der nicht auf SM beschränkt ist. Es gibt massenhaft Menschen, die es lieben, sich gegenseitig anzupinkeln, die gerne an ihrem Anus geleckt werden und die mit SM wenig zu tun haben. Spiele mit Urin und Kot sind nur bedingt Bestandteil sadomasochistischer Inszenierungen, können aber vorzüglich im Spiel mit Oben und Unten eingesetzt werden.

Urin (Golden Shower, Natursekt)

Er ist beim gesunden Menschen eine sterile Flüssigkeit, die, je nach Tageszeit und dem, was und wieviel man vorher getrunken hat, streng bitter bis leicht salzig schmeckt. Menschlichem Urin werden heilende Kräfte nachgesagt. Es gibt in Indien eine Schule der Naturmedizin, die dem regelmäßigen Trinken von Urin eine gesundheitsfördernde Wirkung zuschreibt. Auch bei kleineren Hautverletzungen bewährt sich Urin als Heilmittel durch die leicht desinfizierende und zusammenziehende Wirkung der Harnsäure.
Das HIV-Infektionsrisiko ist beim Anpinkeln, beim Pinkeln in Möse oder Darm oder beim Schlucken von Urin normalerweise gleich null, aber es kann einen negativen Einfluss auf die Darm- bzw. Scheidenflora haben.
Das Risiko steigt aber unkalkulierbar an, sobald eine Infektion der Harnwege vorliegt, da sich dann Blut und Keime in den Urin mischen können (Urin in Körperöffnungen kann eher gefährlich sein wegen anderer sexuell übertragbarer Krankheiten wie z. B. Tripper). Deswegen ist das Pinkeln auf offene Wunden unsafe (Vorsicht beim Urinieren in den Mund bei Zahnfleischentzündungen mit erhöhter Blutungsneigung).

Kot (Scat)

Beim gesunden Menschen ist der Kot durchsetzt mit vielen Darmbakterien. Das Sauberlecken des Anus ist zwar hinsichtlich des AIDS-Risikos unproblematisch, doch besteht hier ein erhöhtes Infektionsrisiko von Hepatitis B

(dagegen gibt es einen Impfschutz, doch ist jede Impfung wegen eventueller Nebenwirkungen mit Vorsicht zu genießen) und Hepatitis A+C (viele Menschen wissen nicht, dass sie irgendwann mal eine Hepatitis-Infektion durchgemacht haben, weil es sehr milde Verlaufsformen gibt, sie aber dennoch Virusausscheider sind).

Spiele mit Kot und ähnlichem

Meines Wissens sind sie auch innerhalb unserer Szene eher etwas exotisch, müssen aber in diesem Zusammenhang erwähnt werden. Ähnlich wie bei Urinspielen kann es hier um ein Oben und Unten gehen oder einfach nur um die Lust am Schweinkram, am Tabubruch.
Hier sollte man darauf achten, was man in den letzten 48 Stunden vorher gegessen hat, denn Konsistenz, Geruch und Farbe hängen davon ab.

Doch wem es in erster Linie um das Herumschmieren geht und wen der Gedanke an Kot abstößt oder die mögliche Geruchsbelästigung davon abhält, kann auf Nutella, Matsch oder ähnliches zurückgreifen.

Wasserspiele

Eines der größten Probleme, besonders für Männer, ist es zu pinkeln, während jemand zuschaut.
Man stelle sich eine Situation vor, in der einer einen anderen mit großem Brimborium demütigen will und ihm deswegen eine Urindusche verpassen möchte. Und dann steht der Herr da, drückt und presst, und nichts passiert bzw. der Schwanz wird steif. Dann kann man das Pinkeln sowieso vergessen. Peinlich, peinlich!
Glücklicherweise gibt es einige Tricks, mit denen man derartig unangenehme Situationen vermeiden kann: Vorher viel trinken (mindestens ein bis zwei Liter möglichst einfaches Wasser; Bierpisse und Kaffee-Urin riechen und schmecken besonders unangenehm), ruhig und tief ein- und ausatmen, nicht pressen. Manche Männer schwören auf das ‚Geheimmittel', die Eichelspitze mit dem Handteller zu reiben, andere drehen den Wasserhahn auf. Schlau ist es, sich ein bisschen vorher zu trainieren, denn Hemmungen (das sind die, die uns in dieser Situation blockieren) lassen sich abbauen. Interessanterweise haben viele Frauen damit nicht so Probleme.

Wenn es denn klappt, sollte vorher für eine wasserunempfindliche Unterlage gesorgt sein (das können auch die Fliesen im Bad sein, ein Handtuch im Bett, egal wie dick zusammengefaltet, reicht nicht, ein Gummilaken oder eine Plastikplane darunter sind sicherer), auch der Befehl, alles zu schlucken, kann nicht verhindern, dass etwas daneben geht. Auch ein gut gefettetes Lederlaken ist für Wasserspiele geeignet, doch sollte es anschließend umgehend gereinigt und zum Trocknen aufgehängt werden, damit das Leder nicht brüchig wird.
Ob nun der Herr seine Sklavin demütigen will, oder ob die Domina sich ihren Diener als Toilettensklaven hält, der eigenen Lust am Spiel sind da keine Grenzen gesetzt.
Natürlich kommt es nicht immer auf das Oben und Unten an, manche genießen nur den körperwarmen Regen (ca. 37 Grad), mögen den Duft oder den Geschmack von Urin oder finden es prima miteinander rumzusauen. Jeder kann es so machen, wie er Lust hat.
(**Merke:** Sich anpissen zu lassen, bedeutet nicht automatisch, dass man unten ist!)

Als Toilettensklaven/Toilettensklavin bezeichnet man Leute, die ihre Herrschaften nach Erledigung gewisser Bedürfnisse vorne und hinten mit der Zunge säubern müssen, wobei die Betonung auf dem ‚müssen' liegt.

Ein weiterer Bereich ist das Spiel mit dem Verbot auf die Toilette zu gehen, das für manchen sehr reizvoll ist.

Und dann gehört in diesen Bereich in gewisser Weise auch alles rund um die Erwachsenen-Windel. Ob nun als Ausdruck eines Spiels mit Altersdifferenzen oder als ultimative Demütigung, wenn der Windelträger sich in der Öffentlichkeit erleichtern muss.

Rimming

Der Ausdruck aus der schwulen Szene meint die anale Stimulation mit der Zunge, einhergehend mit dem mehr oder weniger tiefen Eindringen in den Anus. Diese Spiele sind in allen Szenen sehr beliebt, denn die Berührung der sehr empfindlichen Analregion ist für viele Menschen eine sehr lustvolle Erfahrung. Doch gerade hier gibt es auch die meisten Hemmungen auf beiden Seiten. Der ‚Aktive' ängstigt sich vor dem möglicherweise nicht ganz sauberen Arsch oder traut sich nicht zu sagen, dass er den Reiz der verschiedenen Gerüche und Geschmäcker gerade genießt (trotz des Hepatitis-Risikos). Der ‚Passive' macht sich Sorgen darüber, dass er nicht sauber genug ist, oder dass er vielleicht gerade jetzt Blähungen bekommen könnte, er verkrampft sich und kann so die Situation nicht genießen.

Ein vorheriges Gespräch oder, wenn für das eigene Gefühl wichtig, eine Dusche, können da Wunder wirken.

Spiele mit Kotze

Manchmal passiert es versehentlich, wenn man beim Ficken in den Mund den Würgereiz auslöst. Manchmal ist es auch gewollt.

Fetische können eben sehr unterschiedlich sein.

Wichtig auch hier, beide Partner sollten darauf stehen, denn Kotze riecht eben meist auch zum Kotzen. Und dran denken, dass hinterher das Bettzeug in die Kochwäsche muss.

Siehe hierzu auch das Kapitel über Safer Sex.

Bloodsports
Spiele mit Blut

Nadeln / Piercings

Viele SM-Leute lieben das Spiel mit der Nadel, genießen die kleinen Blutstropfen, die aus Stichen austreten können, oder lassen sich durch temporäre Piercings (zeitweiliges Durchstechen, im Gegensatz zu dauerhaftem wie beim Anbringen von Intimschmuck) erregen.
Doch Mut auf beiden Seiten ist zu wenig.
Wir bewegen uns hier auf juristisch problematischem Terrain, auch wenn eine Einwilligung in derartige Verletzungen nicht gegen die guten Sitten verstößt, handelt sich um ‚gefährliche Körperverletzung'. Solange alles glimpflich abläuft, entsteht also kein Problem, aber es sollten dazu einige Tipps beachtet werden.
Piercing ist ein Eingriff, der eine Verletzung verursacht. Psychisch kann dieser Eingriff sehr viel tiefer gehen als ein erheblich schmerzhafterer Schlag. Emotionale Sicherheit bedeutet hier, dass vorher zwischen den Partnern Einverständnis darüber herrscht, was gemacht wird. Manche Menschen können in Panik ausbrechen oder ohnmächtig werden, wenn sie eine Nadel nur sehen. Bei anderen ist die Angst vor dem Stich so groß, dass das den Spaß daran vollends verderben würde.
Wichtig ist also, eine Atmosphäre zu schaffen, in der das Besondere dieses Eingriffs auch gewürdigt werden kann. Nadeln sollte man nicht mal eben so im Vorübergehen benutzen.
Beim Spiel mit Blut sollten die Safer-Sex-Regeln beachtet werden.
Die Beteiligten sollten einen klaren Kopf haben, also keine Drogen, keinen Alkohol konsumiert haben.

Der erste Schritt ist der Kauf von sterilen Nadeln in der Apotheke: Fragt nach Standard-Kanülen (die Dicke der Nadeln wird in Gauge gemessen, wir empfehlen G 1 (0,9 mm) bis G 14 (0,6 mm), Länge 30 bis 40 mm).

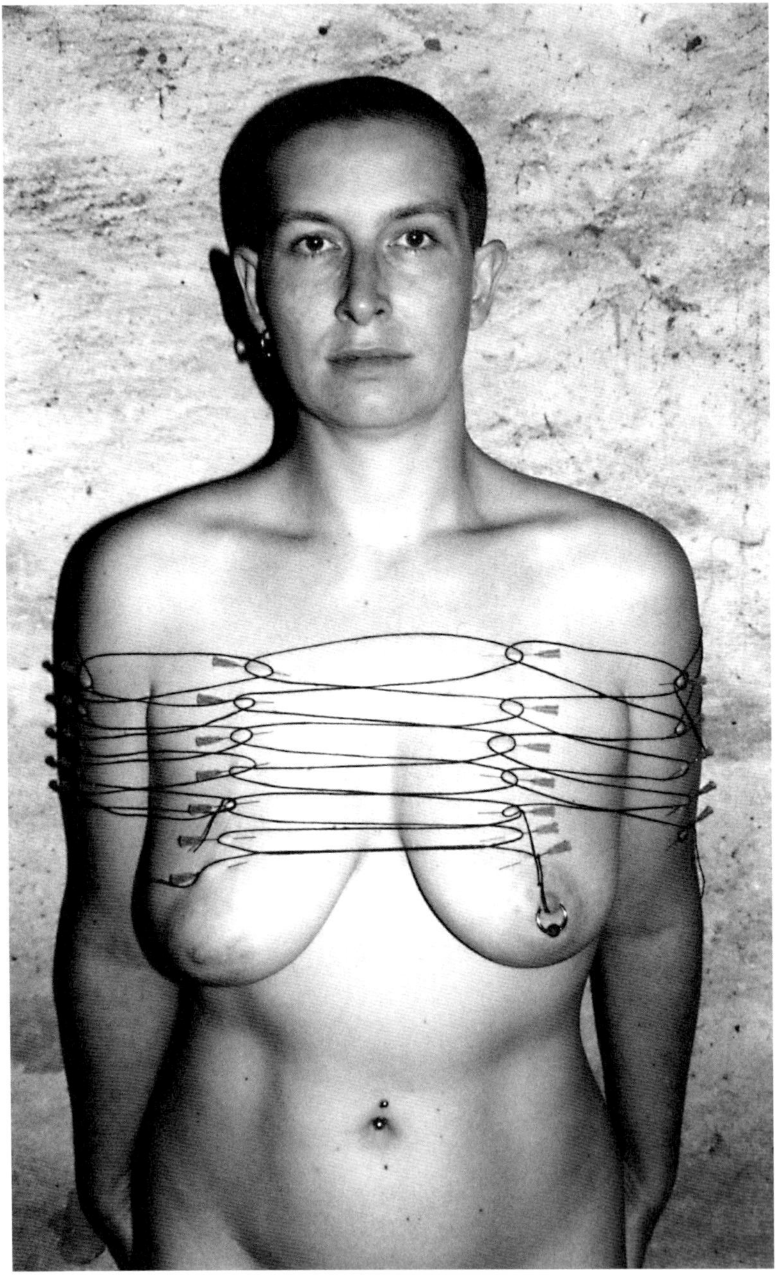

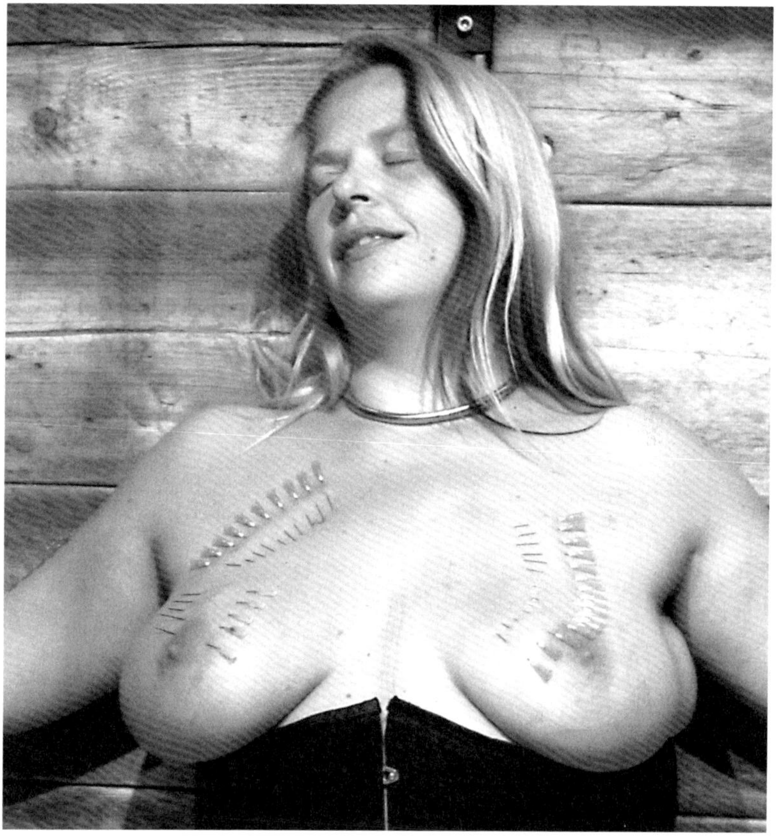

Diese Nadeln dürfen nur einmal benutzt werden, weil sie danach unsteril sind und schnell stumpf werden.

Die Hautpartie, in die gestochen wird, sollte vorher fachgerecht (Gebrauchsanleitung beachten) mit einem Hautdesinfektionsmittel gereinigt worden sein, genau wie die Hände des Aktiven mit einem Handdesinfektionsmittel – auch die angezogenen Handschuhe. Zum Stechen sollten am besten passende Einmalhandschuhe (zu weit behindert genauso wie zu eng) getragen werden.

Wichtig ist gute Beleuchtung, damit man sehen kann, wie und wohin man sticht. Außerdem braucht es noch eine ruhige Hand und einen Partner, der stillhält, damit es nicht zu unkontrollierten Stichen kommt.

In Muskelgewebe, Haut und Bindegewebe kann relativ gefahrlos gestochen werden. Beliebte Stellen sind die Brüste bzw. die Brustpartie (männlich und weiblich) und die Rückenpartie, die Schamlippen, die Vorhaut und die Haut des Hodensacks.
Nadeln sollten nie tiefer als einen Zentimeter gestochen werden, im Genitalbereich nie mehr als 0,3 cm, da sonst die Gefahr besteht, ein tiefes und/oder größeres Blutgefäß zu perforieren. Korrekt ist es die Nadeln nicht in, sondern durch die Haut zu stechen. So kann die scharf geschliffene Nadelspitze keine inneren Schnittwunden verursachen.
Das häufige Durchstechen ein und derselben Stelle kann zu verstärkter Narbenbildung führen (besonders problematisch bei weiblichen Brustwarzen, falls später der Milchfluss nach einer Schwangerschaft beeinträchtigt ist) oder die Nervenenden schädigen, so dass es an dieser Stelle zu Gefühlsbeeinträchtigungen (Taubheit) kommen kann.
In einigen SM-Filmen sieht man, wie Nadeln frontal in die Brustwarze gestochen werden. Das ist gefährlich, weil dabei Drüsengewebe der Brust verletzt werden kann und bei kleinen Brüsten das Risiko besteht, dass die Lunge perforiert wird. Ähnlich problematisch ist ein frontaler Stich in die Hoden. Beim Durchstechen (die Nadel tritt an der anderen Stelle wieder aus) ist zu beachten, dass der Aktive sich dabei nicht selbst verletzt – Infektionsrisiko.
Manche SM-Leute mögen es, wenn Gewichte an diesen temporären Piercings angebracht werden. Hierbei wird die Nadel unsteril. Falls man das Risiko eingehen will, sollte man diese Stellen sehr vorsichtig belasten und die Gewichte nicht fallen lassen, da es sonst zu Ausreißungen kommen kann. Außerdem kann der Zug auf die Nadel zu einer Blutung ins umliegende Gewebe führen. Die so entstehenden Hämatome halten sehr lange und können schmerzhaft sein.
Ungewöhnliche Praktiken wie das zeitweilige Zusammennähen der Schamlippen oder der Penisvorhaut sollten Fachleuten überlassen bleiben. Bei Laien ist steriles Umgehen mit einem chirurgischen Nadelbesteck nicht wirklich gewährleistet. (Einige private SM-Zirkel und manche Domina-Studios scheinen sich auf dieses Verfahren spezialisiert zu haben, doch möchte ich davon abraten, alles, was man in einem Hardcore-SM-Film gesehen hat, nachmachen zu wollen.)
Dies gilt auch für das Annageln von Schamlippen, Penisvor- oder Hodenhaut und Brüsten. Die hierbei in den üblichen Filmen verwendeten Nägel sind oft

nicht wirklich angeschliffen wie Kanülen – es kommt nicht zu einer Durchstechung, sondern zu einer gröberen Gewebsverletzung mit gefährlich hohem Infektionsrisiko. **Mein Tipp:** Erst ein sauberes dauerhaftes Piercing, und sobald dieses abgeheilt ist, kann man mit einem dünnen Nagel, ohne den Stichkanal zu verletzen, optisch den gleichen Effekt erreichen. Aber auch hier sollte man nur jemanden ranlassen, der professionell genug ist, um wirklich zu wissen, was er tut.

Eine frontal eingestochene Nadel darf nie in der Wunde bewegt werden, da die scharfe Spitze wie ein kleines Skalpell innen das Gewebe zerschneidet. Der Versuch, die Nadel mit einer Peitsche herauszuschlagen, ist, wegen mangelnder Kontrolle, sowieso abwegig.

Sobald die Nadel entfernt worden ist, sollte sie sorgfältig entsorgt werden, damit sich niemand versehentlich an ihr verletzen kann (Nadelcontainer gibt es im Fachhandel). Und natürlich sollte man die Wunde nochmal desinfizieren und eventuell mit einem Pflaster schützen.

Merke: Abgebundene Brüste oder Hodensäcke bluten nach Nadelspielen fast immer nach, doch hört die Blutung im Allgemeinen spätestens 30 Sekunden nach Entfernung der abschnürenden Fesselung auf. Sollte die Blutung nicht aufhören, mit einem eisgefüllten frischen Einmalhandschuh, Kondom oder ähnlichem Druck auf die Wunde ausüben. Neben der Infektionsgefahr gibt es noch die Möglichkeit einer stärkeren Nachblutung, was aber äußerst selten ist. (Siehe dazu Tipps im Kapitel ‚Schneiden'.)

Stecknadeln, Akupunkturnadeln, Sicherheitsnadeln und Nähnadeln eignen sich eingeschränkt, bereiten aber einige Probleme: Sie sind ziemlich stumpf, teilweise nickelhaltig (Allergiegefahr) und nicht steril. Will man sie dennoch benutzen, sollten sie in einem Dampfkochtopf eine halbe Stunde gekocht werden, damit sie wenigstens einigermaßen keimfrei sind.

Übrigens: Dauerhafte Piercings sollte man nur von Fachleuten vornehmen lassen. Informationen darüber beim Verlag.

Schneiden

In manchen SM-Kreisen gibt es SM-Leute, die fasziniert von Messern und anderen Schneidwerkzeugen sind. Noch wichtiger als beim Spiel mit der Nadel ist hier die vorherige Absprache aller Beteiligten. Alle Schnittwunden können dauerhafte Narben hinterlassen. Am besten einigt man sich beizeiten auf Körperpartie, Form und Länge der Schnitte. Hier ist weniger oft mehr. Die Frage, wie gut die Haut heilt oder ob der andere zu starker Narbenbildung neigt, ist obligatorisch. Menschen mit Blutgerinnungsstörungen sollten sich nicht auf Schneidespiele einlassen.

Was beim Thema Nadeln zu juristischer Konsequenz, emotionaler Sicherheit und Infektionsgefahr gesagt wurde, gilt hier besonders.

Bei den Instrumenten zum Schneiden unterscheidet man ‚scharfe' Messer von wirklich scharfen Schneidwerkzeugen. Die meisten Messer reißen eher, als dass sie richtig schneiden. Wunden, die so entstehen, heilen langsamer. Skalpelle, Rasierklingen, die Spitzen steriler Nadeln sind erheblich schärfer. Die Gefahr, damit tiefer zu schneiden als die relativ ungefährlichen zwei Millimeter, ist erheblich größer. Doch der sehr viel sauberere Schnitt verheilt besser. Im Bereich von wichtigen Nerven ist das Schneiden verboten, weil es zu riskant ist. Dies gilt im Besonderen für Hals, Gesicht, Kopfhaut, Leiste und Genitalien. Ziemlich ungefährliche Ziele sind die Schultern, die Oberarme und die Vorderseite der Oberschenkel. Brust und Rücken sind Gebiete, die sich zwar für Schnitte eignen, aber wenn hier mal das Messer abrutscht, kann es sehr schnell lebensgefährlich werden.

Um die Gefährdung zu verringern, sollte man das Instrument eher so wie einen Stift halten und nicht mit der ganzen Faust. Für Schneidespiele braucht man viel Licht, damit man genau sehen kann, was man macht (also mehr als die übliche Schummerbeleuchtung). Mit einem Tätowier-Stift kann man sich die Stelle vorher genau anzeichnen, wo man schneiden will. Ein überlegter, schöner Schnitt ist immer besser als wildes Herumprobieren, sollte eine sichtbare Narbe übrigbleiben. Am besten Hände desinfizieren (bzw. Einmalhandschuhe tragen). Das Schneidwerkzeug sollte steril oder wenigstens gründlich desinfiziert sein, genau wie die Haut an der Schnittstelle. Niemals innerhalb einer Situation zwei Personen mit ein und demselben Messer schneiden – AIDS und Hepatitis C droht immer beim Umgang mit Blut!

Der passive Partner sollte entweder bewegungsunfähig fixiert sein (plötzliche Bewegungen können zu unkontrollierten Schnitten führen), oder zumindest genau wissen, wann die Aktion beginnt und endet. Ein Schnitt sollte nicht länger als fünf Zentimeter sein, danach erst einmal eine Pause machen und überprüfen, ob Blut kommt und wie stark die Blutung ist. Erst wenn diese aufgehört hat, sollte man, sofern es so abgesprochen ist, weitermachen.

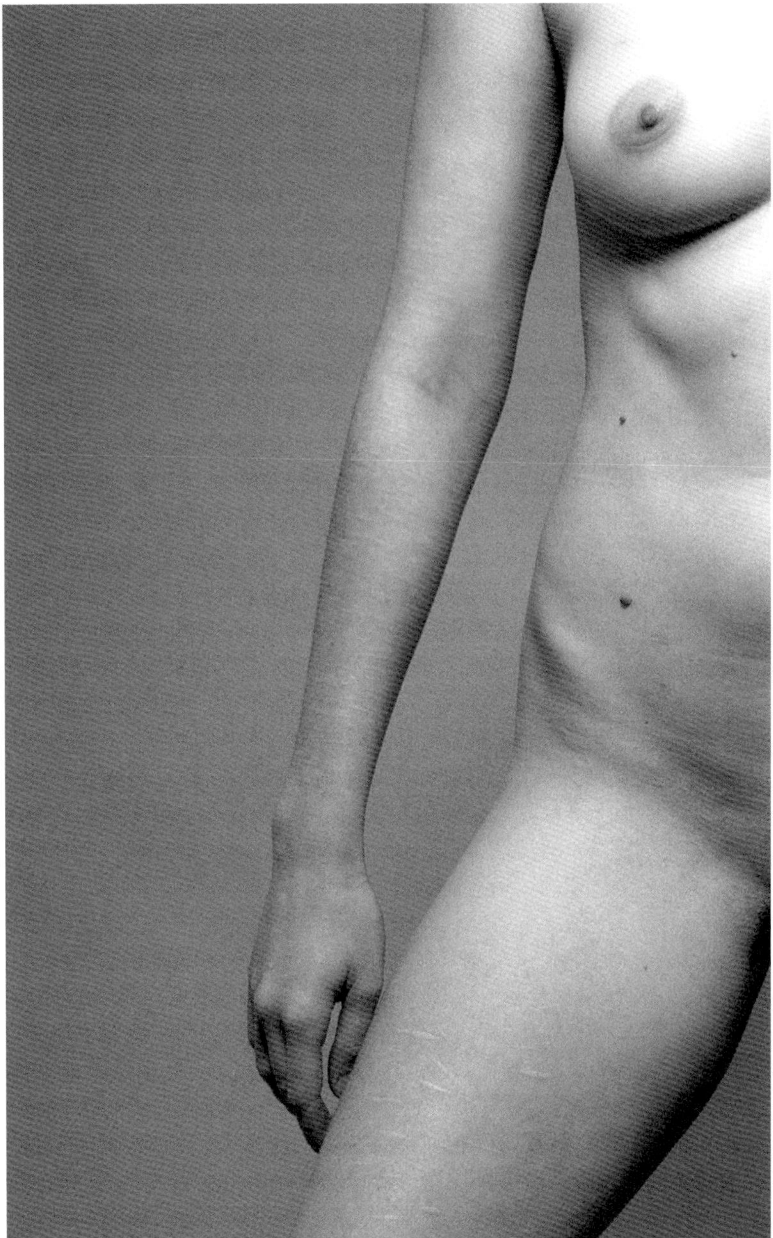

Wichtig ist: Keine Hektik, sich und dem ‚Opfer' viel Zeit lassen und immer miteinander in Kontakt bleiben.

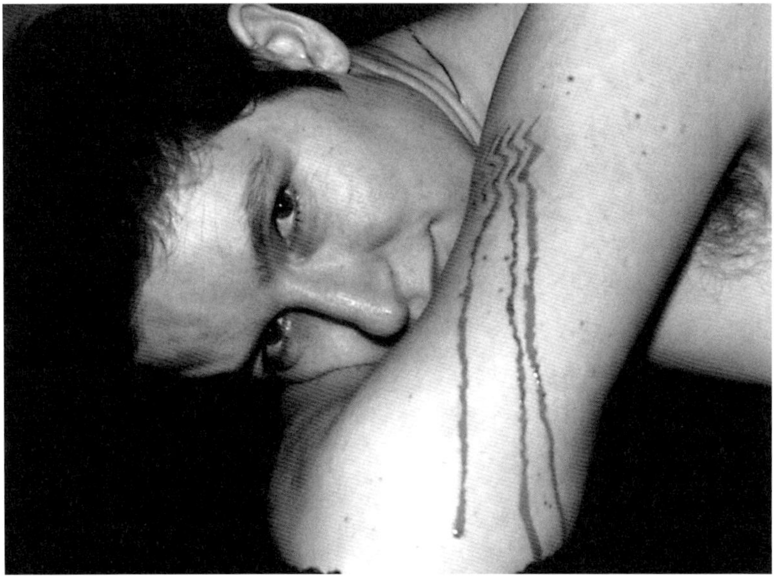

Es gibt Leute, die kollabieren, wenn sie eigenes (oder fremdes) Blut sehen. Der Schmerz eines Schnittes ist im Normalfall weniger groß als ein Hautkratzer mit einem Fingernagel, durch den die Haut eher gerissen wird. Wenn man mit sehr scharfen Messern so schneidet, dass der andere es kaum spürt, wird eine direkte Rückmeldung fast unmöglich. Doch für die meisten geht es hier nicht so sehr um den Schmerz, sondern mehr um den Kick der Hautverletzung und des fließenden Blutes.

Die Wunde kann durch Tätowiertinte, Rotwein oder Pflanzenasche (keine Zigarettenasche) dauerhaft sichtbar gemacht werden, aber auch das sollte natürlich nur nach genauer vorheriger Absprache passieren.
Die offene Wunde muss wie jede offene Wunde versorgt werden (Desinfektion, evtl. Verband).
Um ein genaues Gefühl für die Tiefe des Schnittes zu haben, ist Erfahrung nötig. Der Schneidewiderstand der Haut ist von Mensch zu Mensch und

je nach Körperpartie unterschiedlich. Falls es zu einer stärkeren Blutung kommt, sollte man versuchen, diese durch Druck auf die Wunde zu stillen. Schießt das Blut pulsierend aus der Wunde, hat man eine größere Arterie erwischt. Druckverband anlegen und Notarzt rufen, die haben schon alles gesehen, also keine falsche Scham.
Das ganze sollte als Unfall dargestellt werden, nach Möglichkeit sollte nur der Name des Verletzten genannt werden.
Wunden, die eitern oder deren Ränder nach einigen Tagen stark gerötet sind, bedürfen ärztlicher Versorgung, da sie infiziert sind.

Sowohl bei Nadelspielen als auch nach dem Schneiden ist es wichtig, mit seinem Partner/Partnerin über das Erlebte zu sprechen. Verletzungen, bei denen Blut fließt, können nicht nur körperlich ‚unter die Haut gehen', sondern erst recht emotional.

Grundsatz bei allen Aktionen, in denen Blut fließen könnte

Lieber ein bisschen zu zaghaft sein, als durch falsche Forschheit gefährliche Komplikationen zu verursachen.
Und: Wirklich keine Drogen, kein Alkohol!

Bodypiercing

Wer sich dauerhaft piercen lässt, tut dies im Allgemeinen nach reiflicher Überlegung. Für die einen soll ein Ring das Körperbewusstsein verbessern, für andere steht der Schmuckaspekt im Vordergrund, der nächste möchte endlich Frieden mit einem Körperteil schließen und wieder einer braucht ein neues Spielzeug oder den Adrenalin-Kick des Stechens. Auch als Ausdruck von Devotion kann ein Ring gestochen werden.
Egal aus welchem Grund man sich stechen lassen will, wenn man den Grund wichtig genug findet, wird es schon okay sein.
Die besten Heilungsaussichten hat ein Piercing, das von demjenigen der gestochen wird, gewollt und gemocht wird, und damit meine ich nicht nur eine oberflächliche Willenserklärung, sondern eine tiefer gehende Entscheidung. Sicher, ein Piercing lässt sich rückgängig machen, man kann den Schmuck entfernen und der Stichkanal heilt meist fast narbenlos wieder zu. Aber Piercing ist nichts, um es mal eben auszuprobieren, nur weil es chic oder in Mode ist.
Wer den Schmerz des Piercings vermeiden will, wer nicht bereit ist, dafür mit einem intensiven körperlichen Gefühl zu bezahlen, der sollte sich überlegen, ob es ihm wirklich wichtig genug ist, oder sich einen Piercer suchen, der mit korrekter Lokalanästhesie arbeiten darf wie Ärzte oder Heilpraktiker.
Um gute Piercer von weniger guten zu unterscheiden, sollte man sich nach der Ausführung, dem zugelassenem Gewerbe und gesundheitsamtlicher Prüfung erkundigen. Eine ausführliche Beratung und eventuelle Nachsorge sollten selbstverständlich sein. Auch die Möglichkeit eines intimen Rahmens sollte gegeben sein. In manchen Studios wird man wie auf einem Präsentierteller liegend gepierct und in anderen kann man seinen Partner mitbringen, seine Lieblingsmusik hören und vielleicht das Piercing als Teil einer Inszenierung erleben.
Der **Stichschmerz** entspricht etwa dem zweier Blutentnahmen (einmal hinein, einmal hinaus), wer glaubt, das nicht aushalten zu können, weil er Pro-

bleme mit dem Kreislauf bekommt oder Angst vor Nadeln hat, sollte dies vorher sagen. Den Harten zu markieren, nützt niemandem.
Der Ring (oder die Hantel), der eingesetzt wird, sollte aus **Titan** oder **Teflon** sein, d. h. antiallergen. Sogenannter **Chirurgenstahl** und **Niobium-Schmuck** eignen sich auch. Silber ist ungeeignet, da es meist schwarz anläuft. Dennoch ist bei allen Materialien theoretisch eine Allergie möglich. Für einen Nichtfachmann ist es schwierig, eine allergische Reaktion von normaler Wundreizung zu unterscheiden, deshalb schaue lieber rechtzeitig bei einem medizinischen Fachmann vorbei.
Das Schmuckstück sollte groß genug sein, damit es sich gut bewegen lässt, zu eng am Stichkanal anliegender Schmuck kann zu Heilungsverzögerung oder gar Gewebeuntergang führen, außerdem ist gerade bei zu kurzen Hanteln ein korrektes Desinfizieren nicht möglich.
Nicht immer ist ein **Verband** nötig, die meisten Wunden heilen besser an der frischen Luft. Beim Nachbluten der Stichwunde sollte der Verband mindestens 12 Stunden auf dem frischen Piercing bleiben, danach ist Duschen okay, kein Bad in der Wanne, das weicht die Haut und das frische Narbengewebe zu sehr auf und sollte daher erst nach einigen Tagen erfolgen, Schwimmbad und Saunabesuch erst nach frühestens 4 Wochen.
Die Krusten am Rand des Stichkanals lösen sich beim Duschen oder nach dem Einweichen mit lauwarmem Wasser. Auch 20%iges Wasserstoffperoxyd eignet sich zur Krustenlösung. Wichtig für die Heilung ist regelmäßiges, vorsichtiges **Bewegen des Ringes** (oder der Hantel), sowohl in sich als auch hin und her. (Vorher die Hände waschen!) Hierbei möglichst nur an der Kugel anfassen und den Schmuck hinterher desinfizieren.
Regelmäßige Desinfektion ist das A und O, d. h. mindestens zwei Mal am Tag. Octenisept oder ein anderes Hautdesinfektionsmittel ohne Alkohol und Jod sind sinnvoll. In der Nähe von Schleimhäuten sollte ein schleimhautverträgliches Desinfektionsmittel genommen werden, z. B. oben erwähntes Octenisept oder Betaisadona-Lösung.
Mit Bepanthen-Augensalbe kann man die Haut um den Stichkanal geschmeidig halten, da der Alkoholgehalt mancher Desinfektionsmittel manchmal die Haut austrocknen lässt. Aber nicht den Stichkanal oder den Schmuck mit Salbe einschmieren. Ein Geheimtipp ist das Benetzen mit Mittelstrahlurin, gerade bei Genitalpiercings bietet sich das an.

Bei Hanteln regelmäßig prüfen, ob beide Kugeln **fest aufgeschraubt** sind, sie können sich durch Reibung etwas lockern. Ein unfreiwillig verlorenes Schmuckstück ist richtig ärgerlich, und ein frischer Stichkanal kann sich innerhalb von Stunden schließen und muss dann neu gestochen werden.

Als Komplikation können zwei Dinge auftreten

Erstens **Infektionen** (ein bisschen Wundsekret, auch über Wochen, ist normal). Wenn der Rand des Stichkanals mehrere Tage rötlich geschwollen ist und sich besonders berührungsempfindlich oder taub anfühlt, dann sollte man sich bei einem medizinischen Fachmann melden. Eine Infektion kann sich auch nach innen ausbreiten und Eiterherde bilden. Der Schmuck muss eventuell entfernt werden, damit die Infektion abheilen kann.
Aber auch mechanische Reizungen können einen derartigen Effekt hervorrufen, da nützt auch die beste Desinfektion nichts.
Also darauf achten, dass der Ring (die Hantel) nicht durch Kleidung oder Bewegung ständig gereizt wird. Notfalls ein Pflaster anbringen.

Zweite Komplikation kann ein **Herauswachsen** des Ringes sein.
Das ist manchmal bei zu starker mechanischer Reizung der Fall, aber gelegentlich passiert das auch nach Wochen einfach so. Dann hat der Körper den Fremdkörper nicht angenommen. Ein zweiter Versuch nach Abheilung des alten Stichkanals hat meist größere Erfolgsaussichten.

Für viele Körperschmuckträger und -trägerinnen ist das Ziehen am Ring oder das Anhängen von Gewichten ein besonderer Reiz. Schön und gut. Doch sind bestimmte **Minimalheilungszeiten** zu beachten, denn die Wundheilung verläuft von außen nach innen. Das heißt: Es sieht außen schon verheilt aus, wenn sich innen noch kein stabiles Narbengewebe gebildet hat, sondern die Wunde noch offen ist, bzw. die Heilhaut noch so dünn und empfindlich ist, dass sie einreißen kann.

Früheste Belastung durch (vorsichtigen) Zug sollte erst nach einer gewissen Heilungszeit erfolgen. Nach den ersten Spielen ruhig desinfizieren, das schadet nicht und ist sicherer (ja, ich weiß, in Filmen sieht man es anders).

Primäre Heilungsdauer Intimpiercings

Kleine Schamlippen, Klitvorhaut	2-6 Wochen
Große Schamlippen	4-8 Wochen
Vorhaut und Hodenhaut	2-4 Wochen
Brustwarze (weibl. und männl.)	12 bis 24 Wochen

Die Zeiten variieren natürlich je nach Wundheilung, aber ‚sicher' ist immer besser. Außerdem hat jeder ja ein Gefühl für seinen Körper und sollte merken, wann es zu früh ist.

So, und jetzt noch die Auswahl des Schmuckes und dann folgt der Stich. Die Dicke des ersten Ringes oder des Hantelstabes sollte am besten mindestens 2,0 mm sein. In manchen Studios wird es nicht gerne gesehen oder gar abgelehnt, mitgebrachten Schmuck einzusetzen. Ein Ring lässt sich besser desinfizieren. Doch einige finden eine Hantel besser, weil ein gerades Schmuckstück in einem geraden Stichkanal schneller heilt – also letzten Endes Geschmackssache. Falls man nach Abschluss der Heilung einen anderen Schmuck tragen will, sollte man sich beim **Auswechseln von einem Fachmann** helfen lassen, dies gilt besonders dann, wenn der neue Schmuck dicker als der alte ist.
Ach übrigens: die Zange, mit der man die Ringe gefühlvoll und problemlos öffnen kann, heißt Ringöffnungs-Zange oder **Sprengring-Zange**, es gibt sie in größeren Werkzeuggeschäften oder beim Online-Versand. Preis ca. 20,- €.

Neben dem normalen Piercen gibt es auch das temporäre Piercen etwa mit einem chirurgischen Tacker (Öffnen der Tackernadeln nur mit einer extra zu bestellenden Tackernadel-Zange, denn diese Tackernadeln biegen sich nach innen zusammen).
Auch hier ist ähnlich wie beim Stechen von Nadeln sauberes Arbeiten notwendig. Auch wenn man für das Tackern theoretisch einen normalen Bau-Tacker aus Metall und Edelstahl-Tackernadeln nehmen kann, kaum einer hat die Möglichkeit, so ein Ding vernünftig zu sterilisieren. Wo es doch geht haben diese Tackernadeln den Vorteil, dass man zum Entfernen kein Extra-Werkzeug benötigt.

Auch das Piercen für Haken-Suspensions gehört im weitesten Sinne dazu. Wir empfehlen da Fachleute, die wissen wo sie stechen müssen und wie stabile Befestigungen auszusehen haben.
Um erste Erfahrungen zu machen, bieten sich sogenannte Sus-Cons an – das sind Treffen, auf denen mehrere Piercer die Haken (bzw. Stecker) stechen und das Hängen (‚Sus' kommt von Suspension) beaufsichtigen.
Selbst einfach in diesem Bereich zu experimentieren, sollte man lieber lassen, denn nur zu schnell ist ein Haken ausgerissen.

Strom

Wenn nicht schon vorher, so scheiden sich spätestens jetzt die Geister an der Frage, ob man mit Elektrizität überhaupt spielen darf.
Manche selbsternannte SM-Fachleute meinen, das Risiko von Folgeschäden sei zu groß, andere schwören auf das unvergleichliche Kribbeln, das sich bis zur Schmerzgrenze und darüber hinaus steigern lässt.
Es gibt inzwischen eine Menge Elektrostimulatoren im Erotik-Fachhandel plus unterschiedlichster Ergänzungen. Ihr Preis ist relativ hoch. Mit schönem und sinnvollem Zubehör (z. B. Dildos, Plugs und ähnlichem mit eingebauten Kontakten für den Anal- und Vaginalbereich) kann man zwischen 200,- bis 500,- € ausgeben. Dafür hat man aber dann bei korrekter Benutzung auch ein geprüft ungefährliches Spielzeug. Mehr Infos dazu gibt es bei den bekannten Herstellern Mystim, Radio Toy, Elektrastim und KinkLab oder bei uns.

Gefährlich sind Geräte, die an den normalen Haushaltsstrom angeschlossen werden (z. B. Eisenbahntrafos) und manche Selbstbausätze für ‚Elektrisiergeräte'. Auch die im Waffenhandel erhältlichen Viehtreiber oder E-Schock-Stäbe arbeiten mit viel zu hoher Spannung, sie sind für erheblich dickfelligere Wesen oder als Waffe gedacht.
Manche Zeitgenossen benutzen Autobatterien, das ist problematisch, weil die Wirksamkeit nicht regulierbar und die Stromstärke zu hoch ist.
Da die Wirkung der oben genannten Geräte riskant bis tödlich sein kann, ist ihre Benutzung ein echter ‚Kunstfehler', der schlimmstenfalls zum juristischen Konstrukt der ‚fahrlässigen Tötung' führen kann.

Grundsätze für den Umgang mit Elektrostimulation

- Leute mit Reizleitungsstörungen im Herzbereich oder Träger von Herzschrittmachern sollten die Finger von jeglichem Elektrospiel lassen.
- Unter keinen Umständen Elektroden einer Leitung oberhalb der Gürtellinie anbringen. (Der Impuls wandert über das Herz und kann den dort arbeitenden biologischen Impulsgeber nachhaltig stören.)

- Vorher ausprobieren, wie die Wirkung ist, am besten macht der Aktive vorsichtige Selbstversuche.
- Manche Menschen haben vor Strom in jeder Form einfach Angst und reagieren phobisch oder panisch. Daher sollte niemand mit E-Spielen ohne Vorwarnung konfrontiert werden.
- Sich wie bei allen Aktionen Zeit lassen und immer möglichst niedrig anfangen.

Merke: Die Stromleitungsfähigkeit auf der Haut ist abhängig von verschiedenen Unwägbarkeiten, wie Hautwiderstand (je feuchter die Haut, desto intensiver der Stromstoß), Bodenbelag (Erdung), Entfernung der Elektroden zueinander etc.

Risiken der Elektrostimulation

Herz- oder Kammerflimmern bei unsachgemäßen Stromspielen (Herzmassage beginnen, bei Atemstillstand im Wechsel zu künstlicher Beatmung, sofort einen Notarzt rufen), Verbrennungen besonders ins tiefere Gewebe (die sogenannten ‚Strommarken'), irreversible Nervenschädigungen.

Potentielle Anwendungsmöglichkeiten

Immer nach der Gebrauchsanleitung verfahren, leider sind einige Hersteller nicht besonders sorgfältig, was die Aufklärung über gesundheitliche Risiken angeht.
Externe Anwendung an Penis, Hoden, Schamlippen, Schenkeln, Füßen.
Interne Anwendung mit dafür bestimmtem Zubehör (Krokodilklemmen gehören nicht an Schleimhäute) ist sowohl vaginal als auch anal möglich (daran denken, intern wirkt der Reiz stärker, weil es sich um eher feuchte Schleimhäute handelt).
Auch hier bietet das „SM-Handbuch Spezial" aus unserem Verlag ein paar zusätzliche Tipps.

Das Spiel mit dem Feuer

Brennen/Hitze/Feuer

Grundregeln:

1. Das Spiel mit Hitze ist nichts für nebenbei und im Vorübergehen.
2. Sich vorher genau überlegen, was man kann und was man will.
3. Manche Leute reagieren panisch auf Feuer oder Hitze. Das muss vorher abgeklärt werden.
4. Es ist immer daran zu denken, dass auch vorsichtiges Probieren zu einer lange sichtbaren Narbe führen kann.

Es gibt verschiedene Grade von Hitzereaktionen der Haut und des angrenzenden Gewebes. Um abwägen zu können, ob und wie etwas zu unternehmen ist, sollte jeder wissen, woran man die einzelnen Grade erkennt.

1. Grad: Oberflächliche Verbrennung, die Haut rötet sich und wird heiß. Die Heilung erfolgt ohne Therapie und Narbe. (Kann etwa durch heißes Wachs hervorgerufen werden.)

2. Grad: Die gesamte oberste Hautschicht ist verbrannt, es entsteht eine mit klarer Flüssigkeit gefüllte Brandblase. Kann oft zu leichter Narbenbildung führen. Wenn es sich um eine kleine Brandstelle handelt, ist keine Therapie erforderlich (z. B. durch Zigarettenglut oder Bienenwachs).

3. Grad: Die Haut und die darunter liegenden Schichten der Hautanhangsgebilde sind verbrannt. Die Haut sieht weiß oder sehr dunkel aus. Es kommt immer zu Narben. Ein Arzt sollte die Wunde anschauen.

Achtung: Infektionsgefahr. (Entsteht bei unsachgemäßer Handhabung eines Brandeisens oder beim Ausdrücken einer Zigarette auf der Haut).

4. Grad: Die Haut ist bis tief ins Gewebe verkohlt. Notarzt aufsuchen!

Es gibt unterschiedliche Möglichkeiten, mit Hitze zu spielen.
Am bekanntesten ist Wachs. Man sollte darauf achten, dass weiße Stearin-Kerzen verwendet werden (die üblichen Haushaltskerzen) oder sogenannte Niedrigtemperatur-Kerzen, der Schmelzpunkt liegt relativ niedrig, d.h. das flüssige Wachs ist nicht allzu heiß. Dennoch reagiert jeder unterschiedlich auf einen Hitzereiz, man sollte daher vorsichtig mit kleinen Tropfen beginnen (die Kerze aus mindestens einem Meter Höhe nur ganz kurz kippen und dann Reaktion abwarten und die Hautreaktion prüfen). Je nach Reaktion kann man langsam dichter herangehen oder etwas weiter weg. Besonders pingelige Tops machen diesen Test erst mal auf ihrer eigenen Haut. Das kann besonders dann sinnvoll sein, wenn die Kerzen schon ein paar Jahre herum liegen und sich durch Verdunstung die Zusammensetzung geändert hat, was zu heißerem Wachs führt.

Achtung: Bienenwachskerzen, Kerzen unbekannter Zusammensetzung und die sogenannten Gartenfackeln sollte man meiden.
Manche farbigen Kerzen gehen womöglich auch, da ist ein vorheriger Test immer sinnvoll.

Bienenwachskerzen haben einen zu hohen Schmelzpunkt, d. h. das Wachs wird sehr heiß. Im Selbstversuch entstand aus einem Bienenwachstropfen auf die Handinnenfläche aus ca. 40 cm Höhe eine nette kleine Brandblase, die sehr schmerzhaft war.

Für richtige Wachsorgien eignen sich auch Teelichter oder Grableuchten. Diese bestehen aus einer Mischung von Wachs und Öl, daher entsteht schnell eine nicht so heiße, sehr große Flüssigkeitsmenge – aber auch hier vorsichtig sein und zu Beginn tropfenweise vorgehen.
Andere Möglichkeiten sind: Die Glut einer Zigarette, ein Feuerzeug oder eine offene Flamme dicht an die Haut halten. Das kann ein interessanter Reiz sein, setzt aber voraus, dass das Feuer die Haut nicht berührt.
Schamhaar lässt sich absengen, wenn es normal lang ist, aber bitte nur an kleinen Stellen und auch nicht in der Nähe der Schamlippen. Die Flammen gehen nach etwa zwei Sekunden aus und brennen nur einige Millimeter des Haares ab. Dennoch ist hier besondere Vorsicht geboten. Ein Selbstversuch bietet da die beste Trainingsmöglichkeit.

Zigaretten, Streichholzglut und ähnliches sind sehr gefährliche Dinge, wenn sie die Haut berühren, denn sie verursachen fast sofort Verbrennungen zweiten, wenn nicht gar dritten Grades. Also Finger weg davon.

Da bietet sich eher eine heiße Nadel an, die macht durch die winzige Berührungsfläche keine sichtbaren Verletzungen, ist aber dennoch sehr wirkungsvoll.
Achtung, nur vorsichtig mit der Nadel tippen und darauf achten, dass sie nicht glüht, sonst kann es zu tieferen Verbrennungen kommen.

Mit dem Wechsel von heiß und kalt lassen sich intensivere Wirkungen erzielen, als wenn man nur mit heißem Wachs spielt. Eiswürfel, bzw. ihr Schmelzwasser, Flaschen, die vorher im Kühlschrank gestanden haben **(Achtung: keine metallischen Gegenstände aus dem Kühlfach oder der Gefriertruhe, auch Kälte kann zu Verbrennungen führen, besonders auf feuchter Haut)** oder die flache Seite eines Messers im Wechsel mit heißem Wachs sind eine sehr spannende Erfahrung.

Brandeisen

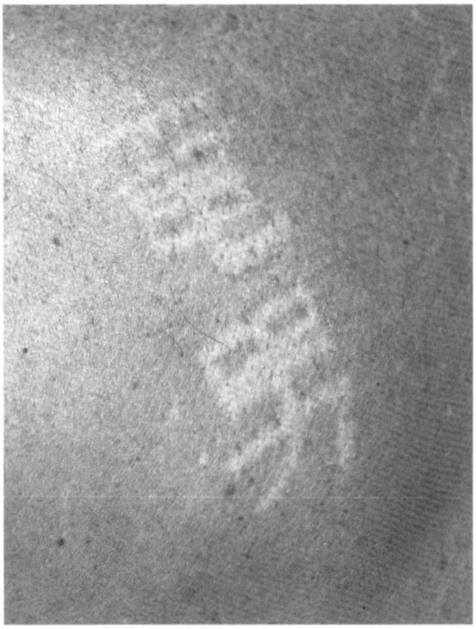

Viele Sklavinnen und Sklaven träumen von dem dauernd sichtbaren Kennzeichen, fast jeder SM-Porno spielt damit: das in die Haut gebrannte Zeichen des Herrn oder der Herrin.
Brandmarkungen sollten nur von Profis ausgeführt werden. Die eingangs erwähnten Grundregeln gelten hier noch mal extra!
Eine Brandmarkung ist ein dauerhaftes Zeichen, d. h. es gibt nur einen Versuch und der muss gelingen. Sollte jemand Genaueres wissen wollen, kann er sich an den Charon-Verlag wenden.

Noch ein paar Tipps zur ersten Hilfe bei Verbrennungen

1. Geschlossene Brandwunden sofort unter fließendes kaltes bis lauwarmes Wasser halten, diese Prozedur mehrmals wiederholen. Auch Eiswürfel können nützlich sein. Am besten so lange kühlen, bis die Stelle nicht mehr schmerzt.
2. Offene Brandwunden je nach Schweregrad einem Arzt zeigen. In den Erste-Hilfe-Kästen der Autofahrer befindet sich ein Brandwunden-Verband, mit dem man die Wunde bis zur medizinischen Behandlung abdecken kann.

Atem- und Würgespiele

Eine der riskantesten SM-Techniken beschäftigt sich mit der Reduktion des Atems und dem sekundenlangen Reduzieren der Blutzufuhr ins Gehirn. Fast jeder kennt die Geschichten über die finale Erektion von Gehängten. Diese Erektion wird durch die Unterbindung der Blutzufuhr zum Gehirn ausgelöst. Laut Berichten aus dem bunten Wald der normalen Presse ist die häufigste Unfallursache bei Selbstbondages eben diese Unterbindung, die hier nicht rechtzeitig – also vor dem Eintreten einer Bewusstlosigkeit bzw. des Todes – aufgehoben worden ist.

Deswegen gilt ja auch die eiserne Regel: Niemals ein Seil oder ähnliches vorne um den Hals legen und festziehen. Halsbänder oder -reifen sollten mindestens einen Finger breit Luft haben.
Und NIEMALS Experimente in diese Richtung alleine unternehmen!

Trotz – oder vielleicht auch wegen – des Risikos gibt es viele Menschen, die den Kick einer Atembehinderung oder eine kurzfristige Einschränkung der Blutzirkulation in den Halsschlagadern genießen.

Ein paar physiologische Details

Die kurzfristige Reduktion der Sauerstoffzufuhr im Gehirn durch Atembehinderung oder Abdrücken der Halsschlagadern erzeugt einen milden Rausch durch den Anstieg des Kohlendioxid-Gehaltes im Blut und damit im Gehirn. Aus diesem Rausch kann ganz schnell eine Kohlendioxidvergiftung werden, die zur Ohnmacht und zum Tode führen kann. Aber genau das wollen wir ja gerade vermeiden.
Deswegen ist es lebensnotwendig, wenn man auf dieser Ebene spielt, dass der Aktive genau beobachtet, was er für Reaktionen auslöst.
Zu warten, bis der andere blau anläuft, ist zwar ein untrügliches Zeichen, aber nur dafür, dass aus dem Spiel tödlicher Ernst geworden ist. Die kurzfristige Unterbrechung bzw. Behinderung des Blutflusses zum Gehirn (Druck

auf die Halsschlagadern, diese befinden sich seitlich am Hals und lassen sich ertasten, um den Pulsschlag zu spüren) **darf nie länger als 10 Sekunden dauern**, bei längerer Unterbrechung kann es zu irreparablen Gehirnschäden kommen.
Die Einschränkung der Atmung durch vollständige Atembehinderung ist weniger gefährlich, sollte aber auch nicht länger als maximal eine Minute durchgeführt werden. Eine Reduktion der Atmung z. B. durch Masken, Plastikfolie etc. sollte nicht länger als 5 Minuten gemacht werden.

Dies sind immer Näherungswerte, jede Person ist zu jedem Zeitpunkt neu einzuschätzen! Bevor ihr mit Atemreduktionsspielen beginnt, sprecht mit Menschen, die sich damit auskennen und lasst euch anleiten!

Techniken

Wie meist, sind die **Hände** die beste Möglichkeit, nur mit ihnen können wir den Druck genau regulieren. Der Druck auf die Halsschlagadern sollte so erfolgen, dass nur auf diese gedrückt wird, ohne dass der Kehlkopf belastet wird. Mund und Nase kann man auch gut so verschließen, doch braucht man dazu besser beide Hände.

Locker um das Gesicht gelegte **Klarsichtfolie** (keine normale undurchsichtige Plastikfolie, da man die Reaktionen im Gesicht nicht mehr genau beobachten kann) ist eine gute Möglichkeit, dem anderen die Fähigkeit weiter zu atmen zu lassen, nur dass dieser immer noch mal seine eigene Ausatmungsluft inhaliert, die sich immer weiter mit Kohlendioxid anreichert, während der Sauerstoffgehalt sinkt. Man sollte immer einen spitzen Gegenstand wie z. B. einen scharfen Fingeragel, eine Nagelfeile oder einen Stift in Griffweite haben, damit man schnell ein Loch in die Folie stoßen kann und der andere wieder Sauerstoff bekommt.

Manche **Gasmasken** eigenen sich vorzüglich für die Atemkontrolle. Man kann nach dem Abschrauben des Filters sehr gut mit vorgelegter Hand die Sauerstoffzufuhr regulieren. Ein netter Trick ist das Einlegen eines dänischen 5-Kronenstücks. Dieses passt genau in die Öffnung der Gasmaske, und reduziert die Atmung auf das viel kleinere Loch in seiner Mitte.

Würgehalsbänder sind mit sehr viel Vorsicht zu genießen. Es gibt gute, die mit einem Zug nach vorne nur seitlichen Druck auf die Halsschlagadern ausüben. Aber meist sind diese Halsbänder schlecht gearbeitet, und der Druck wird ungleichmäßig auf den Hals verteilt, wobei der Kehlkopf stark gefährdet ist.

Ein Reiz dieses Spiels ist es, die Kontrolle über eine der lebenswichtigsten Funktionen des menschlichen Organismus abzugeben bzw. auszuüben. Es ist so, als wäre man Herr über Leben und Tod. Der andere ist einem so vollständig ausgeliefert, dass es viele Aktive gibt, die genau aus diesem Grund diese Techniken ablehnen.
Einen anderen Reiz habe ich oben schon erwähnt, eine Reduktion des Sauerstoffgehaltes im Gehirn führt zu einem leicht rauschähnlichen Zustand, der aus einem Orgasmus mehr Tiefe herauszuholen vermag. Obwohl es ein anderer Mechanismus ist, behaupten einige, es sei so ähnlich, als röche man an Poppers (ein Lösungsmittel, welches eine kurzzeitige Weitstellung der Gefäße bewirkt und so ein Gefühl völliger Entspannung erzeugt).
Es versteht sich von selbst, dass es hier ganz besonders notwendig ist, mit seinem Partner vorher ausführlich darüber zu reden, worin denn der eigentliche Kick bei diesem Spiel besteht, damit man sich über das Ziel dieser Technik im Klaren ist.
Atemspiele sollten niemals ohne vorherige Absprache und Codesignale ausgeführt werden. Da es sich um die Einschränkung einer lebenswichtigen Funktion handelt, kann es bei unerfahrenen oder gar überraschten Personen zu einer Panikreaktion kommen.

Knebel gehören nur am Rande dazu, dienen sie doch weniger der Atembehinderung als der Geräuschreduzierung. Dennoch sollte man gerade die beliebten aufblasbaren Knebel mit sehr viel Vorsicht benutzen, da sie die Atmung mehr als normale Knebel beeinträchtigen. Manche Knebel sind zu groß für das längere Tragen, es kann zu einem Krampf der Kiefermuskeln oder einer Gelenksperre kommen. Auch Socken, Slips oder Tücher im Mund können sehr schnell das Atmen behindern.
Wichtig ist bei Knebelspielen, darauf zu achten, dass die Nase frei ist. Man sollte niemals jemanden, der gefesselt und geknebelt ist, alleine lassen, da sich die Gefahr einer Atembehinderung auch erst mit der Zeit entwickeln kann.

Dringend beachten: Der Karotis-Sinus-Reflex (CSR) wird gern als die einzige oder wichtigste Gefahr bei Würgespielen beschrieben.
Der Karotis-Sinus-Reflex lässt sich durch Druck auf die Halsschlagader im Bereich der sogenannten Karotisgabel (etwa 2 bis 3 Fingerbreiten unter dem Kieferknochen, seitlich am Hals) auslösen. An dieser Gabelung sitzen Sensoren, die den Blutdruck messen. Bei Druck oder Schlag auf diese Stelle senken sie Blutdruck und Pulsfrequenz, weil sie den erhöhten Blutdruck an dieser Stelle fälschlich als erhöhten Blutdruck im ganzen Körper interpretieren.
Bei Menschen mit hyperaktivem Karotis-Sinus-Reflex kann das sogenannte Karotis-Sinus-Syndrom zu kurzer Bewusstlosigkeit und zum vorübergehenden Aussetzen des Herzschlags führen. Bei diesen Personen kann das Karotis-Sinus-Syndrom unter Umständen bereits durch ein enges Halsband, einen engen Kragen oder Drehen des Kopfes ausgelöst werden.
(Quelle: „Hängen und Würgen" – ursprünglich auf datenschlag.org – mit vielem Dank an Kathrin P.)

Und auch hier gilt: Null Alkohol, null Drogen – das eigene Adrenalin muss reichen.

Formen der Unterwerfung und des Masochismus

Sklave oder schmerzgeil?

Auf Partys, Stammtischen, in Zweierbeziehungen und auch auf den Seiten der einschlägigen SM-Webseiten und -Publikationen hat es schon immer die seltsamsten Überlegungen gegeben, was denn bitteschön die echte, naturveranlagte Masochistin und der richtige ‚Mache-alles-mit'-Sklave an Eigenschaften und Verhaltensweisen haben müsse.

Neben der Einhaltung von bestimmten Kleidungsvorschriften („Was, du trägst Strumpfhosen?"), dem Einnehmen von besonders dekorativen Haltungen („Wie, du hast die Beine übereinandergeschlagen?") und der Bereitschaft, dies und das in der Semi-Öffentlichkeit einer SM-Party über sich ergehen zu lassen, ist es besonders die Fähigkeit, intensive Schmerzen aushalten zu können, die zu zählen scheint.

Auch wenn es sicher einige vermissen werden, eine für alle gültige, vielleicht sogar einklagbare Definition gibt es nicht, glücklicherweise.

Die Spielregeln einer SM-Session oder einer SM-Beziehung werden nach eigenen Vorlieben individuell aufgestellt, vordergründig meist von den Aktiven. Das übertriebene Anforderungsprofil an Sklaven und Sklavinnen entsteht meist am SM-Stammtisch (besonders beliebt bei Solo-Männern, die sich so zu profilieren versuchen) oder beim Basteln der eigenen Wichsvorlage. Ob das bei der Suche nach einem Partner oder einer Partnerin sinnvoll ist, sei dahingestellt. Vielleicht ist es nur ein Anlass, eine bestimmte Form von Aufmerksamkeit zu provozieren.

Auch die nicht ganz ernst gemeinte SMP (SadoMasochistische Polizei) kann da nur vermitteln und auf Takt, Achtung und Diskretion hinweisen, die internationale nicht wirklich existierende Sklavenrechtskommission (SRK) und die dazu gehörige Sklaven-Gewerkschaft sind mit Anfragen völlig desillusionierter Sklavinnen und Sklaven ohnehin überlastet.

Dass diese dubiosen ‚Regelwerke' auch in umgekehrter Richtung wirken, zeigt sich im Glauben mancher Aktiver, ein bestimmtes ruppig-penetrantes Verhalten sei besonders dominant oder eine höfliche Reaktion schon ein Zeichen von Schwäche.

Richtig eklig wird es, wenn jemandem seine Dominanz oder seine Unterwürfigkeit und/oder sein Masochismus abgesprochen werden, weil sie oder er dieses oder jenes Tabu hat oder über diese oder jene Fähigkeit im Aushalten oder Zufügen von Schmerzen und Demütigungen (scheinbar) nicht verfügt. Beurteilungen darüber werden in erster Linie von Beobachtern abgegeben, und kaum eine oder einer kann sich dem entziehen.
Doch soll es im Folgenden gerade nicht um diese meist blödsinnigen oder unqualifizierten Bewertungen gehen.
Diese Klischees haben sich zwar als Festschreibungen in unseren Köpfen eingenistet und treiben dort ihr kleinkariertes und manchmal verächtliches Unwesen, doch sind wir ihnen nicht hilflos ausgeliefert. Auch wenn sie uns manchmal zu Handlungen oder Angeboten veranlassen, die wir ‚eigentlich so nicht gemeint' haben oder von denen wir mutmaßten, sie seien die ‚richtigen', weil ‚das macht man doch so'.
Richtig oder falsch ist ohnehin keine Frage, die jemand von außen beantworten sollte. Das wäre mindestens anmaßend. Nur der oder die Betreffende selbst kann beurteilen, ob das was er/sie zeigt, das worauf er/sie sich einlässt, eine mehr oder gute Schau ist oder von echten Gefühlen getragen ist.
Es gibt ohnehin nicht den ‚korrekten Sadomasochismus' in Abgrenzung zum ‚falschen', sondern nur die Frage, ob die Partner einer Aktion, eines Spiels oder einer Inszenierung Gefallen daran finden oder nicht. Letzten Endes muss die Beziehungsebene zwischen den beiden (oder mehreren) Partnern stimmen, und nicht das, was sie dem Zuschauer bieten.

Devot und masochistisch wird sprachschludernd oft synonym benutzt, doch devot ist erst mal eine psychische Bereitschaft, sich in bestimmten Situationen psychisch und/oder körperlich zu unterwerfen.
Masochismus (im sexuellen Sinn) hat dagegen vor allem mit der körperlichen, aber auch psychischen Fähigkeit zu tun, Schmerz als erotisches Stimulans zu erleben und zu genießen.

Diese Unterscheidung ist wichtig, weil klare Begriffe für ein klares Verständnis notwendig sind. Gerade in der professionellen Szene gibt es eine Begriffsverwirrung, denn der Kunde, der sich als Sklave anreden lassen muss, kauft sich ganz ununterwürfig eine Dienstleistung, deren Regeln er vorher festlegt. Sprache schafft Realitäten und ungenaue Sprache schafft vermeintliche Realitäten mit großem Platz für schlimmste Missverständnisse, Fehlinterpretationen und möglicherweise noch Schlimmeres.
Selbstverständlich können sich in einer Person Masochismus und Devotheit mischen oder auch situativ oder personengebunden unterschiedlich stark oder schwach ausgeprägt sein.
Die folgende Einteilung erhebt keinen Anspruch auf Vollständigkeit, außerdem ist sie kein starres Gerüst, innerhalb dessen jemand nur so oder so sein kann. Gleichzeitig ist dieser Versuch einer ‚Klassifizierung' kein Bewertungsschema menschlicher Qualitäten, sondern beschreibt lediglich bestimmte Aspekte einer Person. Das heißt: Der ‚echte Sklave' ist kein besserer SMer, als der ‚Nur'-Masochist und umgekehrt.
Die Einteilung richtet sich nach den von Diane Vera beschriebenen ‚9 Stufen der Unterwerfung' und den ‚Arten der Unterwerfung und des Masochismus' (s. Pat Califia (Hg.), ‚Das S/M Sicherheits Handbuch', Pullenreuth 92, S. 77 ff).

1. Eindeutig nicht devote Masochistinnen und Masochisten

Ihnen geht es in erster Linie um körperliche Empfindungen und Intensität. Sie stellen die Bedingungen, nach denen alles zu passieren hat, zu ihrem eigenen körperlichen Vergnügen, der Lustgewinn des aktiven Parts ist ihnen nur in zweiter Linie wichtig.

2. Scheinunterwürfige Masochisten/innen

Sie haben kein Interesse an Sklavenspielen, sind aber bereit, auf andere unterwürfige Rollenspiele einzusteigen. Mögen Demütigungen, haben kein Interesse am Bedienen. Bestimmen die Szenen ziemlich stark.

3. Scheinunterwürfige/r Sklavin/Sklave

Fühlen sich gerne devot und mögen es zeitweise, vom aktiven Part benutzt zu werden. Verhalten sich manchmal devot, jedoch zu ihren eigenen Bedingungen. Häufig Vorlieben für fetischistische Gegenstände.

4. Echt devote/r Nichtsklave/in

Verzichtet kurzzeitig auf Selbstbestimmung, aber nur innerhalb von vorher festgelegten Grenzen. Zieht auch Befriedigung aus dem Bedienen des aktiven Teils. Hat eher ein gewisses Interesse an seelischer Demütigung und Verwundung als an körperlichen Schmerzen. Strebt aber in erster Linie nach eigenem direkten, also sexuellem Vergnügen.

5. Echt devote/r Sklave/in im Spiel

Ist mehr indirekt an Schmerzen (als Ausdruck seiner Unterwerfung) interessiert. Schöpft hauptsächlich Befriedigung daraus, den Lüsten und Wünschen des aktiven Parts zu dienen, doch steht das eigene Vergnügen noch stark im Vordergrund.

6. Halbsklave/in auf Zeit

Gibt Selbstbestimmung innerhalb von ihr/ihm bestimmter Grenzen auf, will benutzt werden und ist auch bereit zu nichterotischen Diensten. Behält sich meist die Entscheidung über den Zeitpunkt des Dienens vor.

7. Echte/r Sklave/in nach Vereinbarung

Betrachtet sich als ständigen Besitz des dominanten Parts. Möchte in allen Dingen des Lebens gehorchen und dienen. Der aktive Part hat den vorrangigen Zugriff auf die freie Zeit des passiven Parts.

8. Ganzzeit-Sklave/in nach Vereinbarung

Von wenigen Einschränkungen abgesehen, eine Person, die ausschließlich für Gebrauch, Nutzen und Befriedigung des dominanten Parts da ist, will als wertvoller Besitz angesehen werden.

9. Totale/r Sklave ohne Einschränkung, nach Vereinbarung

Für viele ein angestrebtes Ideal, aber selten in der Realität anzutreffen, höchstens nach bestimmten Formen der Gehirnwäsche oder aufgrund eines sozialen oder wirtschaftlichen Drucks. Wirklich alles für seinen Herrn oder seine Herrin zu tun, würde potentiell auch den, wenn gefordert, freiwilligen eigenen Tod mit einbeziehen.

Ausgehend von den Kontaktanzeigen auf den Online-Portalen scheint es, als würden viele Dominante eher Personen aus den Kategorien sechs bis acht suchen. Angeboten von den Passiven werden aber meist Bedürfnisse aus den Kategorien eins bis drei. Wenn die Bedürfnisse des aktiven Parts und des passiven Parts so weit auseinanderklaffen, wäre es sinnvoll, genauer zu prüfen, inwieweit es sich hier um echte Bedürfnisse handelt, oder ob hier nicht Maulhurerei betrieben wird. Denn manche Anzeigen klingen, als wären sie mit der linken Hand geschrieben worden, weil die rechte gerade woanders beschäftigt war.
Will der dominante Part wirklich den echten Sklaven haben, rund um die Uhr, für den er dann auch die Verantwortung übernehmen müsste? Oder ist das nur eine – zugegeben – geile Phantasie, die einer Realitätsprüfung nicht standhält? Dass es damit zu noch mehr Schwierigkeiten bei der Partnersuche kommt, ist so schon vorprogrammiert.

Außerdem unterscheidet Diane Vera (a.a.O.) noch:

Drei Arten des Masochismus und/oder der Unterwerfung

Widerstrebender Masochismus/Unterwerfung

Echte oder vorgetäuschte Machtlosigkeit wird erotisiert, aber eigentlich abgelehnt. Die Lust wird aus Groll, Verachtung, Hass und/oder Angst gewonnen.

1.1. Direkt widerstrebend:

Groll und Angst, geheime Verachtung oder ironische Verehrung der dominanten Person oder der Menschengruppe, die diese Person repräsentiert, werden erotisiert.

1.2. Indirekt widerstrebend:

Genuss an sexualisierten, abgeschwächten Situationen, die man im wirklichen Leben verabscheuen oder fürchten würde, hierzu gehören z.B. Vergewaltigungsspiele. Oft wird die Person, die den dominanten Part hat, respektiert, aber die Rolle, die sie spielt, abgelehnt.

Ehrerbietiger Masochismus/Unterwerfung

Gründet immer auf positiver Einstellung gegenüber dem dominanten Part oder der Rolle, die dieser einnimmt.

2.1. Reduziert:

Bewundert wird nur ein Aspekt oder ein zum Fetisch gemachter Teil der dominanten Person.

2.1.1. Nacheifernd:

Der dominante Part wird bewundert, aber gleichzeitig werden die Attribute seiner Dominanz auch angestrebt.

2.1.2. Polarisiert:

Die Dominanz wird bewundert, aber die Aspekte nicht angestrebt.

2.2. Personenbezogen:

Der dominante Part wird als menschliches Wesen und als Person geschätzt. Der passive Part ist bestrebt, die Bedürfnisse und Wünsche des dominanten Parts zu befriedigen.

Masochismus mit makabrem Humor

Nichtfeindselige Art des Masochismus, die auf einer Mischung aus Angst und Vergnügen gedeiht. Kann Widerstand einschließen oder auch nicht. Enthält echte Aspekte teilweise ehrerbietiger Unterwerfung (im Sinne des Verlustes von Selbstbestimmung), geht aber auch einher mit vielfältigen Versuchen, den dominanten Part zu manipulieren. Sowohl bei Vertretern des makabren Masochismus, als auch bei ehrerbietiger Unterwerfung findet man oft eine Vorliebe für Mystik, schwarze Kleidung und außergewöhnliche Inszenierungen.

Die neunstufige, als auch die dreistufige Einteilung soll in erster Linie dazu dienen, Menschen, die sich mit SM beschäftigen, einen Anhaltspunkt zu geben, der ihnen ein tieferes Verständnis ihrer eigenen ehrlichen Bedürfnisse und Sehnsüchte ermöglicht. Leider gibt es eine derartig ausführliche Einteilung für den aktiven Teil nicht. Liegt das vielleicht an der Tautologie des Satzes ‚Ein echter Herr ist ein echter Herr' bzw. ‚Eine echte Herrin ist eine echte Herrin'? Stehen die Aktiven jenseits von Kategorisierungen? Wenn ich den Gesprächen von Passiven lausche, wie sie ihre Erfahrungen mit unterschiedlichen Herrinnen und Herren besprechen, dann existiert natürlich eine Einteilung, bei der die Aktiven nicht selten recht schlecht weg kommen:

1. Der Sadist/die Sadistin

aus Ablehnung oder Hass auf das andere/das eigene Geschlecht

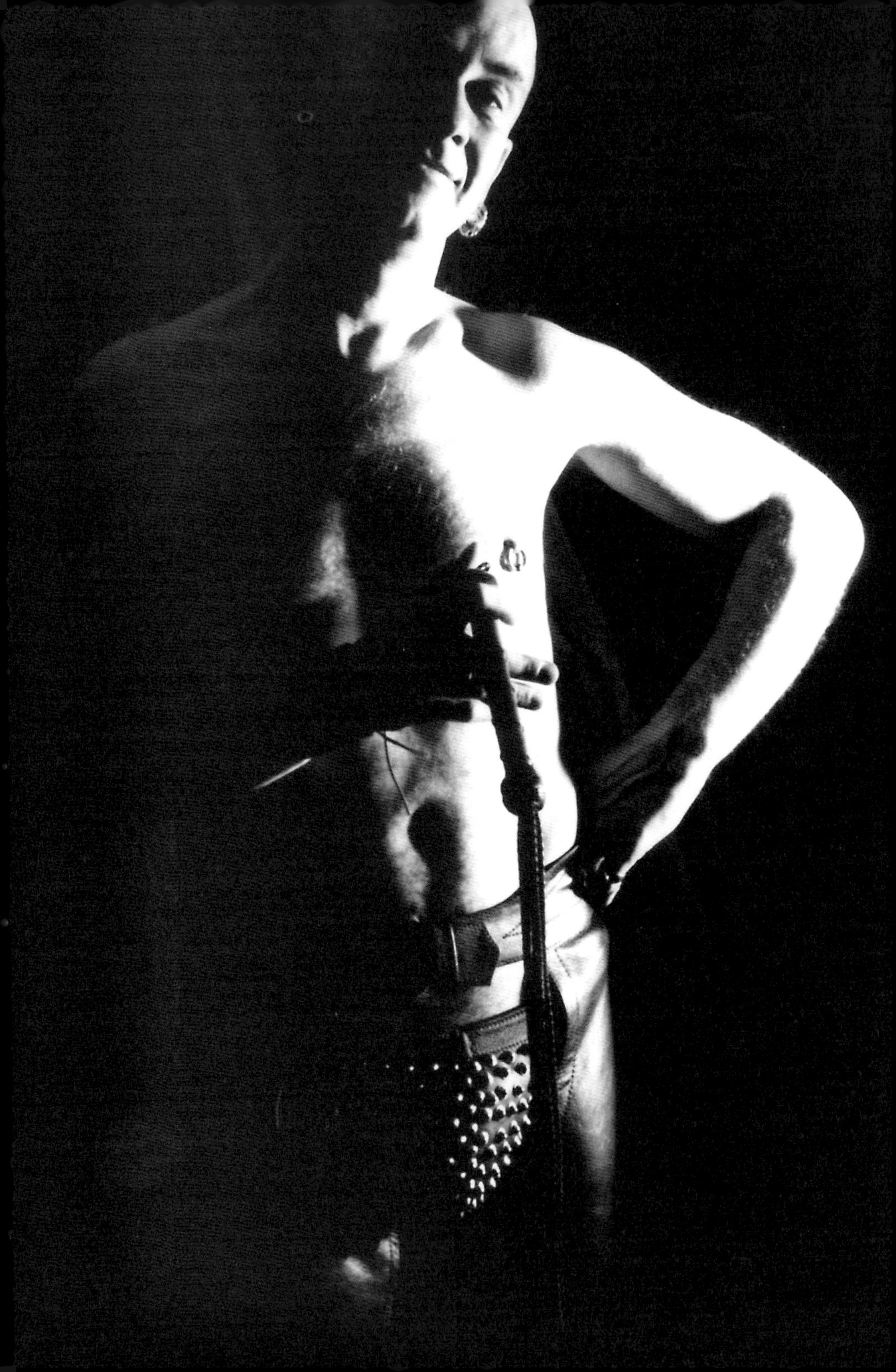

2. **Der Dominus/die Domina**
aus Angst (oder Verachtung) vor dem eigenen/dem anderen Geschlecht

3. **Der Herr** (eigentlich nie die Herrin),
weil er auf dem Markt der Beziehungen als Sklave keine Chance hätte.

4. **Der Meister/die Meisterin,**
die Angst vor ihren eigenen passiven Wünschen und Bedürfnissen haben.

5. **Die Traditionalisten**
Manche Tops sehnen sich nach den klaren Geschlechterrollen der 50er Jahre zurück, als der Mann noch das Sagen hatte und die Frau dem Manne untertan war. Die fragen musste, ob sie arbeiten gehen darf und auch sonst eher als unselbstständiges Wesen gesehen wurde (gibt es auch in der umgekehrten Version mit den Frauen als „Macker" und den Männern als ihre unterwürfigen Anhängsel). Für diese Menschen scheint das SM-Setting ein guter Weg zu sein, diese alte Rollensicherheit wieder zu gewinnen.

6. **Der aktive Sadomasochist/die aktive Sadomasochistin,**
die sich als liebende Begleiter, Gespielen und/oder Partner ihres passiven Gegenübers fühlen und sowohl ihre als auch die Befriedigung des anderen im Blick haben, indem sie dem anderen angenehme Schmerzen, geile Unterwerfungsgesten und erotisierende Demütigungen abfordern. Der dominante und der passive Part sind aufeinander angewiesen, eine Binsenweisheit, die doch zu oft vergessen wird.
Oft findet man bei ihnen auch eine gewisse Form des Reaktions-Fetischismus – einen großen Teil ihrer Lust ziehen sie aus den von ihnen ausgelösten Reaktionen ihres Gegenübers.

Damit hat sich wohl auch die Frage erledigt, ob es geprüfte Masochistinnen, Dominas und Sklaven gibt: es gibt sie natürlich – nicht.
Und die Begriffe bei der Einteilung der Aktiven sind natürlich subjektiv und etwas sarkastisch gewählt.

Über die verschiedenen Arten des Oben und Unten

SM wird von vielen Leuten aus der Szene so gesehen, als müsse man sich für einen bestimmten (kürzeren oder längeren) Zeitabschnitt entscheiden, ob man unten oder oben, aktiv oder passiv spielen will.
Zwar zwingt einen niemand dazu, aber auch bei uns haben sich Konventionen eingebürgert, gibt es eine Tradition, die es scheinbar zu erfüllen gilt. Das mag für einige zutreffen, aber die üblichen Einteilungen sind nicht immer so eindeutig, wie es nach dem ersten Blick auf die einschlägigen Attribute (z. B. Peitsche oder Halsband) erscheinen mag.

Natürlich gibt es sie, die puren **Sados** und reinen **Masos**, die **Devoten** und die **Dominanten** und jene, die sich mal so, mal so entscheiden: die **Switcher** (Rollenwechsler).
Doch bekannt sind auch **sadistische Devote** (ihnen unterlaufen im entscheidenden Augenblick kaum wiedergutzumachende Fehler oder ein Verhalten, das den Aktiven brüskiert oder gar beleidigt), **devote Sadisten** (sie bedienen haargenau die Wünsche des anderen, ängstlich bemüht, nur ja keinen Fehler zu machen), **masochistische Dominante** (sie suchen sich gerade die Spielpartner aus, an denen ihre Dominanz abprallt wie an einer Rüstung, oder aber sie spielen mit Menschen, die in ihnen ohnehin nur den Kleiderständer für die eigenen Phantasien erkennen wollen) und **dominante Masochisten** (die sich ihren Sadisten so dressiert haben, dass er sowieso nur das macht, was sie gerade in diesem Augenblick erleben wollen). Und keiner ist besser oder schlechter!

Egal wie man sich nun einteilt (was allemal besser ist, als sich einteilen zu lassen), Hauptsache ist und bleibt, dass es Spaß macht und der erotische Genuss durch SM erhöht wird. Auch wenn es manchmal gerade auf Partys den Anschein hat, als ginge es mehr um den Status als um Sex.

Vielleicht haben es einige immer noch nicht begriffen: Keine Rolle verpflichtet zum Ausverkauf der eigenen Persönlichkeit (‚Aber ich kann doch meinem Herren nicht sagen, dass …' ist ein Satz, der darauf hinweist, dass innerhalb der Beziehung etwas nicht stimmt).
Rollen sind nur solange richtig für jemanden, solange er oder sie sich darin wohl und ganz fühlt. Auch wenn es einige Herren und Herrinnen nicht wissen wollen: Ein Masochist ist nicht weniger wert als ein Sadist (aber auch nicht mehr). Denn auch wenn SM häufig etwas mit Rollenspielen zu tun hat, so sind und bleiben die Mitspieler zuallererst Menschen. Und wenn nach einer Session sich nicht beide größer, besser, zufriedener fühlen, dann stimmt irgendwas an der Beziehung und der Art der Sessions nicht.

Doch für manche Menschen geht es nicht in erster Linie um die Steigerung des direkten erotischen Genusses und auch nicht um das Spiel von Oben und Unten oder einen Gegensatz aus Aktiv und Passiv.
Sie sehen SM oft nicht als Kürzel für den Begriff Sadomasochismus, sondern als Abkürzung für Sex-Magie. SM ist für sie meist ein gleichberechtigtes Spiel, ein freies Fließen der Macht, in dem intensive Erfahrungen sowohl seelischer als auch körperlicher Art gemacht werden, auf beiden Seiten. Das passiert auch bei der üblichen Art von SM, werden jetzt einige einwenden, und sie haben Recht. Doch das Andere ist nicht, dass dort andere Dinge passieren, sondern die geänderte Ausgangsbasis, auf der es passiert.
Wenn ich mich schlagen lasse, weil ich ein ungehorsamer Sklave bin oder ein Masochist, der das eben braucht, ist es etwas anderes, als wenn ich mich in der formal gleichen Art und Weise schlagen lasse, weil meine Partnerin und ich gemeinsam einen Weg der intensiven körperlichen Zuwendung gehen wollen, oder weil ich durch das Erlebnis des Schmerzes wieder Boden unter meinen Füßen spüre. Hier geht es manchmal um Initiation (Passage-Riten) von einem Bewusstseinszustand in einen anderen, oder um den Versuch, durch SM einen Weg über die eigene Person hinaus zu finden.

In den Medien hat der Begriff ‚SM und Spiritualität' schon ein paar Mal die Runde gemacht, aber was er wirklich bedeuten kann, muss jede und jeder für sich selbst herausfinden. Manche Menschen streben eine Erfahrung des Aus-dem-eigenen-Körper-Seins an, Grenzerfahrungen, die aus ihnen einen veränderten Menschen machen können oder sollen, der mehr von sich kennt und versteht (wobei es hier nicht um einen Therapie-Ersatz geht). Doch erzwingen lassen sich diese Erlebnisse nicht.

Gute Methoden, um an diese Grenzen zu kommen und sie zu erkunden, um sie vielleicht zu überschreiten, sind intensive Bondage-Sessions, länger anhaltender Entzug von Sinnesreizen (z. B. ein paar Stunden mit verbundenen Augen in einem schallisolierten Keller), eine sich über Stunden langsam steigernde Schmerz-Aktion (das können Schläge sein oder diverse gesetzte Klammern oder Nadeln) oder ein Faustfick-Erlebnis.

Alle diese Situationen haben gemeinsam, dass sie, um gut zu sein, viel Zeit benötigen. Sie können teilweise mehrere Stunden und manchmal auch einen oder zwei Tage dauern.

Hier sind wegen der Tiefe der Erfahrungen für den Empfangenden keine strenge Domina und kein konsequenter Herr nötig, sondern ein Begleiter, vielleicht ein Führer, der den Weg schon mal gegangen ist.

Jemand, der ganz da ist, sich um die psychische und körperliche Unversehrtheit kümmert, der emotional offen für die neuen Erfahrungen des anderen ist, der nach dem Ende der Situation hilft, das Gespürte zu besprechen und wenn nötig aufzuarbeiten. Jemand, der einen hält und liebkost, an dessen Brust man sich den manchmal aufgestauten Druck von der Seele weinen kann.

Selbstverständlich sind auch hier die üblichen Sicherheitsregeln für die jeweilige Technik zu beachten.

Gerade bei den angestrebten intensiven Situationen kann es zu sehr starken Gefühlsreaktionen wie Schreien, Weinen, Angst, Zorn und Wut, aber auch zu tiefer Freude oder Glücksgefühlen kommen.

Wer vor derartigen Reaktionen Angst hat oder wessen emotionales Gleichgewicht augenblicklich gestört oder labil ist, sollte sich sehr genau überlegen, ob er sich auf dieses Abenteuer einlassen möchte.

Denn jede wirklich intensive Erfahrung kann zur Sollbruchstelle werden, an der ein Mensch bricht oder so stark an seiner Psyche verletzt wird, dass es viel Zeit und Kraft kostet, die Person wieder zusammenzusetzen.

Vielleicht klingt das alles ziemlich abgefahren, bislang ist innerhalb der Szene auch recht wenig zu diesem Thema geredet worden, aber in Ländern

mit einer längeren Tradition der nichtkommerziellen SM-Szene (z. B. USA) wird schon seit geraumer Zeit über Conscious Kink (Kink mit Bewusstheit) diskutiert. Hier gibt es Verbindungen zu den ‚modern primitives' und bestimmten Ansätzen der Esoteriker und Tantra-Leute. (Seit einigen Jahren gibt es zum Beispiel Seminare zu Bondage und Tantra.)

Leider können diese spirituellen Erlebnisse auch missbräuchlich angewandt werden. Wir wissen, dass sich in einer Szene wie der unsrigen, manchmal auch Menschen mit einem gehörigen Maß an Destruktivität aufgehoben fühlen.

Deswegen ist es notwendig, sich nur zusammen mit jemandem auf diese Ebene einzulassen, dem man wirklich vertraut, weil er sich dieses Vertrauens als würdig erwiesen hat. Die eben beschriebenen intensiven Erfahrungen sind nichts für Einmal-Sessions und Blind-Dates. Auch der Versuch, diese Intensität innerhalb strenger Rollenvorgaben zu erleben, kann sehr schnell nach hinten losgehen.

Das Allerheiligste

Steven stand wartend am Fenster, und sein leerer Blick streifte über die triste Herbstlandschaft. Es war ein nebliger Tag. Auf kahlen Bäumen beobachtete er ein paar lärmende Krähen. All die Wälder am Horizont erschienen nur schemenhaft und auch die schmale Zufahrt zu dieser alten ländlichen Villa verschwand irgendwo in dem Grau. Der Anblick erinnerte Steven an Schwarzweiß-Krimis aus seiner englischen Heimat. Christianes weinroter und in die Jahre gekommener SL unten im Hof der Villa war der einzige Farbtupfer weit und breit. Weil es ihr Wagen war, kehrten Stevens Gedanken wieder zur Realität zurück. Völlig nackt stand er hier an einem der großen Fenster dieses großen, leeren Raumes. Lediglich ein barocker Stuhl stand in einer Ecke. Ein schwerer Kronleuchter thronte über der Mitte des Raumes und erfüllte ihn mit warmem Licht. Kalte Ballettsaal-Atmosphäre und harter glänzender Parkettfußboden. Trotz wohliger Wärme fröstelte Steven ein wenig.

Er erinnerte sich an das Kennenlernen mit Christiane. Mit ein paar Arbeitskollegen stand Steven an der Bar eines nobleren Pubs bei Pils und Zigaretten. Zunächst hatte er sie überhaupt nicht registriert, obwohl sie nur zwei freie Barhocker weiter mit dem Rücken zu ihm saß. Erst als er beim Holen neuer Zigaretten an ihr vorbei musste, bemerkte er, welch hochkarätige Frau er die ganze Zeit mit seinem Rücken ignorierte. Christiane unterhielt sich angeregt mit ihrer Freundin und musterte Steven, als er ihr entgegenkam.
Ihr Augenaufschlag traf ihn wie ein Blitz. Eine unsichtbare, scheinbar hochspannungsgeladene Gerade verband ihre Augen. Steven traute sich nicht weiter, seinen Blick auf ihre übereinandergeschlagenen Beine zu richten. Selbst das leichte Schaukeln des hohen beigefarbenen Pumps, der nunmehr an ihren Zehen hing, konnte Stevens Augen nicht ablenken, so fesselnd und besitzergreifend war ihr Blick. Stumm zog Steven vorbei und versuchte fortan vergeblich, den Geschichten seiner Kollegen mit gleicher Heiterkeit

zu folgen. Rücken an Rücken saß er nun wieder auf seinem Barhocker und konnte sich nicht dieser ihn so faszinierenden Frau zuwenden, ohne sich vor seinen Begleitern rechtfertigen zu müssen. Nur wenn er sich umdrehte, um ein weiteres Pils zu ordern, konnte er manchmal zu dem baumelnden Absatz hinunterstarren. Christianes hellblonder Haarknoten erhob sich im Licht der Kerze, die auf dem Tresen flackerte und bot ein Ruhekissen für Stevens wandernde Augen. Seine Gedanken kreisten nunmehr um diese Frau in seinem hintersten Augenwinkel. Dieser harte, unerbittliche Blick, aber die sonst so überaus warme Ausstrahlung, die Christiane in ihrem knappen sandbraunen Rock und der hochgeschlossenen, cremefarbenen Wildseidenbluse versprühte, verwirrten ihn vollkommen. Obwohl ihn eine tiefe Begierde quälte, wagte er es nicht, diese Frau anzusprechen. Der Typ dazu war er sowieso nie gewesen, und so versuchte er auch diesmal seine Beklommenheit mit gespielter Heiterkeit zu kaschieren. Dennoch, als er zufällig bemerkte, dass die beiden Damen hinter ihm zahlen wollten, verließ er eilig seine verwunderte Kollegenrunde. Steven war jedoch viel zu schnell gewesen. Erst auf dem gefliesten Korridor zum Ausgang, hörte er plötzlich hinter sich den harten Klang hoher Absätze, die nur von jenen Pumps stammen konnten, die diese unbekannte Frau trug. In der Tat; er öffnete den beiden Damen das Portal und wieder überfiel ihn Christiane mit ihrem langanhaltenden Blick, der jeden Willen zu zerstören vermochte. Dennoch, in diesem Augenblick bewirkte er, dass Steven Mut fasste, sie spontan ansprach und sie in seiner charmanten Unbeholfenheit sofort zum Essen einlud. Der amüsante Austausch von Visitenkarten nach Christianes geschmeichelter Zusage ließ ihn innerlich triumphieren, obgleich er aus dieser Mischung zwischen Respekt und Begeisterung für diese Frau schnell wieder in seine Zurückhaltung verfiel. Am liebsten wäre er stolz zu seinen Kollegen zurückgekehrt, aber damit hätte er nur noch mehr Verwunderung hervorgerufen.

Ein Telefonat mit ihr am nächsten Tag bescherte Steven neben feuchten und zittrigen Händen den ersehnten Tag, an dem er sie zum Essen abholen sollte. Wie aus dem Ei gepellt machte er sich Sonntagmittag auf den Weg, hinaus in die Peripherie. Die Umgebung, die zunehmend mehr aus Fluren und Wäldern bestand, verstärkte seine Unsicherheit. Besorgt um die aufpolierte Sauberkeit seines Wagens, mied er jede Pfütze auf der nur gefliesten Zufahrt zu Christianes abgelegener Villa. Auf sein Läuten erschien sie, bereits fertig in einem langen schwarzen Mantel mit Fuchspelzbesatz, und genauso perfekt zurechtgemacht, wie Steven sie in dem Pub kennengelernt hatte. Stevens übertriebene Freundlichkeit und die überreichte Baccara-Rose entlockten Christiane nur ein kurzes Lächeln. Ihre ernste Miene verstand Steven als genaueste Musterung seiner makellos empfundenen Aufmachung. Zielstrebig ging sie gleich Richtung Wagen. Aus purer Berechnung hatte sie ihren Mantel bis oben geschlossen und den Gürtel eng geknotet, um seine erwartete Euphorie erst mal niederzustrecken und seine Spannung bewusst, um ein Vielfaches zu steigern. Wiederum suchte sie durch ihren durchdringenden Blick seine freudestrahlenden Augen abzulenken, die sich immer wieder heimlich zu den steilen schwarzen Sandaletten hinabsenkten, angelockt durch den blutroten Nagellack auf ihren Fußnägeln, der durch allerfeinste schwarze Nylons schimmerte.

Auf der Fahrt gelang es Steven, mehr und mehr ihre Kühle zu durchbrechen. In ihren schwarzen Lederhandschuhen drehte Christiane permanent am Stiel ihrer Rose, schmeckte mehrmals den süßlichen Duft, und ihre Miene wechselte von souveränem Lächeln zu stummer Nachdenklichkeit auf Stevens Schmeicheleien. Der Weg zu dem Restaurant erschien ihm ewig, und er fühlte, welch süßer Qual er neben dieser Frau ausgesetzt war. Erst recht, als sich Christiane in dem Lokal aus dem Mantel schälen ließ, ihre Handschuhe abzog und auf den reservierten Tisch zuschritt. Steven schielte unbeholfen auf die Blicke des Kellners, der sie zu ihrem Tisch geleitete, und wusste nicht, ob er Scham oder Stolz über seine Begleiterin empfinden sollte. Für Christiane war es nur selbstverständlich, dass jetzt alle Augen auf sie gerichtet waren, bis sie in ihrem engen schwarzen, knielangen Lederrock und der durchlässigen weißen Chiffonbluse Platz nahm. Sie genoss das Aufsehen, ohne ihr Amüsement durch ihren ernsten Ausdruck zu verraten. Steven war längst verloren. Jedes Detail an ihr bedeutete einen Faden mehr des Kokons, den sie wie eine Spinne um ihn hüllte. Deshalb ließ es Christiane nun auch zu, ihre kühle Art allmählich aufzugeben.

Das ganze Ambiente mit den gleichmäßig dahinbrennenden Kerzen, dem erlesenen Wein und köstlichen Speisen weichte beide Gemüter auf, und erste

Anzeigen von Zuneigung lockten sogar Christiane aus der Reserve. Irgendwann traute sich Steven, seine Hand auf ihre zu legen und mit den Fingern über ihre langen roten Fingernägel zu streichen. Für Christiane war es nur eine vorhergesehene Gesetzmäßigkeit und Folge. Schließlich bestimmte alleine sie, ob es zur Explosion der Sprengladung kommen würde, wofür sie die Lunte raffiniert ausgelegt hatte und der Steven nur allzu gerne folgte.

Erste vorsichtige Liebesbekenntnisse beantwortete sie dann auch gleich mit einem gezielten Angriff auf seine ohnehin nicht mehr kontrollierbare Erregung. Ihr Fuß, der unter dem Schutz der Tischdecke zielstrebig seinen Weg zu Stevens Schoß suchte, um mit dem hohen spitzen Absatz an seinem steifen Glied zu spielen, zwang ihn restlos zur Kapitulation. Wiederum traf ihn just in dem Moment ihr harter, unausweichlicher Blick, seine unschlüssige und peinliche Reaktion kontrollierend. Stevens Hand wurde unweigerlich angezogen von ihrem verweilenden Fuß, sog jede Berührung des hochzarten, glatten Nylons förmlich auf und wandelte sie in pure Erregung. Gnadenlos trieb sie Steven immer weiter und prostete ihm dabei genüsslich zu. Aus seinem Eingeständnis, das wie ein leidvolles Flehen klang, wie verrückt sie ihn mache, leitete sie das unausgesprochene Signal, nunmehr das Geschehen Richtung Villa zu verlegen. Den Kellner, der kurz darauf die Rechnung brachte, zog Christiane gleichermaßen in ihren Bann, so dass sie unbemerkt ihren Absatz in Stevens Schoß kreisen lassen konnte, während er bezahlte. Obgleich Steven reichlich Trinkgeld gewährte, interessierten den Kellner vielmehr die schwarzen Spitzen, die sich unter dem weich fallenden üppigen Überkragen der dünnen Bluse abzeichneten. Er half ihr sogar in den Mantel, was Steven etwas eifersüchtig werden ließ.

Beinahe gespenstisch empfand Steven die Rückfahrt hinaus zu der abgelegenen Villa. Beide blieben stumm in ihrer spannungsvollen Erwartung. Wie ein Hündchen folgte Steven ihr in das Haus. Irgendwie spürte er, dass alles weitere an diesem Nachmittag etwas anderes, besonderes sein musste, als er jemals erfahren hatte. Christiane führte ihn ins Wohnzimmer, bevor sie ihren Mantel zurück zur Garderobe brachte. Er fühlte sich alles andere als sicher, allein zwischen den antiken Möbeln, wusste aber dennoch, dass es höchste Zeit war, sie endlich zu küssen, als sie zurückkam. Seine vor-

sichtigen Zärtlichkeiten erwiderte sie abwechselnd mit Distanziertheit und weitaus wilderen Zungenküssen, als er jemals bekommen hatte. Wie eine böse Hexe lockte sie ihn in das angrenzende Schlafzimmer, öffnete ihm Hemd und Hose, bevor sie ihn verdutzt zurückließ. Das karge Mobiliar, bestehend aus einem schweren Messingbett und einer Schminkkommode mit Stuhl, verhieß ihm ein geeigneter Rahmen zu sein, für nie gekannte Lustgefühle. Aufmerksam lauschte er dem Geräusch der hohen Absätze irgendwo nebenan und zog sich dabei gänzlich aus.

Christiane rief ihn zu sich und erwartete ihn nebenan mit zwei Schalen, gefüllt mit rotem Sekt. Steven fühlte sich etwas unwohl in seiner alleinigen Nacktheit, und nur weil sie ihm ein Glas reichte, zog er sein Vorhaben nochmal zurück, ihr Rock und Bluse zu öffnen. Sein trockener Mund leerte das Glas in wenigen Zügen. Lächelnd über seinen Durst goss sie nach und verzichtete auf ihr Glas. Stattdessen entschwand sie ins Schlafzimmer mit dem erlösenden Versprechen, ihn gleich zu sich zu rufen. Geduldig akzeptierte er auch noch dieses kleine Martyrium und verfolgte ihren koketten Gang, bis die Türe hinter ihr ins Schloß fiel. Die Zeit erlaubte ihm sogar, sein zweites Glas zu leeren. Je länger er wartete, desto seltsamer wurde ihm plötzlich in seinem Kopf. Ein Zustand von Berauschtheit, Leere und Willenlosigkeit überfiel ihn schlagartig, ohne dass er sich körperlich beeinträchtigt fühlte.

Im Zustand dieser Benommenheit, die er im Alkohol zu ergründen suchte, vernahm er endlich Christanes lauten Ruf „Steven!“, begleitet von einem seltsam anmutenden Knall. Apathisch folgte er dem Ruf und trat vorsichtig ein. Christiane empfing ihn mit einer langen geflochtenen Lederpeitsche breitbeinig vor dem schweren Bett. Steven erschrak augenblicklich.
In diesem Moment folgte auch schon ihr barscher Befehl „Runter!“

Wiederum holte sie dabei mit der Peitsche aus und schlug heftig auf den hölzernen Boden. Zögerlich ging Steven auf die Knie, als sie wiederholte „… runter vor meine Füße.“
In seiner Verwirrung ließ er sich von ihr befehligen, und so fremd ihm das ganze Szenario auch vorkam, er gehorchte wortlos. Steven blieb kaum Zeit, ihre leicht veränderte Erscheinung zu registrieren. Christiane hatte

lediglich ihre Bluse abgelegt und sich lange schwarze Handschuhe übergestreift.
„Komm her zu mir", forderte sie lockend und war erst zufrieden, als er steil nach oben sah, und vorbei an ihrem glänzenden schwarzen Lederrock und dem schwarzen Spitzen-BH genau in ihr herabgeneigtes Gesicht blickte.

Derselbe Blick, mit dem alles begonnen hatte, traf ihn noch tiefer als je zuvor. Wie eine Schulmeisterin belehrte sie ihn. Künftig sollte er sie als seine Herrin und Gebieterin anerkennen und verehren. Nur dann würde auch sie ihm so manche seiner Begehrlichkeiten erfüllen. Steven schluckte, nickte stumm und wusste nicht, wie ihm geschah. Noch duldete sie, dass er sie nicht mit ‚Herrin' ansprach. Christiane tauschte die Knute gegen eine kurze lederne Reitpeitsche aus ihrer Kommode, verfolgt von Stevens ängstlichen Blicken. (...)

ANONYM

Fetisch

Es ist mal wieder eine SM- oder Fetisch-Party und ich schwinge mich in meine Lederhosen, ziehe mein schwarzes Hemd an, befestige das Handschellenholster auf der linken Seite (rechts wäre falsch, ließe es doch in bestimmten Kreisen den Schluss zu, dass ich danach trachte, mich mit diesen fesseln zu lassen) an meinem Gürtel und hänge Schlüssel und Peitsche an den Ring daneben. Die Lederjacke übergeworfen, ein Blick in den Spiegel: Ja, der Sado ganz in schwarz, der mir da entgegenschaut, ist fertig angezogen. Oder? Warum ziehe ich meine Chaps nicht an?
Ist doch klar, ein Sado mit nacktem Arsch geht nicht, da käme manch einer auf den falschen Gedanken.
Und was ist mit der schwarzen Uniform?
Da habe ich mir Gedanken gemacht: Ich habe keine Lust auf Diskussionen über politisch korrektes Verhalten, bestimmte Assoziationen mögen zwar gewollt sein, sind aber zu recht in der Öffentlichkeit unerwünscht. Man drängt anderen keinen Fetisch auf, der ganz unfreiwillig und unerotisch von Menschen als Bedrohung wahrgenommen werden kann.

Später stehe ich auf der Fete, um mich herum Frauen in mehr oder weniger reizender Wäsche, eng geschnallten Miedern und auf hohen Hacken und in schicken Fetisch-Creationen, Männer im gleichen einheitlichen Lederdress wie ich oder in Latex-Anzügen. Halsbänder, Ketten, Lederfesseln und Handschellen. Einiges an Gummi und Lack, nicht mehr so viel Leder. Aber irgendwie doch alles recht einheitlich.
Von dem da weiß ich, dass er lieber ein böser Magier wäre, von der, dass sie eine Hexe sein will, die zum Verhör gezerrt wird. Dahinter steht jemand, der es genießt, in seiner Phantasie der Komtur zu sein (‚… bin ich gnädig, seid ihr übermütig … ich lasse euch peitschen, bis kein Finger lang mehr ganz an euch ist …'), und die Frau dort gegenüber sieht sich als Amazone. Die beiden dort sind ‚der böse Onkel und die ungezogene Nichte'. Das ältere Paar an der Bühne spielt ‚rabiater Sklavenhändler und gehorsame weiße Sklavin'.

Er dahinten ist eigentlich ein Baby und sucht eine richtige ‚Mama', die ihm die Windeln wechselt und ihn mit der Flasche füttert. Jene Frau dort sammelt Schuhe, weil der Kauf für sie ein erotischer Akt ist. Und der Freund im Bondage-Anzug braucht einen Wollknebel im Mund, um so richtig gut zu kommen. Erst in enges Gummi gequetscht, erlebt sich dieser da hinten als fühlendes Wesen. Doch warum sieht man das alles nicht?

Es gibt in unserer Szene ‚erlaubte' und ‚verpönte' Fetische.
Ich will hier nicht gegen den Dresscode mancher Partys wettern – ein phantasievolles Outfit ist überall willkommen, auch wenn es nicht schwarz ist – sondern darüber, dass viele Leute sich innerhalb dieses Dresscodes eine Selbstbeschränkung auferlegen, die einer Selbstzensur gleichkommt.
Klar ist es ‚entlarvend', wenn er den seriösen Herren mimt und sie auf kleine Göre zurechtgemacht ist, wenn sie im Harness und mit Schwert an der Seite einen nackten Sklaven als Thron benutzt, wenn er im Turban daherkommt oder sie mit weitem Rock und zerfetzter Bluse herumstrolcht. Selbstverständlich geht ein Herr nicht halbnackt und eine Sklavin nicht angezogen. Doch wer hat diese ‚Selbstverständlichkeit' geprägt?
Warum pflegen wir unsere Fetische nur im Verborgenen, wo es doch in Ordnung sein müsste, solange sie nicht ernsthaft die Gefühle Unbeteiligter verletzen. Manche Phantasien und Fetische gehören nur ins stille Kämmerlein, doch dass alle Phantasien, die ohne Lack, Leder und Gummi daherkommen, erst mal bei manchen Partys draußen bleiben müssen, scheint mir seltsam.
Wir organisieren und besuchen Veranstaltungen, die es uns ermöglichen, einen Teil unserer sexuellen Phantasien auszuleben, und dann hören wir mitten drin auf.
Manchmal gibt es Ausnahmen: die Frau, die angezogen ist wie eine jugendliche Göre, der Sklave im echten Sack und mit Asche auf dem Haupt, die weißgekleidete Braut mit Schleier, der Gummiknüppel schwingende Polizist. Es fordert Mut und Lust, wirklich zu seinen Spielen zu stehen, seine Fetische zu zeigen und zu genießen. Also lasst uns eine Lanze brechen für unsere Fetische und Phantasien, unsere Träume und Wünsche.

Natürlich soll niemand gezwungen werden, von sich selbst mehr zu zeigen, als er will. SM ist ein Spiel mit unendlich vielen Möglichkeiten. Beschrän-

kungen gibt es im Alltag schon genug, also kippen wir sie wenigstens für unsere Partys auf den Müll.

Andererseits ist es gelegentlich schwierig, einen Partner oder eine Partnerin für seine speziellen Fetische zu finden. So verschieden die Menschen sind, so unterschiedlich sind oft auch ihre Fetische.
Wobei der Begriff Fetisch ohnehin sehr schwammig benutzt wird.
Für manche ist der Fetisch wichtiger als die Person, andere sind von diesem Fetisch abhängig, nur mit ihm können sie befriedigende Sexualität erleben. Und einige Leute benutzen Dinge oder Kleidung, die fetischistisch aufgeladen zu sein scheint, einfach nur, weil sie sie schick finden.
Nicht zuletzt gibt es einen offensichtlichen Unterschied zwischen Männern und Frauen: Männer haben viel häufiger fetischistisch besetzte Objekte als Frauen. Das erkennt man schon beim Lesen x-beliebiger Kontaktanzeigen. Männer suchen nach großen Brüsten, High Heels, Miedern, hohen Stiefeln, wo Frauen nach einem schwarzen Prinzen Ausschau halten.

SM und Fetisch gehen oft zusammen, auch wenn sie nicht immer etwas miteinander zu tun haben. Manche Leute, die sich als ‚Fetish-People' verstehen, möchten sich nur in ihrem speziellen Fetisch zeigen und betonen gerne, dass sie ‚mit Sadomaso nichts zu tun haben' wollen. Wobei ich bei diesen Menschen manchmal nicht sicher bin, ob es sich bei diesem Fetisch-Verständnis nicht eigentlich um eine asexuelle Variante handelt. Sich zu zeigen in bestimmter modischer Kleidung, die aus Material gemacht ist, welches in unserer Gesellschaft gerne mit Fetisch in Verbindung gebracht wird, heißt noch lange nicht, dass diese Dinge auch sinnlich genossen werden.
Aber auch Exhibitionismus – in unserer zeigefreudigen Szene weit verbreitet – und Voyeurismus sind sexuell geprägte Verhaltensweisen. So könnte dieses manchmal eitel wirkende ‚Sehen und Gesehen werden', vielleicht einfach nur Ausdruck eines etwas verlagerten sexuellen Fetischs sein.

Der Satz mancher SM-Leute ‚Ich habe keinen Fetisch' macht niemanden zu einem besseren oder schlechteren Menschen, und auch der Windel- oder Birkenstock-Schuh-Fetischist hat die gleiche Berechtigung, seiner Lust zu frönen, wie der Meister in strengem Leder.

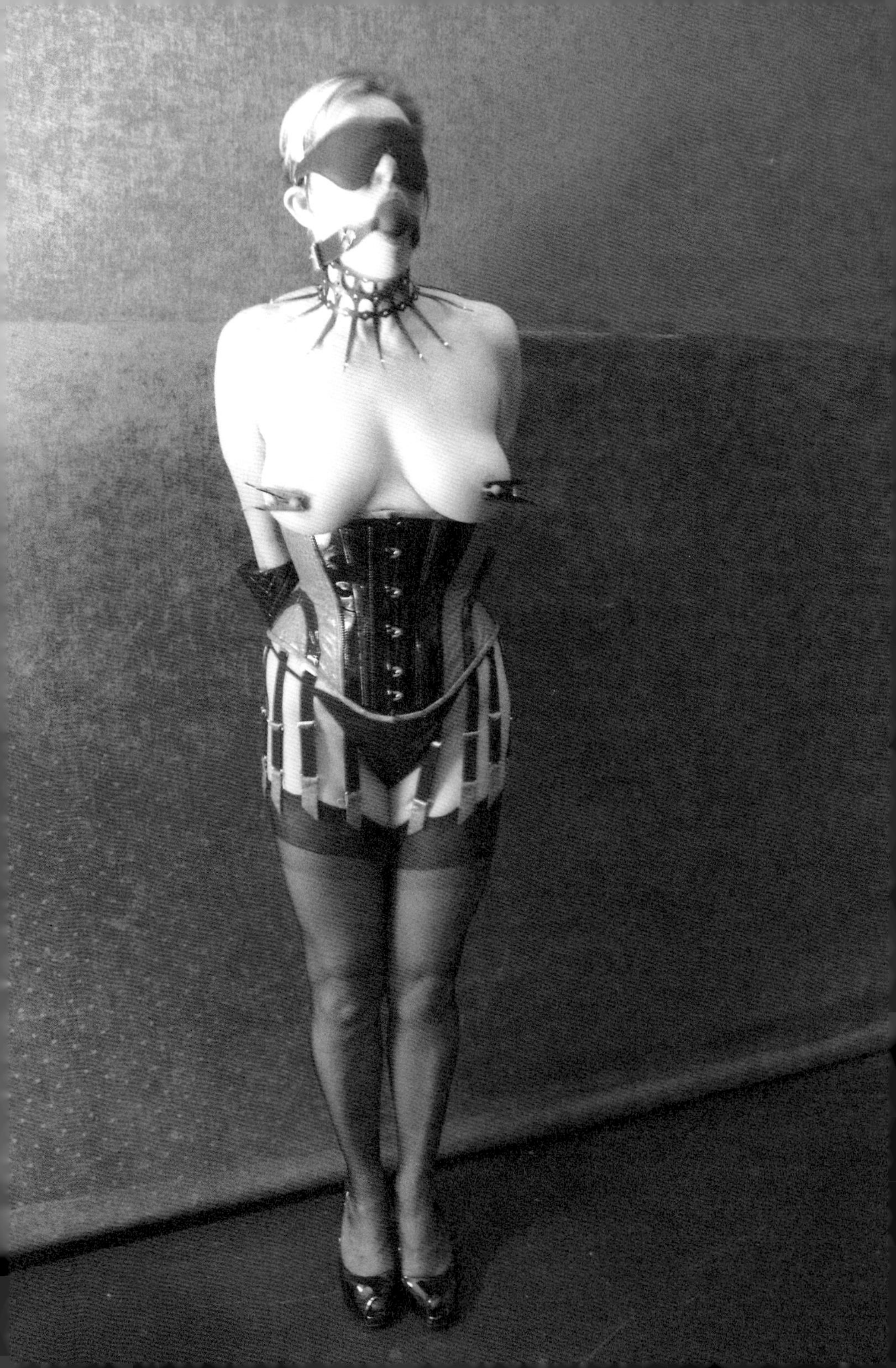

Das Ritual
(Zwei Perspektiven)

Ich liege, nein, ich stehe, nur mein Oberkörper liegt gebeugt über den zwei gepolsterten Stangen. Mit den Händen halte ich mich. Bin nicht gefesselt, bin freiwillig hier in diesem durch Vorhänge abgeteilten Raum im Keller der SM-Disco für die heutige Nacht. Habe die Macht abgegeben. Bin allein, aber ich weiß, das wird sich ändern.
Auf Wunsch meines Geliebten stehe ich hier, habe mir die Augenbinde und die Trense anlegen lassen, warte und spüre, wie sich Speichel in meinem Mund sammelt. Gleich wird er zwischen meinen geöffneten Lippen entlanglaufen und auf den Boden tropfen. Waren das Schritte? Hat sich jemand auf einen der bereitstehenden Stühle gesetzt? Was phantasiere ich, was geschieht wirklich? Die Grenzen verwischen.
Es ist ein Ritual in Hingabe, dass ich meinem Liebsten schenke.
Oh, natürlich, es ist auch eine Demonstration seiner Dominanz und eine Zurschaustellung seiner schönen Dienerin. Und natürlich existiert da dieser besondere Reiz, weil eben diese Dienerin sich zwar sehr gerne öffentlich exhibitioniert, aber deutliche Widerstände hat, ihren Körper und ihre Bereitschaft zur Unterwerfung vor anderen zur Verfügung zu stellen. Meine innere Beobachterin funktioniert ausgezeichnet, kann alles angucken und einfach so sein lassen. Fühle mich weich und bereit. Eine Bewegung hinter mir? Ich merke, wie sich mein Körper anspannt, registriere die Unruhe, die auch da ist. Beginne, meine Position etwas zu verändern, mich leicht zu bewegen.
Jetzt höre ich seine Stimme, höre, wie er mit einigen ausgewählten Personen hereinkommt, sie bittet, einer kleinen Inszenierung beizuwohnen. Ein exquisites Publikum, da bin ich sicher. Wir haben sehr ähnliche Vorstellungen von stilvollen, interessanten und sympathischen Leuten.
Mein Geliebter berührt mich, spricht leise mit mir, hebt meinen weiten, durchsichtigen Rock und legt ihn mir über den Rücken. Darunter Nacktheit, abgesehen von den Strümpfen. Ich bin mir bewusst, wie gut sichtbar

ich präsentiert bin, Schamlippen, Körperöffnungen, einige Striemen auf der Haut. Weiß auch um die weitere Struktur des Rituals.
Nicht das große Unbekannte ist Programm, sondern mich willig hinzugeben an diese Kombination seiner und meiner Wünsche und Sehnsüchte. Fühlen, vor allem, wie es sich an den Grenzen anfühlt. Die Intensität von: „Ich gehöre dir. Nimm mich! Tu, was du willst!" Suche Macht, die ich deutlich spüren will, die ich brauche, die mich erregt. Lust und Schmerz. Lebendig sein.
Ich liebe ihn, diesen Mann, der jetzt seine Hand vor die Stange der Trense hält und dem ich willig die Finger lecke, der mich streichelt, mit Gleitmittel meine enge Öffnung ölt, seinen Finger hineinsteckt und dann diese kleine, blaue Latexwelle in meinen Anus schiebt. Hat er vorher schon den Stock benutzt? Ich weiß es nicht. Jetzt hat er ihn in der Hand und schlägt zu. Nicht allzu heftig. Es geht hier um Demut, nicht um das Ertragen von Schmerz. Auch Lachen ist erlaubt. Lachen bei der Frage, ob ich bereit sei weiterzumachen. Um so überraschter bin ich, wie mich plötzlich der Schmerz packt, als ich ein weiteres Mal gedehnt werde. Ohne innezuhalten, wird mir ein deutlich dickerer Latexdildo in den Anus gedrückt. Ich höre mich schreien. Meine innere Beobachterin kommentiert: „Mehr Gleitmittel und langsamer bitte. Neu anfangen." Es ist nur eine Stimme in meinem Kopf, eine Stimme für später, für das Gespräch. Jetzt ist da das Ausliefern an die Macht, die Hingabe, das Fühlen dieses Druckes in mir, der nicht nachlässt, der Wunsch gehorsam zu sein, und das Vertrauen in ihn, auf mich zu achten und zu merken, dass ich das so nicht lange aushalte. Die Empfindung für Zeit oder andere Handlungen ist nicht mehr vorhanden. Bin beherrscht vom Gefühl des Beherrschtwerdens. Merke erst, dass mein Körper zittert, als ich wieder frei stehe. Das Publikum applaudiert und verlässt diskret den Raum. Das eigentliche Ritual ist beendet. Mein Geliebter umarmt mich, nimmt Augenbinde und Trense ab, fängt mich auf.
„Strong (and soft) enough, to be my man." *MONOUKA*

Das Ritual II

Der Raum, der gerade frei wird, ist genau richtig – ein schwarzes Podest und Stühle für die Zuschauer. Ein Bediensteter zur Bewachung des Raumes steht schon bereit, er wird ungebetene Besucher abweisen und die Gelade-

nen einlassen. Ich bereite den Raum vor, errichte die Stangen, lasse meine Geliebte sich darüber beugen, genieße ihren Anblick, den göttlichen nackten Hintern, der sich unter dem hauchdünnen Stoff mehr als nur erahnen lässt, die Trense, die man nur bei genauem Hinsehen erkennen kann. Ich stelle mir vor, wie die Besucher eintreten und wie sie die Szene betrachten und auf den Stühlen platznehmen, die ich nun so bereitstelle, dass sie eine gute Sicht auf mein Objekt der Begierde haben werden.

Ich verlasse das mit schwarzen Tüchern abgeteilte Kabinett, um die Gäste zur Vorführung zu bitten. Wie gut, dass auch genügend mir angenehme Besucher auf dieses SM-Fest gekommen sind, besonders freue ich mich über die Anwesenheit von Jan und Sylvia, die wir schon lange nicht mehr gesehen haben.

Als ich den Raum betrete, sitzen und stehen die Gäste am Ende des Kabinetts und betrachten meine Liebste mit Interesse und deutlichem Wohlgefallen.

Mir geht es nicht darum, Härte zu demonstrieren, mich als Super-Sado zu profilieren, eher darum, zu zeigen, wie demütig und hingebungsvoll meine Geliebte mir zu dienen bereit ist.

Ich nehme mir vor, langsam zu verfahren, und doch überstürzen sich die Ereignisse seltsam schnell, nachdem ich ihr den Rock über den Hintern hochgezogen und ihren schon ein wenig gestriemten Po den Zuschauern präsentiert habe. Ich merke deutlich, wie der Strom des Geschehens sich beschleunigt, ich habe mir im Vorfeld nicht genügend Gedanken über die Struktur des Ablaufs eben dieses Teiles des Rituals gemacht. Weiß nicht so genau, was ich sagen will, ob ich überhaupt etwas sagen soll.

Ich scherze ein wenig über die Farbe Blau, habe das Gefühl, das ist unpassend, schweige lieber und schiebe ihr den kleinen, blauen Dildo in den After.

Sie ist – allemal für diese für sie heikle Situation – sehr entspannt, scheint es sogar zu genießen, lacht trotz der nun einsetzenden Schläge mit dem Stock frech.

Ich entferne das kleine Ding, wende mich dem ungleich dickeren und größeren Latexpenis zu, befeuchte ihn mit Gleitflüssigkeit und schiebe ihn ihr mit stetigem Druck hinein, ich spüre, wie sie sich verspannt, wie ich mich ihrer Grenze zunehmend nähere.

Ich drücke weiter, sie schreit auf, zuckt zusammen.
Hier muss Schluss sein, ich bemerke es sofort, ich fühle genau, ein Schritt weiter und sie stürzt ab.
So ziehe ich ihr den Dildo sanft aber zügig heraus, heiße sie, sich aufzurichten, sich vor den Zuschauern, die sie mit der Binde vor den Augen nicht sehen kann, zu verneigen, und bitte die Zuschauer, zu applaudieren, wenn ihnen die Vorführung gefallen haben sollte.
Sie klatschen Beifall und verlassen den Raum, während ich meine demütige Dienerin, die am ganzen Leib zittert und sich in köstlicher Auflösung befindet, fest in den Armen halte – dies ist der schönste Moment des ganzen Rituals, das an dieser Stelle im Wesentlichen beendet ist.
Nach kurzer Pause kehren wir zu den anderen zurück.
Ich bin stolz auf sie und hoffe, dass ihre Gedanken nun darum kreisen werden, wer von den Gästen sie wohl in so exponierter Stellung betrachten durfte.

TUA

SM im Alltag und mögliche rechtliche Folgen

Auf einer Feier erzählte mir kürzlich eine Bekannte, dass sie beim Verlassen einer privaten SM-Party eine unangenehme Konfrontation mit der herbeigeeilten Polizei gehabt habe.
Wohlmeinende Nachbarn hatten weibliche Schreie zu später Stunde gehört, sie als Ausdruck brutaler Gewalt gedeutet und zum Telefon gegriffen.

S. meinte, sie hätte sich gewünscht, vorher schon mal darüber nachgedacht zu haben, wie sie bei einer derartigen Konfrontation reagieren könnte.
Mitten in eine SM-Session geplatzt sind diese Uniform-Freunde ein Stimmungskiller. Es liegt in diesem Fall nahe, auf sie oder auf die Nachbarn böse zu sein. Doch sollte man bedenken, dass niemand den Geräuschen anhören kann, die eine Spanking-Session oder andere Schmerz-Spiele ‚verursachen', ob hier echte Gewalt geschieht oder ob es sich um unsere einvernehmlichen ‚Gewalt'-Situationen handelt.
Wache Nachbarn sind nicht gleichzusetzen mit dumpfen Blockwarten, denen es um Ruhe und Ordnung geht.

Deswegen hier einige Tipps

Liegt die Annahme nahe, dass der sexuelle Geräuschpegel so hoch ist, dass Unbeteiligte mithören können (müssen), ist es ratsam, die Nachbarn vorsichtig darauf hinzuweisen, dass man vielleicht mal zu laut ist und um Rückmeldung bittet.
Bei Partys habe ich gute Erfahrungen gemacht, wenn man vorher einen Zettel aufhängt, der auf eine Fete hinweist, bei der es ‚laut werden kann' und um Verständnis für mögliche Lärmbelästigung bittet. Sobald man von seinen lieben Nachbarn jeden Furz hören kann, sollte man davon ausge-

hen, dass es sich umgekehrt genauso verhält. Doch der Umkehrschluss ist leider falsch: Höre ich nichts, heißt das noch lange nicht, dass es denen nebenan genauso geht.

Lieber einmal zu viel in eine Session reingeplatzt, als eine Vergewaltigung, Nötigung oder Körperverletzung nicht verhindert, dies sollten wir der Ordnungsmacht zugutehalten.

Doch wie reagiert man adäquat auf die Polizei, wenn sie vor der eigenen Haustür steht?
Am wichtigsten: Gelassen bleiben und Ruhe bewahren, nicht pöbeln oder gar mit der Reitgerte drohen (daran denken, die Beamten machen das nicht zu ihrem Vergnügen oder um euch den Spaß zu verderben), sondern den ‚Sicherheitskräften' versichern, dass das, was da eben so lauthals wie Gewalt geklungen hat, ein einvernehmliches Spiel ist, denn es gibt halt Leute, die sind so laut beim Sex wie wir.
Es kann theoretisch natürlich passieren, dass die Beamten in der Wohnung nach dem Rechten sehen wollen, dazu brauchen sie in einer akuten Situation (Gefahr im Verzug) keinen Durchsuchungsbefehl.
Das kann leider peinlich werden, wenn das passive Wesen gerade gut verschnürt am Deckenhaken hängt (auch dies ist ein Grund, beim Fesseln auf schnelle Lösbarkeit der Fixierung zu achten). Ein paar erklärende Worte, gerade auch vom Passiven, können da Wunder wirken, denn die Polizei kennt sich meist nicht mit den Gebräuchen in der SM-Szene aus und hat stattdessen eher das Bild vom perversen Sadisten im Kopf, der sein unschuldiges Opfer gegen dessen Willen quält.
Jedenfalls ist es sinnvoll, sich vorher Gedanken zu machen, wie man sich in einer derartigen Situation verhalten will und was man kann (nicht jeder ist so souverän, wie er gerne möchte).
Übrigens: Knebel bieten neben den Möglichkeiten reinzubeißen, sich daran zu verschlucken oder die Mundatmung einzuschränken, auch noch einen schalldämpfenden Effekt!

Ruhestörender Lärm (s. o.), Erregung öffentlichen Ärgernisses (z. B. den Sklaven nackt Gassi führen), Vortäuschung einer Straftat (z. B. eine gespielte

Entführung), unerlaubtes Mitführen von Waffen (Messer können als solche gelten, die EMT-Schere nicht) oder gefährlichen Gegenständen (einige Beamte rechnen dazu auch Gummiknüppel, Gerten oder Rohrstöcke) sind Ordnungswidrigkeiten bzw. Straftaten, die mit bösem Willen auf uns anwendbar sein können. Ein Verhalten, das auf dem Hamburger Kiez nicht auffällt, kann in X-Heim oder Y-Stadt zu Konflikten mit dem Gesetz führen.
Achtung: Auf St. Pauli ist rund um die Reeperbahn Waffenverbotszone. Dort dürfen gefährliche Gegenstände nur gut verpackt transportiert werden.

Mein Tipp: Man muss nicht immer mit öffentlich gezeigter Reitgerte oder Peitsche und Handschellen in der Gegend herumlaufen, Diskretion ist nicht Feigheit.

Ein anderes juristisches Problem kann nach einer missglückten Session akut werden. Dabei steht das Erleben des „Opfers“ im Vordergrund. Oder der Passive erschrickt am nächsten Tag über die doch sehr derbe aussehenden Blutergüsse oder darüber, wie weit er bei der Session gegangen ist und geht zum Arzt (um etwaige Spuren medizinisch feststellen zu lassen) und zur Polizei, um den Aktiven wegen Verletzung der Einvernehmlichkeit, gefährlicher Körperverletzung oder Freiheitsberaubung anzuzeigen. Das kommt bisher noch nicht so oft vor, aber das kann sich nach der aktuellen Rechtslage und dem sich ändernden Rechtsverständnis schnell ändern.
Auch die Gefahr von Fehleinschätzungen (von Seiten des Aktiven) wird steigen. Was für den Aktiven vielleicht ein Missverständnis ist, kann für den Passiven schon als schwerer Übergriff erlebt worden sein.
Oder eine als ursprünglich einvernehmlich begonnene SM-Situation kann irgendwann umgekippen.
Um solche bösen Komplikationen zu vermeiden, bedarf es eines ständigen guten Rapports zwischen Passivem und Aktivem. Auch ein genaues Absprechen dessen, was man in der Session machen will, ist notwendig, damit klar ist, wie weit das Erleben von der Einvernehmlichkeit beider Seiten gedeckt ist. Sich eine detaillierte und ausführliche Einverständniserklärung vor der Session unterschreiben zu lassen, kann hilfreich sein, aber das ist keine Garantie für absolute Sicherheit.

Merke: Einvernehmlichkeit kann es nur zwischen gleichberechtigten Partnern geben und Jugendliche sind nie gleichberechtigte Partner. Ähnlich sieht es mit Menschen aus, die nicht geschäftsfähig sind. Auch alkoholisierte oder unter Drogen stehende Menschen können nicht vollinformiert zustimmen.

Am häufigsten kommt es wohl vor, dass SM-Leute Ärger mit dem Gesetz bekommen, weil sie sich aus dem Ausland Artikel zuschicken lassen, die nach dem bundesdeutschen Recht illegal und damit strafbar sind, wie ‚Gewaltpornografie' oder auch Viagra (ohne Rezept aus dem Ausland bezogen, ist es verboten).
Durch die Digitalisierung von Foto und Film, kommt es wohl nur noch selten zu Problemen, denn kaum einer lässt noch Fotos entwickeln. Dann eher den Ärger, weil man von Facebook gesperrt wird, weil man mal wieder Brustwarzen gezeigt hat.

Safer Sex ist safe Sex

Safer Sex? Der Kick ist raus, die Zuschauer des Medienspektakels winken gelangweilt ab.
Neben HIV gibt es auch noch einige andere sexuell übertragbare Krankheiten wie etwa Hepatitis oder HPV oder den guten alten Tripper.
Problematisch an einer Verdrängung von Risiken ist, dass gerade in heterosexuellen Kreisen so getan wird, als gäbe es „the big diseases with the little names" nicht. Die Chance, auf der Straße überfahren zu werden, sei doch größer, als sich mit HIV oder Hepatitis anzustecken, hören wir gelegentlich. Aber wir gucken doch trotzdem, ob die Straße frei ist, ehe wir sie überqueren?
Dass Safer Sex das Risiko vermindert und Kondome ein wirksamer Schutz sind, wissen die meisten Leute. Doch sie halten es mit der Devise: „Ich tu so, als ob es mich nichts angeht". Hier nun ein paar Basisinformationen für die, die es genauer wissen wollen. Ich richte mich hierbei nach dem Informationsblatt der Deutschen Aids-Hilfe zum Thema SM.

1. HIV und Hepatitis A, B und C wird durch Blut, Sperma oder Scheidensekret übertragen. (Hepatitis B auch durch Speichel, C auch durch Kot – z. B. beim Arsch lecken), andere sexuell übertragbare Krankheiten wie Pilze, Tripper etc. durch Schmierinfektionen.
2. Beim Geschlechtsverkehr schützt ein Kondom (auch vor ungewollten Schwangerschaften). Bei Oralsex mit Frauen Lecktücher.
3. Kein Sperma, Blut oder Scheidensekret auf Schleimhäute oder offene Wunden. (Übrigens: Benutzte Präservative gehören wegen der Verstopfungsgefahr niemals in die Toilette!)

Nun zu den Praktiken im Einzelnen

Die Sicherheit bei der Benutzung von Präservativen erhöht sich, wenn man wasserlösliche Gleitmittel benutzt – besonders wichtig beim Analverkehr. Also keine Vaseline, Nivea oder Butter, sondern z. B. KY oder Softglide.

Fett kann das Latex des Kondoms spröde werden lassen. Bei zu trockenen Schleimhäuten kann auch das beste Präservativ reißen. Gummis kühl und trocken aufbewahren und nur solche kaufen, die ein Verfallsdatum und eine Registriernummer haben. Exotisch geformte Präservative sind störanfälliger als die ganz normalen ‚Tüten'. Achtung bei spitzen Fingernägeln. Gebrauchsanweisung vorher durchlesen. Und keine Sorge: Auch wenn der Penis irritiert auf die Unterbrechung reagiert, ein paar Handbewegungen helfen ihm wieder auf die Sprünge.

Das Lecken des Anusbereiches gilt als sicher, was HIV anbelangt, doch können andere Infektionen übertragen werden, z. B. Hepatitis.
Urin und Kotspiele sind dann relativ ungefährlich, wenn nur die gesunde Haut damit in Berührung kommt. Ein Lecktuch (kann man sich aus einem Kondom selbst basteln) macht es sicherer.
Achtung ist geboten bei offenen Wunden und verletzten Schleimhäuten. Bei Entzündungen der Harnröhre und Verletzungen im Darmbereich (z. B. Hämorrhoiden) wird es riskanter, die Ausscheidungen können dann Blut enthalten, das nicht immer sichtbar ist.

Das Trinken von Urin stellt nur ein geringes Risiko dar, aber auch hier kann es zu anderen Infektionen kommen.

Für Klistier und Einläufe sollte man nur pures, handwarmes Wasser ohne Zusätze verwenden. Man sollte Hohlgegenstände zum Einführen desinfizieren und sie vor jedem individuellen Gebrauch auf scharfe Kanten überprüfen. Durch Einläufe gereizte Schleimhäute sind empfindlicher und können das HIV-Risiko bei anderen Praktiken erhöhen.

Dildos sind sicher, solange sie nicht bei unterschiedlichen Personen benutzt werden. Nach jedem Gebrauch reinigen und desinfizieren. Zur Sicherheit kann man auch ein Kondom überstreifen.
Das Wechseln vom Anus zur Scheide ist zwar, was das Risiko einer HIV-Infektion anbelangt, relativ sicher, führt aber mit großer Wahrscheinlichkeit zu einer Infektion der Scheide mit Darmbakterien oder Pilzen. Anus zu Mund stellt ein ähnliches Risiko dar.

Werden Peitschen, Ketten, Fesseln, Klammern, Nadeln und andere Gegenstände, die Wunden verursachen können, nur bei einem Partner benutzt, besteht kein HIV-Risiko. Beim Wechsel zwischen verschiedenen Partnern sollten die Gegenstände zwischenzeitlich desinfiziert werden (z. B. Desinfektionsspray oder spezielle Reinigungsmittel für Leder).

Durch Schleimhautverletzungen der Scheide oder des Darms und Wunden am Nagelbett kann HIV bei Faustfick-Spielen übertragen werden. Eine besonders große Gefahr besteht während der Menstruation. Einmalhandschuhe, extra viel Gleitmittel und Geduld beim Dehnen der Öffnungen bieten Schutz. Niemals verschiedene Körpereingänge mit denselben Handschuhen bedienen.

Oralverkehr ist relativ gefahrlos – solange keine Zahnfleischentzündungen vorhanden sind und das Sperma und andere Körpersekrete damit nicht in Berührung kommen.

Es gilt ganz allgemein: Blut, Sperma, Kot und Urin nicht in offene Wunden oder auf Schleimhäute gelangen lassen.

Es geht hier nicht darum, Panik zu machen, sondern allen die Information in die Hand zu geben, damit man entscheiden kann, welches Risiko man eingehen will oder auch nicht, denn absolute Sicherheit gibt es nicht.
Am besten ist es, vorher abzuklären, was für den anderen in Ordnung ist und was nicht.
Jemand, der gefesselt und geknebelt ist, sollte sich sicher sein können, dass der/die Aktive sich korrekt und verantwortungsbewusst verhält.
Die Gesundheit unserer Sklavinnen und Sklaven darf uns nicht egal sein. Besonders bei Feten-Situationen und Spontanaktionen ist daher risikoarmes Verhalten ein absolutes ‚Muss'.

Noch ein paar Worte zum ‚AIDS-Test' oder besser und richtiger ‚HIV-Antikörper-Test'. So ein Test trifft nur eine Aussage für die Zeit von vor einem viertel Jahr. Etwa solange brauchen die Antikörper zu ihrer Bildung, um nachweisbar zu sein. D. h., jemand, der mit seinem negativen Testergebnis

von gestern winkt, kann inzwischen längst infiziert sein, auch wenn noch keine Antikörper nachweisbar sind.
Daher ist es sinnvoll, wenn man jemanden neu kennen gelernt hat, mindestens ein Vierteljahr Safer Sex zu praktizieren und danach je einen Test zu machen. Das funktioniert natürlich nur, wenn beide monogam lieben. Aber auch so gibt es keine Garantie.

Trotz allem wünsche ich euch viel Spaß bei dem, wozu ihr Lust habt, und einen wachen Kopf, damit ihr wisst, was ihr macht.

Sage es ohne Worte

Liebling, heute Nacht möchte ich ...

Technik	Aktiv / Passiv		Ja	Nein	Vielleicht
Analen Sex					
Arschlecken (Rimming)					
Arztspiele					
Atemkontrolle					
Aufhängen an den Gliedmaßen					
Aufspannen des Körpers					
Augenbinde					
Benutzungsspiele (Objekt)					
Bestrafungsspiele/Erziehung					
Brustfesselung/Abbinden					
Crossdressing					
Dehnungsspiele anal					
Dehnungsspiele vaginal					
Demütigungsspiele – körperlich					
Demütigungsspiele – verbal					
Dildospiele					
Einläufe					
Eiswürfel					
Elektrospiele					
Ficken – ganz normal					
Fesselung					
Geil machen und warten lassen					

Technik	Aktiv / Passiv		Ja	Nein	Vielleicht
Gewichte					
Gruppensex					
Gummispiele					
Heißes Wachs					
Herr und Sklavin					
Herrin und Sklave					
High Heels					
Hypnose					
Klammern					
Klitorisstimulation					
Knebel					
Körperliche Überwältigung					
Korsettieren					
Lederspiele					
Mama und Kind-Spiel					
Massage					
Masturbation					
Messerspiele/Schneiden					
Mösenfolter					
Nadelspiele					
Nippelspiele					
Öffentliche Vorführung					
Öffentlicher Sex					
Ohrfeigen					
Oralsex					
Papa und Kind-Spiel					
Penis- und Hodenfesselung					
Penis- und Hodenfolter					

Technik	Aktiv / Passiv		Ja	Nein	Vielleicht
Pisspiele					
Rasieren der Schamhaare					
Reizwäsche tragen					
Scheidenpenetration					
Scheren der Kopfhaare					
Schläge mit dem Riemen					
Schläge mit dem Rohrstock					
Schläge mit der Gerte					
Schläge mit der Hand					
Schläge mit der mehrschwänzigen Peitsche					
Schmusen und Kosen					
Sensorische Deprivation (Masken)					
Spiel mit Altersdifferenzen					
Stiefeldienste					
Temporäres Piercing					
Tiertraining/Dressur					
Uniform/Militär-Spiele (Verhör)					
Vergewaltigungsspiele					
Verleihspiele					
Viktorianische Szene					

Codewort: ______________________________

Körperliche Einschränkungen:

____

____

____

____

____

____

Meine Lieblingsphantasie für heute:

____

____

____

____

____

____

____

____

____

____

Check-in

Zur Einstimmung in eine Szene mit einem neuen Partner oder auch zur Selbsteinschätzung empfiehlt sich dieser Fragebogen, der weniger auf einzelne Techniken, sondern mehr auf Grundbefindlichkeiten ausgerichtet ist. (Frei übersetzt aus dem sehr empfehlenswerten amerikanischen SM-Handbuch von Philip Miller und Molly Devon „Screw the Roses, Send me the Thorns" Mystic Rose Books, Fairfield USA 1995, ISBN 0-9645960-0-8)

Genereller Fragebogen zum Einchecken in eine SM-Situation

(Seiten kopieren und zutreffendes ankreuzen, unterstreichen, eintragen…)

1. **Welche SM-Erfahrungen hast du?**
   ☐ Neuling ☐ Einige Erfahrungen ☐ Sehr erfahren

2. **Deine sexuelle Orientierung?**
   ☐ Hetero ☐ Bi ☐ Schwul/Lesbisch

3. **Dein heutiges Geschlecht?**
   ☐ Mann ☐ Frau ☐ Nicht binär ☐ Transsexuell

4. **Bist du dominant?**
   ☐ Immer ☐ Oft ☐ Manchmal ☐ Nie

5. **Oder eher unterwürfig?**
   ☐ Immer ☐ Oft ☐ Manchmal ☐ Nie

6. **Bist du masochistisch?**
   ☐ Immer ☐ Oft ☐ Manchmal ☐ Nie

7. Oder doch eher sadistisch?

☐ Immer ☐ Oft ☐ Manchmal ☐ Nie

8. Magst du sowohl oben als auch unten spielen?

☐ Immer ☐ Oft ☐ Manchmal ☐ Nie

9. Was ist dein Hauptinteresse im SM-Spiel?

☐ Intensive körperliche Erfahrungen (Sadist/Masochist)
☐ Intensive psychische Erfahrungen (Herr/Sklave)
☐ Beides gleich wichtig

10. Welche „Spielplätze“ sind möglich?

☐ Überall
☐ Zuhause
☐ Draußen
☐ Partys
☐ In der Öffentlichkeit (in der Nähe meiner Wohnung)
☐ In der Öffentlichkeit (möglichst weit weg, wo mich keiner erkennt!)
☐ Spezieller Platz

11. Wer darf davon wissen?

☐ Niemand
☐ Nur mein Partner
☐ Ausgewählte Freunde
☐ Leute aus der Szene
☐ Egal

12. Wer ist als Mitspieler erlaubt?

☐ Nur mein Partner
☐ Dreier (Frau/Mann)
☐ Kleine Gruppen
☐ Nur von mir ausgesuchte Personen

13. **Wie stehst du zum Dienen?**
- ☐ Ich lebe, um zu dienen
- ☐ Ich helfe meinem Partner gerne
- ☐ Es ist nur in der Phantasie gut
- ☐ Ich hasse es

14. **Was hältst du von Strafen?**
- ☐ Das gehört dazu
- ☐ Strafen für Ungehorsam sind gut für die Phantasie
- ☐ Eine netter Anlass, um Spaß zu haben
- ☐ Ich hasse es

15. **Welche Spuren sind auf deinem Körper erlaubt?**
- ☐ Lasse meinen Körper, wie er ist
- ☐ Leichte Rötungen
- ☐ Versehentliche Striemen sind okay
- ☐ Spuren für eine Woche sind okay
- ☐ Mögliche Narben sind okay

16. **In welchen Rollen möchtest du spielen?**
(Z. B. Pirat und entführte Prinzessin, Königin und Kammerdiener, Gutsherr und Magd, Verhörspezialistin und Gefangener ...)

____

17. **Was sind deine besonderen Fetische?**

____

____

18. **Hast du spezielle Bedürfnisse, was Raum, Zeit, Beleuchtung, Temperatur, Musik etc. angeht?**

____

____

Wie man gut und befriedigend „unten" spielt

Manche SM-Leute mögen den Begriff „passiv" nicht, denn damit wird so getan, als wäre derjenige, der unten spielt, nur Objekt des Aktiven. Doch schon die Kollaboration, die erst die Einvernehmlichkeit möglich macht, ist ein aktiver Akt, deswegen sprechen manche Leute in Ermangelung eines besseren Ausdrucks vom „Empfangenden".

Dennoch benutzen wir hier den Begriff des Passiven, weil er neben Sklave/Sklavin etc. noch am ehesten allgemeinverständlich ist. In der angloamerikanischen SM-Szene spricht man von „Bottom", dem der unten ist.

Natürlich muss man sich erst mal Gedanken machen, wie die eigenen Phantasien aussehen und ob diese in der Realität verwirklicht werden können (oder sollen; manche Leute stellen fest, dass ihre Phantasien in der Realität viel von ihrer Macht verlieren oder uninteressant werden).

Eine gute Übung für Passive ist das Ausfüllen des ersten Fragebogens (Liebling, heute Nacht möchte ich ...).

Eine weitere Möglichkeit, sich über seine Wünsche klar zu werden, ist es, all das aufzuschreiben, was nach Meinung des Passiven minimal notwendig ist, damit eine Situation überhaupt funktionieren kann. Dazu gehört nicht nur das, was der Aktive machen sollte, sondern auch die Stimmung, die Räumlichkeit, Musik, ob öffentlich oder nur privat etc. (hier empfiehlt sich als Vorübung der Check-in Fragebogen). Es ist ohnehin für viele Leute einfacher, alle Wünsche in einer entspannten Situation zu besprechen, bevor man in die Rollen von ‚Oben' und ‚Unten' geschlüpft ist. Nicht zuletzt, weil es einfacher ist ‚Nein' zu sagen, bevor man angefangen hat zu spielen, als mitten drin.

Aber ehe all dies dann umgesetzt werden kann, muss erst ein Aktiver gefunden werden, der zu den eigenen Wünschen und Phantasien passt, und bei dem man sich geborgen und aufgehoben fühlen kann (sowohl während als auch nach der Session).

Wie finde ich einen guten Aktiven? Und welche Kriterien helfen mir bei der Auswahl?

Ein wichtiger Tipp vorweg:

Wer nur mit seiner Phantasie vergleicht, sieht nur die Rolle und nicht den Menschen und verhindert damit wirklichen Kontakt. Das führt viel eher zu Enttäuschungen als die Erkenntnis, dass der Dominante Dinge macht, an die man bisher nicht gedacht hatte.

Man muss wissen, mit wem man es zu tun haben will: Es gibt einmal die Aktiven, die eher traditionelle Vorstellungen haben (Herr und Sklavin, 24 Stunden am Tag, am besten ein ganzes Leben lang) und diejenigen, die der „neuen Schule" zugerechnet werden können (die Rollen werden situativ festgelegt, das ‚Oben und Unten' gibt es nur innerhalb sexueller Situationen).

Ein Passiver muss sich überlegen, was er will. Wie schon in früheren Kapiteln beschrieben, wünschen sich viele Passive eher jemanden aus der „neuen Schule" und viele Aktive sind in ihren Wünschen traditioneller.

Das führt manchmal zu der absurden Situation, dass Vertreter der Traditionalisten meinen, wenn jemand je nach Lust und Laune seine Rolle wechselt, SM nur als Spiel bezeichnet, auf manche Aspekte wie „Sklavenvertrag" oder „Strafritual" keinen sonderlichen Wert legt oder es gar wagt, SM auch ohne ein oben und unten für lustvoll und befriedigend zu halten, man kein „richtiger" SMer sei.

Dieser Blickwinkel ist etwas eng, eigentlich heißt das nur, dass diese zwei Fraktionen (und alle dazwischen) unterschiedliche Vorstellungen haben, die, gelinde gesagt, nicht immer zusammenpassen.

Einvernehmlichkeit ist eine aktive Kollaboration zur Befriedigung, zum Wohlbefinden und zur Freude aller Beteiligten. Weil das Spiel mit der Macht die Grenzen des Passiven als auch des Aktiven erweitert, ergibt sich innerhalb einer SM-Situation mehr Intimität als bei einfachem Sex.

Merke: Eine der wichtigsten SM-Regeln ist, dass Regeln nicht immer funktionieren. Das heißt, was heute möglich ist, kann morgen nicht mehr so schön sein oder eben doch. Absprachen, die einmal gemacht wurden, müssen immer wieder neu besprochen werden. Man kann verschieden drauf sein und manche Leute entwickeln sich in unterschiedliche Richtungen.

Die drei größten Lügen innerhalb der SM-Szene sind:
1. Mein einziges Bedürfnis ist zu dienen.
2. Echte Devote und wirkliche Masochisten haben keine Grenzen.
3. Ich weiß, was du brauchst, auch wenn du es nicht weißt.

Natürlich sind diese „Lügen" oft nicht ganz ernst gemeint, aber bei genauer Betrachtung haben sie doch ihre Wirkung: Sie zeigen, wie schnell auch in einer offenen Szene destruktive Klischees entstehen können, die als „Wahrheiten" daherkommen, aber eben falsch sind.

Da unsere Wünsche nicht immer rational sind, sollte man als erstes lernen, sowohl mit dem Kopf als auch mit dem Geschlecht zu denken. Nur eines von beidem zu machen, wird auf Dauer unbefriedigend sein.
Eine gute, wenn auch manchmal emotional riskante Möglichkeit ist es, unterschiedliche Herren, Dominas, Master auszuprobieren, damit man ein Gefühl dafür bekommt, was möglich ist. (Liebe ich nur die Dominanz oder die High Heels des anderen oder berührt mich speziell diese Person?)
Referenzen schaden nichts.
Gerade innerhalb der Szene kann man sich gut umhören nach den Qualitäten eines Aktiven, auch wenn das natürlich nicht die eigene Erfahrung ersetzt. Möglichst nur ehemalige „Spielgefährten" fragen, damit man die Informationen aus erster Hand bekommt. In der Szene wird auch viel getratscht, auch SM-Leute sind normale Menschen.
Manche Leute haben einen sicheren Instinkt für Menschen, die gut für sie sind (manche leider genau den umgekehrten Instinkt – sie fahren nur auf richtige Arschlöcher ab, um sich dann hinterher einmal mehr zu wundern). Das Absichern bzw. „Covern" von Situationen schützt nicht nur den Passiven, sondern eigentlich auch den Aktiven. (Mehr dazu siehe im Kapitel „Wer suchet, der findet".)

Falls eine Situation beim ersten Mal schief läuft und abgebrochen werden muss, ist das kein Qualitätsmerkmal, sondern entscheidend ist, wie gut die Partner damit umgehen können.
Ein guter Aktiver interessiert sich auch während des Spiels für die Befindlichkeiten des Passiven, geht auf Wünsche und Bedürfnisse ein, ohne dabei

sein eigenes Spiel aus den Augen zu verlieren. (Wer zu sehr danach schielt, es dem Passiven recht zu machen, nimmt nicht die Macht, die ihm der Passive anbietet.) Aber nicht nur die Qualität des Aktiven ist wichtig für den befriedigenden Verlauf einer SM-Session, auch der Passive muss seinen Teil dazu beisteuern. Dazu gehören als Minimum gegenseitige Achtung und Respekt.

Die Verantwortlichkeiten des Passiven

Der Passive sollte seine Grenzen kennen und in der Lage sein, diese dem Aktiven auch innerhalb einer Situation zu vermitteln. Dazu gehören klare Kommunikation, Erklärungen, was man will, was eventuell möglich ist, und wo die Limits sind. Und nur wenn der Passive bereit ist, den Aktiven auch als Menschen zu akzeptieren, kann es zu befriedigendem Austausch kommen.

Dafür muss der Passive sich sicher sein, dass der Aktive seine Grenzen respektiert, in der Lage ist, eigene Grenzen zu setzen, zuhört, und weiß, was er tut.

Aktive beschreiben den „schlechten" Passiven als jemanden, der nur seine eigenen Bedürfnisse sieht (und dem es hinterher fast nie genug war), der dem Aktiven keine Rückmeldungen über seinen Zustand macht (und sich hinterher beschwert, dass der Aktive zu weit gegangen sei) und der versucht, dem Aktiven permanent die Kontrolle abzunehmen. Als ähnlich unbefriedigend werden auch diejenigen empfunden, die hinterher allen anderen erzählen, wie schlecht der Aktive gewesen sei (aber gerade demjenigen nicht, den es angeht).

SM hat sehr viel mit gegenseitigem Vertrauen zu tun, dazu gehört auch der taktvolle Umgang mit eben diesem Vertrauen. Der Aktive zeigt etwas Intimes von sich, ähnlich wie der Passive, und das gilt es genauso zu respektieren wie umgekehrt.

Viele Passive hadern mit ihren Wünschen, Sehnsüchten, Fetischen und Lüsten. Doch nur, wenn sie diese nicht als dumm, primitiv, kindisch, unmoralisch verurteilen, sind sie in der Lage, diese für sich zu akzeptieren. Guten Sex kann man nicht haben, wenn man dabei hauptsächlich Schuldgefühle oder negative Scham empfindet (positive Scham kann sehr lustvoll

sein, z. B. wenn der Passive sich öffentlich selbstbefriedigen soll). Wer als Aktiver versucht, gerade auf diesen oft problematischen Gefühlen herumzureiten, ist ohnehin der Falsche. Es gibt keinen Grund, sich wegen seiner Wünsche schlecht zu fühlen, und wer jemandem Schuldgefühle einreden will, nur weil er andere Dinge als man selbst aufregend findet, hat nicht kapiert, wie groß die Spannbreite von SM ist.
(Natürlich kann es stimulierend sein, jemanden dafür zu beschimpfen, dass er oder sie so lüstern, geil, hungrig nach Schlägen ist, doch im Alltag sollte klar sein, dass diese Reaktionen etwas Schönes sind, denn was sollten die Aktiven denn mit jemandem, den das, was sie machen, nicht antörnt?)

Gleich soll es losgehen, doch wie?

Eine gute Einstimmung in eine gemeinsame Szene ist wichtig.
Zur Vorbereitung kann alles Mögliche dienen: Sich duschen, besondere Kleidungsstücke anziehen, sich eine halbe Stunde alleine hinsetzen, ein Halsband angelegt bekommen. Vorher abklären, ob man ungestört ist (Telefon leiser stellen, Haustürklingel abstellen, das Kind zu den Schwiegereltern bringen, die Vorhänge zuziehen), und ob die Umgebung so ist, wie man es sich wünscht.
Ein Safeword zu fordern, ist kein Misstrauens-Beweis, sondern sollte eher als eine sinnvolle Kommunikationsmöglichkeit gesehen werden. Außerdem kann es immer mal passieren, dass es für den Passiven notwendig ist, die „Notbremse" zu ziehen. Auch der erfahrenste Aktive ist nicht unfehlbar (auch wenn manche das den Passiven einzureden versuchen).
Ein guter Aktiver überprüft zwischendurch regelmäßig den Kontakt zu „seinem" Passiven. Das kann die Frage danach sein, ob man das Codewort noch weiß, ob man noch da ist, ob es dem Passiven warm genug ist, oder ob dieser etwas zu trinken braucht. Das kann aber auch einfach nur ein Blick oder eine zärtliche Berührung sein.
Kein Passiver sollte sich schlecht fühlen, falls er während einer Szene merkt, dass er seine Meinung geändert hat und er sein Einverständnis widerrufen will. Es gibt keine Verpflichtung, alles bis zum Ende durchzustehen. Missverstandener Stolz ist da nicht die richtige Einstellung.
Wer unten spielt, fühlt sich in diesen Situationen häufig beschützter als in der normalen Welt, in der er immer die Kontrolle behalten muss. Passiv

sein schafft einen sicheren Platz, um Ängste, Ärger und Frustrationen loszuwerden durch die spannungslösende Funktion. Ein weiterer Aspekt ist das Gefühl der Stärke, das ein Passiver spürt, sowohl durch die Kraft des Aktiven, als auch durch die eigene Fähigkeit, Schmerz und Demütigung auszuhalten. Aber nur von einem Starken kann man die Kraft nehmen und benutzen, das gilt für beide Seiten, aber es sei hier besonders den Passiven ins Stammbuch geschrieben, denn manch einer von ihnen versteckt sich gerne hinter der Rolle des armen, hilflosen Opfers.

Im Gegensatz zum normalen Leben werden die Machtspiele, die man innerhalb von SM-Sessions spielt, nicht zum Profitmachen benutzt, sondern damit beide mehr Spaß und größere Erfüllung beim SM-Sex haben.

Manche Passiven behaupten von sich, dass sie keine Grenzen kennen würden. Wenn es sich bei ihnen nicht gerade um einen Passiven vom Typ „Fass ohne Boden“ handelt, ist das eine Übertreibung, denn spätestens ab dem Augenblick, wo ihr Gebieter sich darauf versteifen würde, ab heute nur noch Kuschelsex zu machen, wäre die Grenze erreicht. Als Teil des Spiels mag diese Formulierung angehen, kann aber auch dazu führen, dass der Aktive sich dazu verführt fühlt, wirklich so zu tun, als hätte der Passive keine Grenzen, und das geht meist ziemlich daneben.

SM-Spiele bewegen sich oft in dem schmalen Segment zwischen Phantasie und Realität. Daher ist es sinnvoll, für eine gute SM-Inszenierung erst mal zu lernen, die Realität zu beherrschen. Das hilft einem auch dabei, wirklich aufregende Phantasien zu verwirklichen. Wenn jemand den ganzen Tag unter seiner Arbeit leidet, wird er bestimmt nicht Lust haben, beim Sex auch noch zu leiden, oder wenn jemand sich in seinem Alltag ungerechten Autoritäten unterwerfen muss, hat er bestimmt keine sonderliche Lust, eine folgsame Sklavin zu sein. Passive, die das nicht berücksichtigen, wundern sich manchmal, warum ihnen plötzlich die Lust auf SM vergangen ist, sie beginnen mit sich zu hadern und sich schuldig zu fühlen. Doch das macht die Lust nicht größer. Wichtiger wäre da eine Veränderung der aktuellen Lebenssituation, die einem den Spaß verdirbt. Es ist ohnehin ziemlich natürlich, dass man mal mehr, mal weniger Lust auf SM hat.

Fast noch wichtiger als ein guter Einstieg in eine SM-Situation ist ein gutes Ende. Das meint nicht, dass einfach irgendwann nicht mehr weitergespielt

wird, sondern einen klaren Abschluss. Das kann ein Orgasmus sein, ein gemeinsames Bad, sich hinterher aneinander kuscheln, spazieren gehen, etwas zusammen trinken oder essen. Hauptsache, es ist etwas, das beiden ermöglicht, wieder zurück ins „Real Life" zu kommen. Gerade nach sehr tiefen Spielen ist es notwendig, klar zu machen, dass jetzt die Inszenierung beendet ist, die Rollen aufgelöst sind und sich zwei erwachsene Menschen begegnen und einander auffangen können.
Auch eine „Nachbesprechung" der Session kann außerhalb der Rollen besser erfolgen. Hier empfiehlt es sich, nicht sofort im Anschluss an eine Situation diese zu zerreden, sondern sich besser am nächsten Tag noch mal zusammen zu setzen und zu schauen, was besonders gut war, wo es Probleme gegeben hat, und was beim nächsten Mal vermieden werden sollte (denn es soll doch sicherlich noch ein nächstes Mal geben). Dabei sollte es nicht um Verurteilungen gehen. Konstruktiv ist es eher, über die Gefühle zu sprechen, die der andere in einem ausgelöst hat, als vernichtende Kritik an der anderen Person zu üben. Hier sollte man sich klar machen, dass das Unterbewusstsein keine Einvernehmlichkeit versteht. Auch ein Aktiver ist verletzbar und spielt genauso mit einem emotionalen Risiko für sich.

Es gibt natürlich keine Regeln für das, was bei einer SM-Inszenierung vorkommen muss. Jede/r setzt da seine eigenen Schwerpunkte, aber im allgemeinen sind verschiedene Szenarios möglich, wobei das folgende nur eine grobe Einteilung ist, die es einem Passiven leichter machen soll, seinen Wünschen bestimmte Benennungen zuzuordnen.

1. Es gibt kein Oben und Unten, sondern zwei gleichberechtigte Partner, die eine komplexe Szene gemeinsam meistern (besonders da, wo die direkte Mithilfe beider wichtig ist).
2. Bondage-Szenen, in denen es darum geht, dass einer den anderen möglichst phantasievoll fesselt.
3. Sensorische Deprivation, bei der dem Passiven ein mehr oder weniger großer Teil der Sinnesreize entzogen wird, z. B. durch Ohrstöpsel, Augenbinde etc.
4. Flagellationsszenen, in denen es in erster Linie um Schläge mit der Hand, Peitschen oder mit sonstigen Gegenständen geht.

5. Schmerzszenen, in denen es nicht um eine spezielle Form des Schmerzes geht, sondern alles Mögliche benutzt werden kann, z. B. Klammern, Schläge, Wachs, unangenehme Fesselungen.
6. „Schmerzsurfen" (besser: auf den eigenen Endorphinen surfen) ist eine Variante, wobei hier besonders wichtig ist, dass man dem Passiven viel Zeit lässt, auf den Schmerztrip zu kommen und auch darauf zu bleiben. Erfordert sehr viel Vertrauen und ein gewisses Training der eigenen Hormonproduktion.
7. Fetischszenen, in denen es darum geht, das fetischistische Objekt benutzen zu können (z. B. Frauenfüße zu küssen, in Gummi gesteckt zu werden).
8. Autoritätsszenen mit ihren Aspekten von Dienen, Strafen & Verträgen.
9. Regressionsspiele, wenn man sich als frecher Schüler oder als hungriges Baby sieht.
10. Geschlechtsrollenspiele, bei denen man sich in eine andere Geschlechterrolle begibt.
11. Als „Animal" oder „Pet" kann man jedes Tier sein vom stubenreinen Hund bis zum frechen Ponygirl.
12. „Leblose Gegenstände" sind einfach all das, was Aktive benutzen können. Sei es nur ein Mund oder ein Schwanz, oder ein mehr oder weniger dekoratives Möbelstück, auf dem man Dinge oder auch die Füße ablegen kann.
13. Demütigung und verbaler Missbrauch, dies umfasst all das, was sich auf eher verbaler Ebene abspielt.
14. Widerstandsszenen, in denen es um Kidnapping, gespielte Vergewaltigung, Gefangenschaft und Verhöre geht.

Selbstverständlich können in einer SM-Situation Aspekte aus allen möglichen Szenarios benutzt werden, doch sollte man sich vorher überlegen, dass bestimmte Varianten einfach nicht gut zueinander passen (z. B. ein Möbelstück verbal zu demütigen, kann eher ein zum gemeinsamen Lachen reizendes Experiment sein, als eine besondere Schmach).

Wie man gut „oben“ spielt

Ob man sich nun als Domina oder Herr, als Aktiver oder „Sadist“ versteht, immer ist man derjenige, dem Macht gegeben wird bzw. der sie sich nimmt und der diese Macht ausübt. Im englischen Sprachgebrauch redet man hier, ohne auf die Art der Inszenierung einzugehen, ganz einfach vom „Top“, eben von jemandem der oben spielt.

Das Hantieren mit Macht setzt eine gewisse persönliche Reife und Herzensbildung voraus, damit die potentiell in jedem von uns steckende Destruktivität, nicht ungewollt ihr zerstörerisches Potential zeigt. Doch zunächst wollen wir der Frage nachgehen, was zum oben spielen eigentlich nötig ist.

Nur wer ein ausgeprägtes Maß an Einfühlungsvermögen hat, wird in der Lage sein, die größere Intensität des Kontaktes zu seinem „Opfer“ auch genießen zu können. Wer nicht mitbekommt, in welchem Zustand die andere Person gerade psychisch und physisch ist, kann zwar sein Mütchen kühlen, aber ein großer Teil möglichen Genusses bleibt ihm versperrt. Auch gegenseitige Liebe, Achtung und Respekt sind eine ideale Basis.

Eine weitere Voraussetzung ist eigene emotionale Stärke und Stabilität, wobei diese Eigenschaften ausgeprägt genug sein sollten, damit sie auch bis nach einer Session vorhalten, wenn es z. B. darum geht, den anderen aufzufangen, ihn wieder zurück in den Alltag zu begleiten.

Ein gewisses Maß an „Gemeinheit“ kann nicht schaden, denn wenn man aus lauter mitfühlendem Mitleid nicht in der Lage ist, den anderen an die von ihm gewollte Grenze zu führen, bleibt leicht auf beiden Seiten ein schales Gefühl des Unbefriedigtseins zurück.

Die Bereitschaft die Kontrolle, sowohl über sich selbst, über den anderen und über die Situation zu übernehmen, ist genauso wichtig wie Kompetenz im Umgang mit den Spielsachen. Wer sich unsicher ist, in dem was er gerade macht, überträgt diese Unsicherheit auf den Passiven, der sich doch eigentlich gerade in diese Sicherheit fallen lassen wollte.

Wer oben spielt, sollte sich kennen, sollte wissen, wo seine Grenzen sind und in der Lage sein, symbolisches bzw. rituelles Handeln von Alltagsre-

aktionen zu unterscheiden. Wenn ich aus Ärger über meinen Chef abends meine Freundin besonders fies quäle, dann habe ich zwei Sachen, die nicht vermischt werden dürfen, durcheinander gebracht.
Zu all dem gehört auch das eigentlich selbstverständliche Wissen, dass derjenige, der oben spielt, genauso auf denjenigen, der unten spielt, angewiesen ist, wie umgekehrt. Daraus leitet sich automatisch ab, dass weder der Aktive noch der Passive „besser“ oder „bedeutender“ ist, denn nur in ihrem Zusammenspiel können sie genießen.

Wenn zwei oder mehr Leute miteinander SM praktizieren, können vorher die Rollen definiert werden. Bin ich heute der harte Master und du die unterwürfige Sklavin oder bis du doch eher die liebevolle Vollstreckerin meiner Sehnsucht nach einer ordentlichen Tracht Prügel? Vielleicht habe ich auch keine Lust auf eine Rolle und möchte nur als „Matthias“ spielen. Es sollte einen ohnehin niemand zu einer Entscheidung zwingen, die jeder immer wieder für sich selbst und nach seiner augenblicklichen Tagesstimmung aussuchen sollte. Das Abklären der Rollen klärt vorher, wer was macht (machen darf, machen soll, machen kann) und wer für was verantwortlich ist. Wenn jemand oben spielt, hat er alle Möglichkeiten, in jede Rolle zu schlüpfen, die er spielen möchte, solange der andere sich in seiner Rollenzuweisung wohl fühlt. Niemand braucht sich für immer festgelegt zu fühlen, nur weil er dreimal hintereinander „Sir Stephan“ war. Wenn man seinen Sehnsüchten und Träumen folgt, wird man schnell feststellen, dass es mehr gibt als nur die üblichen „Herr und Sklave“ Rollen. Voraussetzung dafür ist, dass man bereit ist, mit seinen Phantasien herauszurücken. Auch die schmutzigsten Phantasien sind erstmal in Ordnung, sich für sie zu schämen, macht einem nur ein schlechtes Gewissen und Schuld ist ein schlechter erotischer Stimulus. Viel spannender ist es, sich zu überlegen, wie man diese Phantasien so umsetzen kann, dass sie safe und einvernehmlich sind.
Wer intensive körperliche und emotionale Stimulationen sucht, ist eigentlich besser als Passiver bedient, was also ist es, was das Spiel oben so reizvoll macht? Viele Aktive beherrschen die Fähigkeit, sich von den Reaktionen und Emotionen zu nähren, die sie auslösen. Sie kosten die Macht aus, die es bedeutet, jemanden sexuell immer weiter zu treiben, ihn zum

Orgasmus kommen zu lassen – oder gerade eben nicht. Macht kann genauso erotisch sein wie Ohnmacht. Ein anderer wichtiger Aspekt ist die reizvolle Möglichkeit, den Passiven nach den eigenen Bedürfnissen sexuell benutzen zu können. Ein dritter Anreiz ist für viele Aktive die Fähigkeit mitzufühlen, was sie dem anderen antun, weil sie selbst Erfahrungen unten gemacht haben.

Fallen, die auf den Aktiven lauern

Wer glaubt, dass mehr (Schläge, Schmerz, Demütigung etc.) prinzipiell besser ist, ist schon in eine recht verbreitete Falle gelaufen. Denn auch der „tabulose" Sklave hat seine Grenzen, genauso wie die „extrem belastbare" Masochistin. Der Maxime vom „mehr ist besser" hinterher zu laufen, führt einen ganz schnell auf eine Einbahnstraße, aus der es nur sehr schwer ein Zurück gibt.

Je dichter man an den grauen Bereich zwischen „genug" und „zu viel" kommt, desto spannender wird es oft. Doch sobald die eigenen Wünsche immer mehr darum kreisen, diese Grenzen zu verletzen, sollte man sich zu einem Therapeuten begeben, damit man nicht zu einer Gefahr für sich und den anderen wird. Wenn die Einvernehmlichkeit nicht mehr gewährleistet ist, wird aus der SM-Session eine reale Vergewaltigung oder eine strafbare Körperverletzung.

Problematisch kann es auch für jemanden werden, der mit einem der als „schwarzes Loch" bezeichneten Passiven spielt. Durch ihre Unersättlichkeit treiben sie einen immer weiter, bis über den Punkt hinaus, an dem man noch sicheren Boden unter den Füßen hat. Menschen, die man nie hart genug schlagen, nie tief genug fisten, nie konsequent genug erziehen, nie gnadenlos genug demütigen kann, saugen auch den härtesten Aktiven aus. Scheinen sie zuerst genau das zu sein, was man sich schon immer gewünscht hat, fangen sie spätestens hinterher mit dem Quengeln an, was der Sicherheit des Aktiven nicht gerade förderlich ist.

Eine weitere Falle ist es, sich als Aktiver stur auf ein Codewort zu verlassen. Erfahrungsgemäß vergessen Passive das Codewort spätestens dann, wenn sie auf einem Schmerztrip so viel Endorphin ausgeschüttet haben, dass sie „high" sind. Um das zu vermeiden, ist regelmäßiger Kontakt nötig, bis hin zu der Frage, „Weißt du dein Codewort noch?"

Eine gute Faustregel für SM-Leute ist: Ein Passiver ohne Wünsche, Phantasie und Kraft ist genauso unsafe und ungesund wie ein Aktiver ohne Verletzlichkeit, Kompromissbereitschaft und Verbindung zum Passiven

Es gibt viele Möglichkeiten, oben zu spielen, und genauso viele Triebfedern für den Aktiven, sich gerade diese Seite der Medaille ausgesucht zu haben, doch Ziel bei allen Bemühungen sollte es sein, dass man den Kick erreicht, den speziellen Auslöser, mit dem man das „Opfer" berührt. Eine für beide Seiten befriedigende Situation ist der beste Türöffner für ein nächstes Mal. Darum ist es auch nötig, dass diejenigen, die unten spielen, die Grenzen des Spieles bestimmen, denn sie sind es auch, die als einzige wirklich beurteilen können, was sie aushalten. Ohnehin zeigen die Erfahrungen, dass der Versuch, gleich beim ersten Treffen die Grenzen des Passiven zu erweitern, im allgemeinen nach hinten los geht. So wird mit ziemlicher Wahrscheinlichkeit aus dem ersten Treffen dann gleich das letzte Treffen.

Nochmals ein Blick auf die Kontaktanzeigenlandschaft. Hier schwirren immer wieder dieselben Sprachschablonen herum: „echt" (wie echte Masochistin) und „wahr" (wie ein wahrer Sklave) oder „naturveranlagt", „konsequent". Diese Begriffe können sehr schnell destruktiv werden, wenn sie als starre Zuschreibungen benutzt werden: „Du bist keine naturveranlagte Sklavin" ist keine sachliche Feststellung, sondern ein negatives Urteil über eine Frau, die vielleicht einfach nur die Grenzen ihrer Unterwürfigkeit klargemacht hat. „Er ist kein echter Maso" heißt doch nur, dass der Mann irgendwann schreit, wenn er die Schmerzen nicht mehr aushält. Beide, die Sklavin und der Maso, haben ein Recht auf ihre Grenzen und die Aktiven die Pflicht, diese Grenzen zu akzeptieren und zu achten. Auch jemand, der die Rollen tauscht, der nur manchmal SM macht, ist innerhalb der SM-Session genauso echt wie die „24-Stunden-am-Tag-Sklavin", er spielt nur ein anderes Spiel, welches weder besser noch schlechter ist. Pseudoideologisch verbrämte Sätze wie „die wahre Bestimmung des Mannes (der Frau) ist es zu dienen" mögen innerhalb des Spieles ihre Berechtigung haben, aber auf SM-Stammtischen oder im Alltag haben diese Sätze nichts zu suchen, denn da sind sie einfach nur sexistisch. Es gilt für SM-Leute wie für alle anderen ohnehin die alte Weisheit: Wer es nötig hat, andere runterzumachen, hat selbst seinen Platz noch nicht gefunden. Denn wenn ich gelernt habe, mich in meiner Einmaligkeit zu begreifen und zu akzeptieren, kann ich dem anderen auch seine Einmaligkeit und Andersartigkeit lassen.

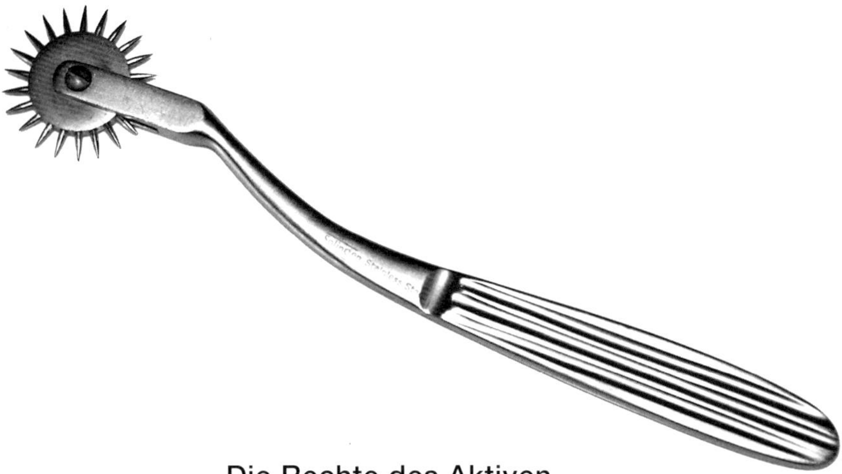

Die Rechte des Aktiven

Aktive haben ein Recht auf klare Kommunikation von Seiten des Passiven. Wenn man keine Reaktionen auf seine Handlungen sehen, hören und spüren kann, sollte man lieber die Finger von einem Passiven lassen. Ein stoischer Passiver, der alles brav über sich ergehen lässt, ist ohnehin einfach nur langweilig.

Auch der strenge Herr und die kühle Domina haben ein Recht auf emotionale Unterstützung durch den Passiven, sowohl während als auch nach dem Spiel. Wer einen Aktiven nur als Erfüllungsgehilfen für seine sexuellen Wünsche sieht und darüber die Person hinter der Rolle vergisst, ist in einem Studio zwar teurer, aber besser bedient. Aktive sind auch nur Menschen, deswegen dürfen auch sie manchmal schwach und unsicher sein, obwohl es vielleicht an dem Image kratzt, welches sie nicht zuletzt von den Passiven zugewiesen bekommen (oder welches sie selbst von sich aufrecht zu halten versuchen).

Nicht nur die Lust des Passiven steht im Vordergrund, auch die Aktiven haben ein Recht auf ihren sexuellen Genuss, sei es dass sie sich oral befriedigen lassen, sich selbst befriedigen, auf direkte genitale Befriedigung keinen Wert legen oder sonst wie.

Die Verantwortlichkeiten des Aktiven

Eigene Bedürfnisse, Wünsche und Limits sollte man kennen und beurteilen können. Auch wenn Willkür ein prima Spiel sein kann, so sollte man doch so klar reagieren, dass ein Passiver ungefähr einschätzen kann, was (und in welcher Intensität) ihn erwartet. Sich an die eigenen Versprechungen zu halten, ist dafür ein guter Schritt. Erst eine Strafe anzukündigen und dann etwas völlig anderes zu machen, kann zu Unsicherheiten in einem Spiel führen, dessen Basis ja gegenseitiges Vertrauen ist. Wenn der erste Schlag gleich so ausfällt, dass der Passive hinterher minutenlang mit dem Schreck darüber kämpfen muss, ist das nicht gerade ein gelungener Einstieg in eine für beide Seiten befriedigende Session. Auch die Verantwortlichkeit für die eigene emotionale und physische Sicherheit und die des passiven Partners (Safe Sex, klarer Kopf, Einvernehmlichkeit) gehört zu den Pflichten des Aktiven. Dazu ist es notwendig, dass man immer in Kontakt miteinander ist, weil man nur so mitbekommen kann, wie es dem anderen geht, wie dicht man an einer Grenze ist, und ob das Spiel noch einvernehmlich ist. Drogen und Alkohol verändern die Selbst- und Fremdwahrnehmung, können damit auch da einen Kontakt vortäuschen, wo er schon längst abgerissen ist. Schnell kann aus einer einvernehmlichen Situation bei zugesoffenem Kopf ein realer Missbrauch werden, der einem hinterher zwar leid tut, aber das Vertrauensverhältnis nachhaltig zerstört, wenn nicht gar für die Zukunft unmöglich macht.

Das Thema Sicherheit des Spielzeugs wurde schon an anderer Stelle behandelt, erwähnt sei hier nur, dass das selbstverständlich auch in den Bereich der Pflichten für den Aktiven fällt. Für den Fall des Falles kann es nicht schaden, zumindest die Grundbegriffe der ersten Hilfe parat zu haben; es kann immer mal jemand ohnmächtig werden und auch sonstige Missgeschicke sind möglich. (Ein paar sehr allgemeine Tipps dazu: Bei Ohnmacht Beine hoch lagern, Fenster öffnen, beengende Kleidung und ähnliches entfernen. Offene Wunden desinfizieren und sauber verbinden. Länger anhaltende Blutungen sollte man schnellstmöglich einem Arzt zeigen. Mit Heparin-Salbe verschwinden blaue Flecken schneller.)

Zugeben zu können, wenn man etwas nicht weiß, ist besser, als es einfach zu machen. „Gute" Aktive werden nicht geboren, sondern sie werden erst durch Lernen dazu. Wichtigstes „Hilfsmittel" hierbei ist die Rückmeldung des Pas-

siven. Dabei ist zu bedenken, dass es keine immer funktionierenden „Tricks“ gibt. Jeder Passive kann anders reagieren, auch ein und dieselbe Person ist von Tageslaune und Stimmung abhängig. Was heute mit dieser Person funktioniert, kann morgen daneben gehen. Wichtigste Konsequenz daraus ist, dass man lernt die Reaktionen, die man auslöst, richtig einzuschätzen.
Viele Tops schwören darauf, dass sie neues Spielzeug erst an sich selbst ausprobieren. Nicht umsonst heißt es oft bei Passiven, dass die besten Aktiven diejenigen sind, die auch schon als Passive Erfahrungen gemacht haben.

Hier ein paar generelle Hinweise für den richtigen Einstieg in eine SM-Session

Als allererstes sollte man es sich und dem Passiven bequem und gemütlich machen. Zur Einstimmung kann man den Passiven befragen über seine Vorlieben, die „Vielleichts“ und die Limits (gehört genitaler Sex dazu, was ist mit Spuren, kennt er Schmerzlust oder ist Schmerz immer nur Strafe für sie, was sind besondere Ängste und „Abtörner“, wer darf zuschauen, wo sind die emotionalen Grenzen? – siehe hierzu auch die Fragebögen). Der Raum soll für den meist nackten Passiven warm genug sein, die Beleuchtung muss stimmen (hell genug, dass man sehen kann, was man macht), vielleicht entspannende oder aufreizende Musik, etwas Kühles zu trinken, das Equipment übersichtlich angeordnet.
Jedes Spiel sollte man langsam beginnen, sich Zeit nehmen, damit die Atmosphäre wirken kann, sich gemeinsam auf die Reise ins Land der erlebten SM-Phantasien einstimmen. Körperliche oder psychische Sensationen behutsam steigern, damit der Passive Zeit hat mitzukommen und der Aktive Zeit, um zu sehen, wie das, was er gemacht hat, auf den Passiven wirkt. Wenn der Passive anfängt, schneller zu atmen, zu seufzen oder andere deutliche Zeichen von angenehmer Erregung zu geben, erstmal auf dieser Ebene bleiben und erst nach einer Weile vorsichtig den Reiz steigern. Den Passiven für seine Leistung loben, ihm sagen, wie schön sie oder er in seinem Leiden aussieht, ist eine gern gesehene Geste. Vorher ankündigen, was man gleich machen wird, ist ein gutes Mittel, damit der Passive sich einstellen kann, auf das, was ihn erwartet. Wünsche, die der Passive an den Aktiven hat, sollten direkt gesagt werden, der Aktive kann dann entscheiden, ob er bereit ist, darauf einzugehen.

Gerade für Leute, die das erste Mal spielen, ist die Methode der Kalibrierung ein gutes Mittel, zu checken, wie viel der Passive gerade aushalten kann oder will. Ein Beispiel: Man sagt dem Passiven, dass es Schläge der Kategorie 1 bis 10 gibt, wobei 1 leicht und 10 schwer ist. Dann schlägt man einmal und lässt den Passiven sagen, zu welcher Kategorie der Schlag gehört. Sagt er 1 weiß man, dass es noch viel weiter gehen kann, sagt er dagegen 10, ist das augenblickliche Limit schon erreicht und die folgenden Schläge sollten leichter sein. Das geht natürlich auch mit anderen Reizen und sollte immer mal zwischendurch wiederholt werden, damit der Aktive weiß, wo sich der Passive gerade befindet. Sich als Aktiver bewusst auf den Atemrhythmus des Passiven einzustellen und hörbar mitzuatmen, erleichtert dem Aktiven als auch dem Passiven den Kontakt.
Leuten, die das erste Mal eine SM-Session erleben oder die noch wenig Erfahrung als Passiver haben, sollte man mit besonders viel Fingerspitzengefühl und besonders behutsam begegnen. Schon manche hoffnungsvolle Masochistin und manch angehender Sklave haben nach ihrem ersten Erlebnis mit jemandem, der gerade diese Regel nicht beherzigt hat, jegliche Lust verloren, sich ein weiteres Mal dominieren zu lassen.
Die Kunst liegt nicht darin, an einem Abend das ganze Repertoire von Bondage, Klammern, Demütigung, Schlägen bis zum Sklavenvertrag durchzuspielen, sondern in der Beschränkung. Wenn man nicht mehr weiter weiß, hilft es meistens, sich erst mal einen Augenblick zurückzulehnen, zu spüren, wie man sich fühlt, den Anblick seines Opfers zu genießen. Spätestens dann fällt einem etwas Neues ein. Ein SM-Ritual ist ein Weg, den man gemeinsam geht, wobei der Aktive den Passiven lockt, immer weiter mitzukommen. Wer nicht alles auf einmal will, hat viel größere Möglichkeiten beim nächsten Mal und das streben doch die meisten an.

Hier noch ein paar Fragen vor dem Spiel

1. Wie soll das Skript der Inszenierung aussehen?
2. In welcher Rolle bin ich und der Passive?
3. Wie gehe ich mit meiner Aufregung zu Beginn einer Situation um?
4. Wie will ich die Kontrolle über die Situation übernehmen?
5. Wie soll der Einstieg aussehen?
6. Wie beende ich ein Spiel? (Z. B. durch Abnehmen des Halsbandes, einen gemeinsamen Orgasmus etc.)

Noch ein paar leider bitter notwendige Worte zur SM-Etiquette

Der Rahmen ist durch die Einvernehmlichkeit, das Akzeptieren von Safewords und Grenzen gesteckt. Doch in einer eher kleinen und überschaubaren Szene wie es die nicht-kommerzielle SM-Szene ist, gehört auch Vertraulichkeit dazu. Nicht jede missglückte Situation sollte ans virtuelle schwarze Brett gehängt werden, auf Facebook oder Fetlife geteilt werden, aber da, wo jemand sich gefährlich verhalten hat (Safeword missachtet, gesundheitliche Risiken verursacht hat etc.), sollten andere Passive informiert werden. Niemand ist fehlerfrei, und der Abbruch einer SM-Situation ist nichts, weswegen man eine Identitätskrise bekommen sollte, denn das kann jedem passieren. Jede Persönlichkeit und die Rollen, die man selbst oder der andere spielt, sollte man versuchen zu akzeptieren. Niemandem ist gedient, wenn man sich oder den anderen schlecht macht.

Zu halbwegs gutem Stil gehört es auch, erst dem Mitspieler zu sagen, wie man das gemeinsame Spiel fand, ehe man losgeht und mit Dritten darüber schwatzt.

Register

Gruppen-Liste

Stand Ende 2017

Überregionale Auswahl

BVSM – Bundesvereinigung Sadomasochismus
Die Bundesvereinigung Sadomasochismus e.V. hat sich zum Ziel gesetzt, die Interessen von Sadomasochisten und Fetischisten in Deutschland wirksam zu vertreten und die Aktivitäten der BDSM-Szene besser zu koordinieren. Mail: info@bvsm.de, **www.bvsm.de**

SMJG – Die BDSM Jugend
richtet sich an alle jungen SMler bis 27 Jahren, die Lust haben sich mit anderen zu treffen und auszutauschen. Gruppen in 39 Städten im deutschsprachigen Raum. Infos: **www.smjg.org**

Schlagworte
Deutschsprachige BDSM-News, Mailingliste und Informationszentrale.
www.schlagworte.net, E-Mail: swladmins@schlagworte.net

Datenschlag
ist eine nichtkommerzielle, überregionale Gruppe im deutschsprachigen Raum auf Basis einer Mailingliste mit dem Ziel Informationen zum Thema Sadomasochismus zu sammeln, sie aufzubereiten und sie Sadomasochisten und sadomasochistischen Organisationen verfügbar zu machen.
www.datenschlag.org, E-Mail: webmaster@datenschlag.org

Für menschliche Tierchen und ihre Besitzer:
Projekt Pets & Owners – überregionales Projekt mit stark netzlastiger Struktur, Mailingliste, überregionale Workshops, regelmäßige Stammtische in Berlin, Hamburg, Köln. E-Mail: pets@pets-de.org, **www.pets-de.org**

Mayday– Hilfestellung für BDSM-interessierte Menschen in Notlagen. Notfalltel.: +49 (0)700-62932976 (montags 19–23 Uhr). **www.maydaysm.de**, Beratung: beratung@maydaysm.de

SchMacht SM-Lesben
Autonomes Netzwerk lesbischer und bisexueller SM-Frauen, Regionalgruppen in Bremen/Oldenburg, Berlin, Düsseldorf. Kontakt über: c/o AHA, Mehringdamm 61, 10961 Berlin
www.schmacht.org, E-Mail: schmacht@riseup.net

Arbeitskreis SM + Christsein
für Menschen, die sich als SMler und gleichzeitig als Christen (nicht konfessionsgebunden) verstehen. Infos und Kontakt über Charon-Verlag c/o AK Arbeitskreis SM + Christsein, Postfach 304199, 20324 Hamburg, (Doppelrückporto) oder Tel. +49 (0)40 /22820436 (AB), Email: info@sm-und-christsein.de, **www.sm-und-christsein.de**

IG-BDSM Schweizer BDSM Interessengemeinschaft
Kontakt: IG-BDSM, Interessengemeinschaft BDSM Schweiz, Höchweg 36, 8914 Aeugst am Albis, **www.ig-bdsm.ch**, E-Mail: info@ig-bdsm.ch, Tel.: +41(0)44 241 66 45

Sklavenzentrale – Eine der größten SM-Communities.
Infos dazu: http://de.wikipedia.org/wiki/Sklavenzentrale, für Gruppen + Termine (worksafe): **www.sklavenzentrale.info**

Gentledom – BDSM-Seite und Community besonders für Neulinge geeignet: **www.gentledom.de**

KlapSIG – Die KlapSIG ist die BDSM-Gruppe bei Mensa in Deutschland e.V. dem deutschen Zweig des weltweit größten Vereins für hochintelligente Menschen. **www.klapsig.de**

Fetlife.com – größte internationale SM- und Fetisch-Community – meist in englischer Sprache, aber auch deutsche Gruppen und Termine.

Regionale Gruppen

Regionale Gruppen gibt es in fast allen größeren deutschsprachigen Städten. Nähere Infos findet man bei uns unter:
www.schlagzeilen.com/de/smgruppen+und+stammtische/

Lesern, die keinen Internetanschluss haben, bieten wir selbstverständlich die Möglichkeit einer telefonischen Auskunft durch uns: +49 (0)-40-31 32 90

Hier eine alphabetische Liste der Städte mit uns bekannten SM-Gruppen und Stammtischen (D, CH, A):
Aarau, Amstetten (A), Arzberg, Augsburg (Bayr. Schwaben), Aurich,
Bad Eilsen, Bad Schwartau, Bad Waldsee, Basel, Bayreuth, Berlin, Berlin-Brandenburg, Bern, Bielefeld/Ostwestfalen-Lippe, Bochum, Bonn, Bottrop, Braunschweig, Bremen/Oldenburg, Bruchsal, Bückeburg, Bühl/Altschweier, Bünde,
Castrop-Rauxel,
Darmstadt, Dortmund, Dresden, Düsseldorf, Duisburg,
Effrikon, Erding, Essen,
Flensburg, Franken (Raum Ansbach, Bad Winsheim, Rotenburg, Nürnberg), Frankfurt, Freiburg, Freiberg, Freising-Erding (Landkreis), Fürstenfeldbruck, Fürth,
Gießen, Göppingen, Göttingen, Graz,
Hahnstätten, Halle/Saale, Hamburg, Hamm, Hamminkeln (Landkreis Wesel), Hannover, Harz(Region), Heidelberg, Hildesheim,
Idar-Oberstein, Innsbruck, Itzehoe,
Kaiserslautern, Karlsruhe, Kempten, Kiel, Klagenfurt, Kloten, Koblenz, Köln, Konstanz, Krefeld,
Landshut, Leer (Ostfriesland), Leipzig, Linz, Lippstadt, Ludwigshafen, Lübeck, Lüneburg,
Main-Rhön, Mainz, Magdeburg, Mannheim/Heidelberg, Marburg, Minden, Mönchengladbach, Mühlheim München,
Neumünster, Neu-Ulm, Nordbaden, Norderstedt, Nordhausen Northeim, Nordrhein-Westfalen, Nördlingen, Nürnberg/Fürth,

Oberfranken, Oberhausen, Oberschwaben, Offenbach, Offenburg/Lahr,
Oldenburg, Olten, Osnabrück,
Paderborn, Passau, Pirmasens, Plauen, Potsdam,
Regensburg, Rhein-Main/Frankfurt, Rhein-Neckar (Pfalz), Rhein-Ruhr,
Rosenheim,
Schwaben, Schweinfurt, Salzburg, Stade, Soest, St. Ingbert, Stuttgart,
Trier,
Ulm,
Vorderpfalz
Waiblingen, Weingarten (Bodensee), Werne, Wien, Wil (Frauenfeld),
Wilhelmshaven, Winterthur, Wolfsburg, Wuppertal, Würzburg,
Zürich.

Bildnachweise

Titel	FRED HOLD
Seite 4 – 5	MTJG
Seite 9	MTJG
Seite 12	MTJG
Seite 18	MTJG
Seite 22 – 23	MTJG
Seite 24	FRED HOLD
Seite 27	MTJG
Seite 34	FRED HOLD
Seite 35	MTJG
Seite 37 – 39	Heico Linke, (Mann); FRED HOLD (Frau)
Seite 50	MTJG
Seite 36	Heico Linke
Seite 52 – 53	FRED HOLD
Seite 56	MTJG
Seite 59 – 63	MTJG
Seite 64	www.beasfotogalerie.de
Seite 66	FRED HOLD
Seite 72	MTJG
Seite 74	MTJG
Seite 75	Zora
Seite 79	Thomas Haas
Seite 82	MTJG
Seite 84	Bondageprojeckt.com/Nikitzo
Seite 86 – 87	MTJG
Seite 88 – 92	Heico Linke
Seite 94 – 95	FRED HOLD
Seite 97 – 105	MTJG

Seite 106	FRED HOLD
Seite 116 – 120	MTJG
Seite 123	Thomas Haas
Seite 128	Heico Linke
Seite 132 – 139	MTJG
Seite 145	Helmut Wolech
Seite 146	MTJG
Seite 148	Bondageprojeckt.com/Nikitzo
Seite 150	MTJG
Seite 156 – 157	MTJG
Seite 161	FRED HOLD
Seite 162 – 176	MTJG
Seite 177	FRED HOLD
Seite 178	Bondageprojeckt.com/Nikitzo
Seite 184	MTJG
Seite 191	www.beasfotogalerie.de
Seite 196	MTJG
Seite 203	Struppi
Seite 207	Bondageprojeckt.com/Nikitzo
Seite 209	FRED HOLD
Seite 210	MTJG
Seite 212	Tua
Seite 215 – 216	MTJG
Seite 212	Tua
Seite 223 – 253	MTJG

Handbücher Black Label

Das Bondage-Handbuch

Anleitung zum erotischen Fesseln. Mit 250 teilweise ganzseitigen Fotos. Das Buch vermittelt umfassend, was man beachten muss, damit alles beim Fesseln klappt und Bondage Spaß macht. Handschelle und Zwangsjacke, Hänge-Fesselung und Japan-Bondage – das Handbuch gibt zu jedem Thema Tipps und Tricks. Der Hauptteil des Buches enthält 18 Schritt-für-Schritt-Anleitungen für Fesselungen mit Seil.

256 Seiten; Hardcover; € 23,00 **ISBN 978-3-931406-71-4**

Mehr Ratgeber aus dem Charon Verlag:

SM-Handbuch Spezial 2 Das Session Kochbuch

– Andrea und Matthias T. J. Grimme

Rollenspiele erweitern die Bandbreite von BDSM-Sessions enorm, erfordern aber mehr Vorbereitung und Zeit ...

264 Seiten; Hardcover; € 21,50

Japan Bondage Handbuch

– Matthias T. J. Grimme

Shibari? Kinbaku? Alles nicht so schwer. Das umfassende Werk bietet eine gute Einführung nicht nur für Anfänger, sondern auch für Profis. 470 Bilder und etwa 30 Schritt-für-Schritt Anleitungen. Alles zum Thema Japanisches Fesseln, Shibari und Kinbaku.

256 Seiten; Hardcover; € 24,00
ISBN 978-3-931406-70-7

Mehr Sachbücher findet man in unserem Verlagsprogramm.

Dunkle Erotik, harte Liebe, strenge Sehnsucht!

SCHLAG ZEILEN

SM aus der Szene für die Szene

Unsere Kurzgeschichten

38 Ausgaben mit **kurzen, bösen Geschichten** und **schönen, schmutzigen Bildern** gibt es bei uns im **Charon Verlag**!

Abonnieren – Geschenk kassieren!

Für jedes neu abgeschlossene Abo gibt's von uns 'ne schöne Kleinigkeit geschenkt. Lasst Euch überraschen!

Seit 1988 Jahren sind wir Teil der SM-Szene und wissen, was wirklich gut ist: Alle zwei Monate. Aus gutem Grund Deutschlands meistgelesenes BDSM-Magazin.

Alle 2 Monate NEU! Im Abo, in gut sortierten Erotik-Shops oder direkt bei uns!

Unsere Schlagzeilen